Johannes Wilda

Reise der S.M.S. Möwe

Streifzüge in Südseekolonien und Ostafrika

Johannes Wilda

Reise der S.M.S. Möwe

Streifzüge in Südseekolonien und Ostafrika

ISBN/EAN: 9783959133920

Auflage: 1

Erscheinungsjahr: 2015

Erscheinungsort: Treuchtlingen, Deutschland

S. M. S. „Möwe" in der Südsee

Reise

auf

S.M.S. „Möwe"

Streifzüge in Südseekolonien und Ostasien

von

Johannes Wilda

Mit 19 Vollbildern und einer Karte

Zweite Auflage

Berlin
Allgemeiner Verein für Deutsche Litteratur
1903

Meiner Frau,

meinem besten Lebenskameraden

und Mitarbeiter

gewidmet.

Inhalt.

		Seite
1. Kapitel.	An Bord S. M. S. „Möwe" von Hongkong nach den Sulu-Inseln	1
2. Kapitel.	Weiterfahrt durch die Molukken nach Neu-Guinea und Neu-Pommern	67
3. Kapitel.	Im Bismarck-Archipel und auf den Salomon-Inseln	107
4. Kapitel.	Auf der „Stettin" über Neu-Guinea nach Batavia	213
5. Kapitel.	Erholungszeit in den Bergen Javas	223
6. Kapitel.	Über Siam und Französisch-Indien nach China zurück	269

1. Kapitel.

An Bord S. M. S. „Möwe" von Hongkong nach den Sulu-Inseln.

Abfahrt von Hongkong. — S. M. Spezialschiff „Möwe" und seine Bewohner. — Nächtliche Regengüsse. — Manila und die Philippinen zur Zeit der amerikanischen Kämpfe. — Eine Nacht außerhalb Manilas. — Eine Fahrt um Manila. — Weiterfahrt nach den Sulu-Inseln. — Abzug der Spanier. — Der Häuptling Jokanain und Herr Schück. — Das Heim des einzigen Europäers. — Die Nacht auf der Pflanzung. — Knabenraub. — Ritt durch die Insel. — Besuch beim Sultan und der Sultana. — Der verheiratete Prinz. — Palaver des „Möwe"-Stabes mit dem Sultan. — Abschied von den Sulu-Inseln.

An Bord des deutschen Spezialschiffes, des Vermessungsfahrzeugs „Möwe", verließ ich den Hafen von Hongkong mit der freundlichst unterstützten Absicht, einen Studienabstecher nach dem Bismarck-Archipel zu unternehmen. Die „Möwe" war ein hölzerner Kreuzer von nur 845 Tonnen Deplacement. Die „böse Welt" nannte sie einen „alten Kasten". Wir waren aber zuvor mit ihr im Kowloon-Dock gewesen, aus dem wir äußerst schmuck hervorkamen, so schmuck, daß jeder Mann an Bord mit Stolz über das weiße Schiffchen, an dessen vorgeschobenem Bug unser goldener Wappenvogel prangte, erfüllt war. Der Kommandant, Korvettenkapitän D., hatte zudem als praktischer alter Seemann die zierliche Dreimastschooner-Takelage noch durch Umtakelung des Großtops verschönern lassen; wir glichen, ganz ohne Schmeichelei gesagt, äußerlich einer nieblichen Lustyacht.

Rötlich strahlte die Sonne die entschwindende asiatische Feste an; der Nordost-Monsun rannte uns von hinten eine grobe, ja äußerst grobe See in die Seite, in welcher die „Möwe", unter Vormarssegel tief einstampfend und schlingernd, einer verzwickten Kombination der verderblichsten Bewegungen unterlag.

Ich war doch viel unangefochten in meinem Leben zur See gefahren, aber ich muß sagen, es wurde mir dieses Mal etwas „blümerant" zu Mute. Es kam nicht zum äußersten, was meinen Stolz sehr erhöhte, obgleich ich mich seiner Niederlage nicht hätte zu schämen brauchen. Die ältesten Seeleute, vom Kommandanten herab, ja selbst befahrene Torpedobootsmenschen, die doch gegen die schwersten Versuchungen einer tückischen See stahlgehärtet waren, bekannten sich zu einer gewissen Unfröhlichkeit; wachhabende Offiziere und Signalmaate lösten sich in opferbereiter Tätigkeit ab und die Rudergasten mußten immer vom Rade weg an die Nock der Brücke stürzen.

Am nächsten Tag war der Schmerz überwunden. Wir hatten uns der eigentümlichen Bewegungsart der „Möwe", trotz andauernder Dünung angepaßt; sie lag auch sonst mit einer Mustergültigkeit zu Wasser, die ihr die meisten größeren Schiffe nicht nachgemacht haben würden. Das Wetter war schön, die See tiefblau, und man freute sich herzinnig, endlich einmal den allmählich langweilig gewordenen Hafen hinter sich zu sehen. Zu meiner Genugtuung hatte der Kommandant beschlossen, statt nach Ternate in den Molukken durchzudampfen, erst das noch im Vordergrund der politischen Ereignisse stehende Manila anzulaufen. Anlaß dazu gab unser Eismangel bei gleichzeitig hohem Krankenstande, worunter ernstere Fälle. Die „Möwe" besaß zwar eine Eismaschine, die sich jedoch als nicht verwendungs- und reparierfähig erwiesen hatte. Alle Versuche, in Hongkong eine Eismaschine zu erlangen, waren gescheitert, und so hielt es der Kommandant für seine Pflicht, noch einmal bei der nach Manila gegangenen „Kaiserin Augusta" wegen Abgabe einer Maschine anzufragen, oder sonst Roheis zu beschaffen. Man denke sich

einmal, was es für ein Schiff bedeutet, besonders für
seine Kranken und den verantwortlichen Arzt, ohne aus-
reichende Fürsorge in diesem Punkt in die Südsee zu
gehen!

Die „Möwe" war schon seit Jahren Vermessungs-
schiff für Neu-Guinea und Nachbarschaft. Als solches
hatte es an heißen, ungesunden Küsten einer monotonen
Arbeit obzuliegen, bei der es zuweilen längere Zeit schwer
rollend in der Dünung ankern mußte. Die anstrengende
Arbeit im Boote und am Lande nimmt den Körper erst
recht mit. Am Lande gibt es auch nichts Erheiterndes;
das gefährliche Klima verbietet Beurlaubungen. Da heißt
es nun, wochenlang auszuharren in lähmender, feuchter
Hitze, aufs engste zusammengepfercht, bei einförmiger, nicht
immer erfreulicher Kost. Oft ist dann auch noch Fieber
an Bord, das die Stimmung außerordentlich herabdrückt.
Danach kann man sich vorstellen, daß die Vermessungs-
fahrten keine Vergnügungsfahrten sind, um so weniger,
wenn Schiff und Einrichtungen nicht mehr auf der Höhe
der wünschenswerten Anforderungen stehen. — Man
glaubte nun, daß in dem älteren, hölzernen Schiff, in
Kammern und sonstwo, sich Krankheitserreger eingenistet
hätten; aus den Fächern mancher Verschläge kam tatsächlich immer ein schlechter, feuchter, pilzartiger Geruch
heraus; so vom Kopfende meiner Koje, das ich deshalb
zum Fußende machte.

Die Schuld an solchen Unvollkommenheiten in unserer
Marine trifft nicht deren verantwortliche Organe, die
durchaus bemüht sind, so fürsorglich zu sein, wie nur
irgend angängig, als vielmehr den Druck der finanziellen
Verhältnisse, der heute wie gestern zum allerknappsten
Wirtschaften zwingt. Die reicheren Mittel sind immer,

ganz selbstverständlich, in erster Reihe der Ausgestaltung
unserer modernen Schlachtflotte zu gute gekommen,
während die minderen Glieder zurückstanden, und mancher
Mann, ohne Unterschied des Ranges, sich schweigend den
härtesten Anforderungen gebeugt hat.

Es sei mir gestattet, hier eine nähere Schilderung
der „Möwe" und, soweit dies zulässig, der an Bord
befindlichen Persönlichkeiten zu geben.

Um das Schiff seinem Zwecke entsprechender zu
machen, hatte man die schwereren Geschütze, bis auf eins
auf dem Vordeck, von Bord gegeben; dadurch sparte man
an Arbeit und Exercitium. Die übrige Artillerie bestand
nur aus einigen Revolvergeschützen. Das Vorschiff war
recht beengt. Früher hatte der Kommandant unten kampieren müssen, doch jetzt war achtern eine famose, von
Deck aus zugängliche Kampanje oder Hütte aufgesetzt
worden. Sie enthielt, von Bord zu Bord reichend, eine
so geräumige Kajüte, wie sie selbst größere Schiffe oft
nicht besitzen. Das achtere Kampanjendeck war frei, bis
auf das Skylight (Oberlicht) für die Kajüte. Dem Kommandanten kam natürlich die Steuerbord- oder in See
die Luvseite des Kampanjendecks allein zu; aber mit großer
Liberalität gestattete er den beengten Offizieren vollkommene Bewegungsfreiheit oben, was um so angenehmer
war, als ebenso sehr wie Etikette oder Luvseite des
Schiffs die Sonne ins Gewicht fällt, die, je nachdem, den
Aufenthalt hier oder dort unerträglich machen kann.

Selbstverständlich wurde diese Freiheit im allgemeinen
mit Diskretion benutzt. Ebenso selbstverständlich tat man
sich unten in der Messe keinen Zwang an. Das war
unter den obwaltenden Verhältnissen auch gar nicht zu
verlangen, trotzdem blieb selbst hier die Freundlichkeit des

Kommandanten, der die ganze Fidelitas mitzugenießen hatte, höchst anerkennenswert. Um so anerkennenswerter, da zu einer gewissen Einsamkeit unvermeidlich verurteilte Kommandanten unter Tropeneinflüssen von einem wachsenden Hang zur Nervosität sich wohl niemals ganz frei zu halten vermögen. Im zweiten Kommandojahre pflegen viele von ihnen da draußen schwieriger zu werden, als sie es bei körperlicher Frische im ersten waren.

Eine steile Treppe führte zur Offiziersmesse hinunter. Diese Messe, an den Seiten durch je drei Kammern geschmälert, und auch sonst entsprechend schmäler als die Kampanjekajüte, nahm die ganze innere Schiffsbreite ein; wodurch ein für ein kleines Schiff ebenfalls ganz stattlicher und noch dazu recht gemütlicher Raum gewonnen war. Luft und Licht empfing sie durch ein Skylight, durch dessen Fenster der speziell den Luftzutritt ermöglichende Windsack hindurch genommen werden mußte. Der Windsack ist ein Inventarstück der alten Schiffahrt, das den nur an moderne Ventilatoren gewöhnten Augen der heutigen Reisenden fremd geworden ist. Er besteht aus einem langen Segeltuchschlauch, an dessen oberes Ende eine gespreizte Kappe mit Seitenflügeln zum Windauffangen genäht ist. Dieses Ende wird hoch genug für den einstreichenden Wind über Deck geheißt, das andere in der Messe durch Bändsel nach einer beliebigen Richtung hin festgebunden. Wohin? Das bleibt der Zweckmäßigkeit, zuweilen dem Egoismus des Mächtigeren überlassen. Der Schlauch hängt dann im anmutigen Wurstbogen in die Messe hinein. Der kühlende Luftstrom, der ihm entströmt, ist von äußerster Wohltätigkeit, kann sogar manchmal, in direkter Berührung, zu viel werden. Bei ankerndem Schiffe aber, oder wenn der Wind ausgedampft wird,

überhaupt in den notwendigsten Fällen, hängt das Un-
getüm schlaff und sterbensmatt da und läßt sich durch
kein Umbinden oder Donnerwetter bewegen, nur das
Leiseste zur Belebung der nun lastenden Stickluft bei-
zutragen. Bösartig aber kann es bei unvermuteten Regenböen werden. Da plabbert plötzlich das Wasser nur so
herunter wie aus einer Dachtraufe an einer Hausmauer;
der Windsack muß schleunigst hinauf spediert, das Oberlicht geschlossen werden, und wie lieblich der Messeauf-
enthalt, in dem vielleicht ohnehin schon 30° Celsius
wirkten, dann ist, kann man ahnen.

Ach, du trauliche „Möve"-Messe und doch denke ich
deiner so gern und deshalb seien deine Reize hier weiter
verfolgt!

Den Fond — nach Schiffsauffassung — der
Vorderwand füllte ein behagliches, mit brauner Leder-
pressung bezogenes Sofa aus. Vor dem Sofa stand,
unter der schwebenden Lampe, querschiffs der mit grüner
Tischdecke geschmückte Meßtisch. An der entgegengesetzten
Wand sah man ein eingebautes, ganz niedliches Buffet
und die Pantry, wo noch viel unzerbrochenes Geschirr
an den Haken schwebte, wo manche Flasche schallend ent-
korkt wurde, und wo die Stewardsmaate ihr oft auf-
gerütteltes, aber auch oft sehr der Schwerhörigkeit und
dem Beharrungsvermögen gewidmetes Dasein ver-
brachten. — Ein kleiner Tisch an Steuerbord eignete sich
als Litteratur-Depositum für Zeitungen und sonstige
Nebenzwecke. Die Kammern an den Seiten besaßen ver-
schiebbare Jalousietüren, statt deren man auch wohl die
grüne Portiere schützend vorschob.

An Steuerbord befand sich noch zwischen den bewohnten eine unseligerweise zum Proviantraum benutzte

Kammer. An Backbord hauste in der verwaisten Zahl-
meisterkammer meine Wenigkeit. Der Zahlmeister wie
der Erste Offizier waren in Hongkong fieberkrank aus-
geschifft worden; ein schwer geprüfter Aspirant mußte
die Rechnungsfunktionen einstweilen allein erledigen. Als
Erster Offizier ward von der „Deutschland" der Oberleutnant Herr von A. für uns abkommandiert. Übrigens
fehlte außerdem, zur häufigen Verzweiflung des Ersten
Offiziers, an der Bemannung ein erheblicher Teil. Die
Kammern besaßen alle ihre Bulleyes, die runden
Fensterchen unmittelbar über der Koje. Leider Gottes lagen
diese ja nur wenig über dem Wasserspiegel, und wenn nur
einigermaßen See stand, mußten sie, namentlich in Luv,
festgeschlossen bleiben. Verzweiflungsvoll ging ich zuweilen
das Risiko ein, das meinige etwas aufzuschrauben, wofür
ich denn eben so regelmäßig durch das stromweise herein-
gepreßte Seewasser bitter bestraft wurde.

Leutnant K., der jüngste Offizier, war unser Gelehrter.
Er hatte den Auftrag übernommen, für das Berliner
Museum zu sammeln. Unentwegt arbeitete er, bis zum
Gürtel entkleidet, in seinem, einem Backofen vergleichbaren
Dunkel-Kabinett. Wenn man aus diesem herauskam, fror
man förmlich. Seine Kammer stellte ein Unikum von
Verstauung der meisten Sachen auf den geringsten Raum
dar. Überall waren verschmitzte Regale angebracht und
mit Büchern, Boxen, Raritäten, photographischen Uten-
silien u. s. w. in musterhafter Ordnung vollgestopft. —
Gegenüber beim Stabsarzt Dr. N. herrschte mehr die
Genialität. Die Bücher verwiesen auf den eifrig fort-
arbeitenden Mann der Wissenschaft, die Bilderchen und
Scherzchen auf eine fröhliche Künstlernatur. Herr Dr. N.,
Badener und Ältester der Messe, besaß die süddeutsche

Lebhaftigkeit in hohem Maße, eine große Belesenheit, Originalität und guten Humor, so daß er für ein so weltfernes Schiff eigentlich ein ganz unbezahlbares Meßmitglied war. Bei seiner Lebenslustigkeit und Neigung zum Kraftmenschen erstaunte man, wenn er gelegentlich schwach wie ein Kind, unter wollenen Decken schweißtriefend, zitternd und mit klappernden Zähnen, fieberkrank in der Koje lag; das dauerte aber nicht lange bei ihm. Mit feurigem Redefluß konnte er uns bald wieder über irgend ein beliebiges Thema seiner Vielseitigkeit unterhalten.

Höchst amüsant erschien sein fleißig geführtes Tagebuch, in dem wir alle in Wort und Bild bedacht wurden. Gelegentlich trug er ergötzliche Stücke daraus vor. Die Farbenskizzen, oft s e h r farbige, wiesen darauf hin, daß ihr Urheber einst nicht unberechtigt daran gedacht hatte, Maler zu werden; jedenfalls haben sie ihm das originelle Festhalten einer Fülle von Reiseerinnerungen verschafft.

Sein Nachbar, Oberleutnant Sch., ein liebenswürdiger Kamerad und Vorgesetzter, war in etwas leidendem Zustand hinausgekommen. Mir gegenüber hauste Oberleutnant H., der älteste Wachhabende und mein angenehmer Reisegefährte schon vom Lloyddampfer „Sachsen" her.

Der hochaufgeschossene Oberleutnant Schm. verleugnete seine sächsische Heimat nicht. Er wird es mir nicht übel nehmen, wenn ich hier seinen harmlosen Spitznamen mitteile: er hieß der „Hofrat", obwohl er, von seinen prägnanten Zügen abgesehen, sich durchaus nicht hofrätlich, sondern immer gutherzig und natürlich gab. Er war ein pflichteifriger Navigationsoffizier, der uns in größter Ruhe durch die riffbesäte Südsee brachte. Köstlich war sein Verhältnis zum Stabsarzt. Beide schätzten sich höchlich, lagen aber in steter, scherzhafter Wortfehde miteinander, bei der jeder sich bemühte, den anderen mit dem Achselzucken des Mitleids als den „armen Kerl", den er nicht ernst zu nehmen brauchte, abzufertigen.

Unser Erster Offizier, Herr von A., war ein tätiger, kleiner, aber äußerst muskelstarker Herr, der eifrig Keulenschwingen und derlei Übungen betrieb. Er bewies sich immer als ein Gentleman durch und durch.

Über den Kommandanten, eine gedrungene Seemannserscheinung, habe ich schon gesprochen. Er zeigte sich als tüchtiger Praktiker. Mit Wagmut, Geschick und ohne viel lautes Kommandieren führte er das Schiff wiederholt in unbekanntem Fahrwasser durch schwierige Passagen.

Ich habe mich unter den ausnahmslos liebenswürdigen Menschen der kleinen Offiziersmesse außerordentlich wohl gefühlt; alle nahmen mich verhältnismäßig alten Herrn einmal mit jenem Entgegenkommen auf, das der Jüngere dem Älteren bezeigt, und doch im Geiste einer gemütlichen Kameradschaft, die jeden gegenseitigen Zwang ausschloß. Es war im ganzen eine typische Klein-Messe, wie sie sein soll, und eben des typischen Charakters halber schildere ich das Schiff und das Leben darauf eingehender; damit man sieht, wie es auf so einem deutschen Fahrzeug wirklich hergeht, was man im allgemeinen aus novellistischen Schilderungen nicht erfährt.

Mit meiner Kammer war ich trotz schon angedeuteter Übelstände zufrieden, und da auch sie für eine Offizierskammer typisch ist, seien ihr einige Worte gewidmet. Schwelgerisch ist das Lager, das den größten Teil längs der Bordwand einnimmt, nicht gestaltet;

Sybariten können es sich natürlich mit Privatmitteln so
luxuriös ausschmücken, wie sie wollen; im allgemeinen
bleibt es bis auf eine hübsche Decke aber einfach. In
den Tropen legt man gern eine Bastmatte darüber. —
Ein Mahagoni-Schreibbureau, gleichzeitig Kommode, war
mir sehr willkommen. Ich legte mich so, daß ich das
Licht dann zu Häupten hatte, um noch abends in der
Koje etwas lesen zu können; das ist nämlich urbehaglich.
So ein Leuchter — zur Elektrizität hatten wir uns selbstverständlich noch nicht verstiegen — schwebt in einem
Ringe und besitzt eine selbsttätige Feder, die das Licht
nach Maßgabe des Verbrennens nach oben springen läßt.
Daneben befand sich ein einfacher, eingebauter Kleider-
schrank; andere Sachen ließen sich auf Regalen ver-
stauen. In die Backskiste am Fußende wurde gebrauchte
Wäsche eingestopft; ein einfacher Waschtisch, nebst Spiegel
und ein Stuhl vollendeten die Ausstattung des Raums, in
dem man noch gerade Platz zum Sichumdrehen und Anziehen hatte. Das Bulleye verschaffte tags genug Hel-
ligkeit; in See strubelte das Wasser immer drüber weg.
Ich habe in meiner Kammer eigentlich nur, so lange es
kühl war, d. h. bis etwa 28 Grad Celsius gehaust, sonst
immer außerhalb genächtigt und gearbeitet. Mehr oder
weniger geschah dies von allen.

Unsere derzeitigen Herren Burschen zeichneten sich
durch Dichternamen aus; mir ist nur noch der „Eichen-
dorff“ im Gedächtnis geblieben. Im übrigen hatten sie
wenig Romantisches an sich. Es ist gar nicht allgemein,
sich eines guten Burschen erfreuen zu können. Die gewandten Leute werden meist nicht gern Burschen, weil
sie in anderen Positionen angenehmer leben und namentlich nicht dem Zorn der Unteroffiziere ausgesetzt sind,

die auf die Offiziersburschen, wegen deren Dienstabkomm-mandierungen und störenden Reinigungsarbeiten, meist eine Pike haben, besonders, wenn der betreffende Herr nicht beliebt ist. Da wird so ein armer Kerl, von oben und unten um sein Gleichgewicht gebracht, leicht bockig, faul und verschlagen. Im allgemeinen erhält er zu seiner Löhnung 8 bis 10 Mark monatlich von seinem Herrn; manche stehen sich auch besser, sei es durch Opulenz ihres Gebieters oder eigene Findigkeit. Die Deckoffiziere und älteren Unteroffiziere, welche die Leute immer unmittel-bar unter sich haben, sie besser kennen und ihnen unter der Hand das Leben erheblich versauern oder versüßen können, pflegen in der Regel die fixesten Burschen weg-zufischen. Auch mit den Köchen fahren sie aus dem-selben Grund oft günstiger, so daß sie es sind, die in erster Linie die Liebenswürdigkeiten der Küche genießen, nicht die Offiziere. Dem Offizier, besonders dem gut-gläubigen, kann leichter allerlei vorgemacht werden als dem Unteroffizier, der vor dem Mast groß wurde und alle Schliche seiner Pappenheimer aus eigener Erfahrung kennt.

Unsere Deckoffiziere, zu denen man gesellschaftlich nicht in Beziehung tritt — selbst wenn von ihnen feinere Bildung erwartet wird, wie von den Maschinisten und Zahlmeister-Applikanten, die später einmal der Offiziersmesse angehören werden — waren durchweg artige Leute.

Der Kommandant, der natürlich allein speist, führte der Bequemlichkeit halber keine eigene Messe, sondern partizipierte an der Offiziersmesse; mir ward es auf meinen Wunsch gestattet, ebenfalls Meßteilnehmer während meines Bordaufenthalts zu sein, so daß ich nicht die

etwas drückende Empfindung hatte, etwa auf Kosten des
Kommandanten zu leben. Ich nahm meine Mahlzeiten
hauptsächlich in seiner Gesellschaft ein; mein Frühstück
aber mit den Offizieren, da ich möglichst in Verbindung
mit den Herren bleiben wollte und unter jungen Leuten
doch ein frischeres Leben herrscht.

Nach Schiffssitte war das erste Frühstück bereits recht
substantiell, mit Beefsteaks, Koteletts u. s. w. Sogar vom
Beefsteak à la Tatar ließ man sich durch die Tropen-
hitze nicht abhalten. Über die Quantität gab es bei
allen drei Hauptmahlzeiten — abends war „dinner" —
nie zu klagen. Daheim speist man auf deutschen Schiffen
in der Regel recht gut, im Ausland nicht so durchgehend;
ein Koch, der auch minderwertiges Rohmaterial geistvoll
zu behandeln versteht, ist eben ein Glücksgriff. Auf dem
ostasiatischen Geschwader kamen wohl chinesische Köche vor;
das sind dann erprobte Kräfte, die schon lange bei uns
fahren. Die Mannschaft, die nur Mannschaftsköche und
keine engagierte Zivilisten hat, steht sich dabei ganz gut.
Ihr Essen ist ja viel einfacher und einförmiger, aber
fast durchgehend schmackhaft; ich hätte ganz gern oft
Mannschafts- statt Kajütenkost gehabt. Die Mitglieder
der Messe hatten meist dankbaren Appetit und klagten
nicht viel; in der Kampanjenkajüte aber empfand man
die Mängel des Kochs stärker, der dann auch schließlich
abgesetzt wurde. Wenn Besuch kam, konnte er sich wohl
einmal zu ganz bestechenden Leistungen aufschwingen, sonst
war er zu viel für das Fette und verfiel auf seltsame
Ideen; z. B. ließ er gern einen gewöhnlichen flachen
Pfannkuchen aufsetzen, der mit Rum übergossen und
feierlich in Flammen gesetzt war, und erklärte dies für
„Plumpudding".

Ein eigenartiger, etwas brummiger Kauz war der dem Stewardsamt der Messe vorstehende Matrose, kurz der „Messerich" genannt. Die Verhandlungen und Abrechnungen zwischen dem Stabsarzt als genialem Messevorstand mit dem Messerich gaben manchmal Kabinettstücke von Komik ab. Der Messerich, ursprünglich Konditor, konnte brillante Torten backen und genoß viel Vertrauen; schließlich aber wurde er zu verwöhnt und verdrossen, worauf auch seine Mission ein Ende fand.

Als Messegenossen sei noch der Tierwelt gedacht. Wie ich an Bord kam, fand ich eine allgemein beliebte, herrliche Katze vor, die das Ledersofa beherrschte. Sie gab einigen Kätzchen auf kurze Zeit das Leben und büßte dabei das eigene ein. Vergebens suchte der Arzt sie zu retten. Beim Abschied von Hongkong wurde dem Kommandanten eine entzückende Katze und ein junger gelber Dachshund gestiftet; er überließ der Messe die Katze, die demselben Geschick zum Opfer fiel wie die erste. — Der Dackel, der in Dankbarkeit den Namen seiner gütigen Spenderin empfing, war zäher. Eine Zeitlang sah er allerdings zum Skelett abgemagert wie ein künstlich verlängerter Dachshund aus, dann erholte er sich aber und bewährte sich als Tropenkind. Er war ebenfalls eine Schönheit und wie manche Schönheiten etwas langweilig. Auf dem Vordeck tummelten sich viel zwei muntere Chinesenhündchen herum, die ein ausgesprochen abweisendes, proletenhaftes Benehmen zur Schau trugen, wenn sie mit dem gutmütigen kleinen Aristokratenbackel auf der feinen Kampanje spielen sollten. — Der Kommandant erfreute sich dann noch eines niedlich singenden Kanarienvogels, der der Kajüte einen gewissen bürgerlich-poetischen Hauch verlieh.

Was „wilde Tiere" betrifft, so wimmelte es an Bord
von riesigen Kakerlaken — der freundlichen Beigabe aller
Tropenschiffe — und von Ratten. Sobald gedampft wurde,
pflegten erstere sich in unbegreiflicher, aber dankbar be-
grüßter Wärmeschwärmerei nach der Maschine zu ver-
ziehen. Sonst war es täglicher Sport, mit Pantoffeln
die dicken Dinger zu zerschmettern, wobei sie große Ge-
wandtheit entfalteten, um durch Wegrennen oder plötz-
liches Sichfallenlassen den Pantoffel zum Daneben-
klatschen zu bringen. Die Ratten tosten fröhlich in Messe
und Kammern herum; die mit Proviant gefüllte Kammer
zog sie besonders an. Da sie uns selbst nicht anknabberten,
ertrug man ihre nächtlichen Übungen in leiblicher Ruhe.
Einst rumorte eine unterhalb meines Kopfkissens; ich war
so müde, daß ich nur einige Male mit der Faust aufs
Kissen schlug, worauf ich wieder einschlief. Freilich suchte
man ihnen sonst die Existenz zu erschweren. Leutnant H.
gelang es einmal, einer mit einem Säbelhieb den Garaus
zu machen. Im übrigen wurden mit „Rattenleim" be-
strichene Bretter nachts vor Messe und Kammertüren
gelegt. Dieser Rattenleim ist eine ausgezeichnete chinesische Erfindung. Die Ratten bleiben unfehlbar kleben
— wenn sie darauf gehen. Sie waren klug genug, dies
nicht zu tun. Höchstens blieben wir selbst stecken, wenn
wir bei Nacht und Dunkelheit vergaßen, wo die Bretter
lagen; falls man auf Strümpfen wandelt, ist dies An-
kleben besonders angenehm. Um die Reize der Messe zu
erhöhen, befand sich eine Wasserlast unter ihrem Fußboden, von der jeden Augenblick die Luke ausgehoben
werden mußte, um einem Mann das Hineinsteigen zu
gestatten. Dieser Menschenfalle entströmte dann stets
Modergeruch. Sie befand sich zwischen Meßtisch und

meiner Kammertür; ich turnte aber stets glücklich über
sie weg, ohne ein einziges Mal auf die Tanks zu purzeln.

Eine weitere Annehmlichkeit war ein chinesischer
Waschmann, der für Kommandanten und Offiziersmesse
gemeinsam von Hongkong mitgenommen ward. Es hielt
sehr schwer für ihn, den mannigfaltig an ihn heran-
tretenden Ansprüchen gerecht zu werden. Da kein anderer
Platz zum Plätten der Offizierswäsche aufzutreiben war,
mußte der Unglückswurm, über dessen braunem Nacken
ein rabenschwarzer, fettiger Zopf prangte, in der
Messe an einem über den „Bibliothekstisch" gelegten Brett oder auf dem Buffet plätten. Führte der
Windsack keine Luft zu, so erhöhte sich der Reiz von
Wärme und Chinesenparfüm, wozu noch der verführerische
Umstand trat, daß jeder Chinese, nachdem er die Backen-
taschen durch Wasser schön ausgerundet, seine Plättwäsche
mit hörbarer Energie anzusprudeln pflegt. Verbieten
läßt sich das kaum, dann plättet er eben nicht.

Daß es so in einer kaiserlich deutschen, als Muster
der Eleganz geschätzten Offiziersmesse zugehen kann, ahnen
die lieben Landsleute daheim nicht. Sie sehen nur die
blendende Außenseite. Man schimpfte ja auch; aber
schließlich war es doch ganz nett, und in der Erinnerung
am allernettesten. Man saß sogar bei Unterhaltung,
Schreibarbeit oder Kartenspiel viel länger in dem heißen
Loch, als es nötig gewesen wäre, weil sich hier eben
die einzige Stätte fand, an der man seine Individualität
einigermaßen frei ausleben lassen konnte. Natürlich wird
dann auch gern getrunken: Bier, Whisky-Soda, ein Püllchen Sekt u. s. w. Darin liegt für manchen eine Gefahr,
die um so größer ist, als sie außerordentlich viele Ent-
schuldigungen für sich hat. Die Offiziere kennen sie aber,

und die meisten wissen sich ihrer zu erwehren, und so
kam denn auch bei uns niemals etwas vor, was geeignet
gewesen wäre, den kameradschaftlichen Ton ernstlich zu
stören.

Überwiegend ergingen wir uns in den freien Zeiten,
namentlich abends, auf der Kampanje. Jeder besaß dort
seinen Korb=Longchair nebst Rückenkissen. Dann war es
immer sehr gemütlich. Wenn man nicht las, so fehlte es
auch nie an Unterhaltungsstoff, zu dem der Stabsarzt
das meiste beitrug. Bis auf die Besitzer der Deck=
kammern, schliefen wir auch oben. Ward es Zeit,
schleppten die Herren Burschen das Kojenzeug treppan
und bereiteten dort köstliche Lager: auf den Stühlen,
oder direkt auf den Planken, wo man am besten schlief.
Die Deckoffiziere machten es unten auf dem Oberdeck
ebenso. Das Sonnensegel schützte auch nachts genügend
vor Erkältung durch ausstrahlende Wärme; Seiten=
gardinen vervollständigten den Abschluß einigermaßen.
Ich habe so Monate, hier und auf anderen Schiffen, unter
fast freiem Himmel geschlafen und nie etwas Ungünstiges
davon gespürt. Es war einfach paradiesisch gegen die
Kammerverhältnisse. Auf manchen Schiffen wird das
An=Deck=Schlafen, das den Mannschaften verboten ist, auch
den Offizieren nicht gestattet; dann muß das Schiff da=
für entsprechende Einrichtungen unter Deck haben, sonst
kann das Verbot nicht nützlich wirken. Wegen Erkältungs=
gefahr sollte man freilich sorgliches Zudecken nie für
nebensächlich halten.

Es giebt gar nichts Schöneres, als von seinem Lager
aus in den gestirnten Himmel zu blicken, oder in das
vorbeischäumende Wasser hinunter, und dabei mit vollen
Zügen die frische Seeluft zu atmen. Auch das Erwachen

ist schön; der Aufgang der Sonne mit seinen prachtvollen Färbungen von Luft und See wirkt als erster Tageseindruck immer belebend, und bringt uns schneller auf die Füße, als wenn man zuerst durch die blinzelnden Spalten der schweren Lider den Burschen in die beklommene Kammer treten sieht.

Nur einen gewaltigen Feind dieses Genusses gibt es: den Regen! Ja, wenn wir in das Bereich von Regenböen kamen, und das geschah gar nicht so selten, so waren die tragisch-komischsten Situationen die Folge, und dem Stabsarzte „paßte der ganze Laden schon lange nicht mehr". Entweder näherte der Regen sich in Gestalt drohenden Gewölkes, der bescheiden beginnend, immer stärker seine Tropfenladung zu entleeren begann. Man suchte sie zu verachten, so lange es irgend ging, und sich unter der Decke und übergelegten Bastmatten luftdicht zu verkriechen. Oder es kam im Schlaf über uns wie ein Donnerwetter, mit plötzlichen Windstößen und unvermittelten Ergüssen. Dann war Holland in Not! Mit bloßen Füßen, die Pyjama schon durchnäßt, raffte man die triefende Matratze mit dem Kojenzeug zusammen, wobei natürlich immer ein Kissen entfiel oder das Laken in der Nässe nachschleifte, und patschte über das sprühende, rauschende, finstere Deck, innerlich fluchend, davon. Hilfskräfte waren um die Zeit nicht immer zu bekommen. Aber wohin? Hinunter in die Kammer? Schauderhafter Gedanke! Ich habe so mit meinem aufgerollten Kojenzeug im engen Kartenhaus stundenlang vergeblich darauf geharrt, daß der Himmel seine Schleusen schließen möge, oder sonst die unmöglichsten Plätze aufgesucht. Es stand mir frei, in der Kommandantenkajüte auf dem Sofa zu kampieren, allein dort war es auch meist warm. Ein-

2*

mal lagen der Stabsarzt und ich bei solchem Trachten
nach Schlummerplätzchen in dem schmalen überdachten
Gang zwischen Kampanje und Besanmast an Deck. Fortwährend patschten schmutzige Füße von Läufer und Posten
über uns weg. Die soliden Beine des Stabsarztes waren
den Mast hinauf gestemmt; teils weil er sie sonst nicht
unterbringen konnte, teils aus persönlicher Schwärmerei.
Er placierte sie nämlich gern auf irgend eine möglichst
hohe, luftige Unterlage. So sah ich, wie er in seine
Kammer zurückgescheucht, das eine Bein einfach durch
das Bullenye gezwängt hatte, daß es frei aus dem Schiff
über die dunklen Wasser hinausragte, wie ein Gespenster-
bein! — Eine andere Nachtszene war folgende: Vor dem
Regen flüchtend, betrat ich die Messe. Ein Matrose im
Ölzeug, der einen Offizier wecken wollte, kam gerade
mit der Laterne und beleuchtete ein düsteres Bild. Auf
dem Sofa streckte sich der Stabsarzt im gesunden Schlaf,
natürlich mit den Beinen über die Lehne; am Fußboden
lag aber Oberleutnant Sch. Das Wasser bespülte seine
Matratze wie eine einsame Insel im Weltmeer; denn es
war vergessen worden, das Skylight zu schließen und den
Windsack fortzunehmen, der sich in einen förmlichen
Katarakt verwandelt hatte. Von der Laterne angestrahlt,
hatte der Oberleutnant sich halb erhoben und lauschte
schlaftrunken dem Gequietsche von ein paar Ratten, die,
wie sich nachher herausstellte, zwischen die Schiebetür
der Proviantkammer geraten und dort eingeklemmt
worden waren. — Mehr an Trübseligkeit konnte man
nicht verlangen!

Bei dem nicht neuen Schiff fanden die überschwemmen-
den Regen ebenfalls Zutritt durch die Oberdecksnähte in die
Kammern; dies gelang auch dem Eis, das wir später

glücklich bekamen und das in Segeltuch-Verpackung vor
der Kampanje lagerte; es hielt sich dort erstaunlich lange.

*   *   *

Am vierten Tage befanden wir uns querab von
Luzon; die Feuer waren am Lande gelöscht. Über der
schäumenden blauen See ragte beim Hellwerden zu Backbord die 5000 Fuß hohe Sierra de Marveles, und nachmittags dampften wir bei der Insel Corregidor vorbei
durch die nördliche Einfahrt in die Bucht von Manila.

An die weit sich rundende, grüngelbliche Rhede schloß
ein fruchtbares, niederes Vorland, auf dem nur in
einzelnen Kuppeln und Türmen sich die Lage einer großen
Stadt verriet; weiter dahinter stiegen Bergzüge von mitt-
lerer Höhe auf. Wir sahen in der Ferne Cavite, an dem
der für Spaniens Schicksal auf den Philippinen entscheidende Akt des großen Trauerspiels vor sich ging, und
vergegenwärtigten uns, wie die Amerikaner wohlgerüstet
und des Erfolges sicher, drohend durch die weite Bucht
vordampften, und die Spanier in kopfloser Angst das
Verderben, das sie seltsamerweise vorher nicht im ent-
ferntesten erwartet zu haben schienen, sich nahen sahen.
Wie mag in solchen Augenblicken dem Seeoffizier, dem
die ungeheuere Verantwortung obliegt, das Herz pochen,
wenn er zuerst nur die Rauchwolken, dann den Rumpf
der feindlichen Schiffe auftauchen sieht und dann der erste
Schuß aufflammt. Um alles zu erwägen und das Richtige zu tun, dazu gehört eine Kaltblütigkeit, die man sich
schlechterdings kaum vorstellen kann. Und welch eine
Lage muß das für die spanischen Kommandanten gewesen
sein, die sich ihrer gänzlichen Unzulänglichkeit plötzlich
bewußt wurden!

Wir gingen über zwei Seemeilen von der Stadt entfernt zu Anker. Dicht neben uns lagen die graugе-
strichenen amerikanischen Schiffe, die „Olympia", das
Flaggschiff Deweys, und ein kleiner Kreuzer, klar zum
Bestreichen des Geländes mit Geschütz und Scheinwerfer,
dann eine Anzahl von Hilfskreuzern oder Transportern
sowie einige Kriegsschiffe anderer Nationen.

Die „Kaiserin Augusta" fanden wir nicht mehr vor,
so daß unsere Hoffnung, von ihr Hilfe in unserer Eis-
not zu erlangen, sich nicht erfüllte.

Die kleine „Möwe" zeigte demnach zur Zeit allein
die deutsche Kriegsflagge auf der Rhede und kam den
Amerikanern vielleicht nicht einmal gelegen.

Wie wir erfuhren, hatten die Amerikaner nach Abfahrt der „Kaiserin Augusta" den Schutz der Deutschen
und deren Schutzgenossen selbst übernommen, wie überhaupt sich wieder ein freundlicheres Bild ihres Verhält-
nisses zu uns ergab. Der unter Überspringen der Vize-
admirals-Charge zum Admiral beförderte Dewey, eben-
sowohl wie General Otis hatten sich nach mancher
Richtung eines Entgegenkommens befleißigt, das angenehm empfunden wurde. Die meisten Schilderungen der
deutsch-amerikanischen Zwischenfälle vor Manila sind ja
erlogen gewesen. Richtig ist, daß die plötzliche Ankunft
eines starken, den Spaniern, wie man mutmaßte, recht
freundlich gesonnenen deutschen Geschwaders den Amerikanern bedenklich erscheinen konnte, und daß Dewey einmal
das Recht zur Untersuchung der einkommenden fremden
Kriegsschiffe beanspruchte, wogegen diese sämtlich energisch
protestierten. Während dieser Zeit nun kam gerade unsere
„Irene" herein und diese schickte den zur Untersuchung an
Bord erscheinenden amerikanischen Offizier unverrichteter

Sache fort und machte gegen eventuelle Gewaltmaßregeln „klar zum Gefecht". Die Gewaltmaßregeln unterblieben aber, und Dewey zog vor dem Protest der fremden Kommandanten seine zu weit gegangene Ordre zurück.

Gleich, nachdem wir zu Anker gegangen waren, kam kam ein von Dewey geschickter Offizier. Er teilte im Fallreep mit, wir lägen in der Schußlinie der amerikanischen Schiffe und es würde noch Tag und Nacht gekämpft; wir möchten uns daher anderswo verankern. Natürlich wurde dem Ansuchen sofort Folge gegeben. Dann wurden die üblichen Komplimente der fremden Schiffe — englischen, französischen und japanischen — mit uns ausgetauscht. Das freundlichste Gesicht erhielten wir von dem Japaner. Unser Wachoffizier machte dabei die verwegensten linguistischen Verständigungsversuche.

Gleich am Nachmittag unserer Ankunft ward es den dienstfreien Offizieren und mir gestattet, mit dem Kommandanten in der Dampfpinaß an Land zu fahren, nachdem wir schon die Möglichkeit dazu bezweifelt hatten. Nach dem gänzlichen Verschwinden der Wintertemperatur von Hongkong prangten wir, wie seit ein paar Tagen an Bord schon, in Weiß.

Es war außerordentlich interessant, nun einmal mit eigenen Augen zu sehen, wie es auf den Philippinen stand.

An den grauen Festungswerken der spanischen Citadelle vorbei, wo alte Bronze- und andere wertlose Geschütze stehen, die nie einen Schuß auf die Amerikaner gefeuert haben, glitten wir zwischen zwei Molen in den langen Hafen hinein, der von dem Unterlauf des Rio Pasig gebildet wird. Der Pasig ist der schmutzige, schlammige Abfluß der großen Lagune im Südosten

Manilas. Die Lagune soll sich durch landschaftlichen Reiz
und ein reiches Tierleben auszeichnen. Zur Zeit war
es aber unmöglich, dorthin zu gelangen. Grüne, kohl-
artige Pflanzenteile trieben massenhaft auf dem Flusse,
in dessen flacheren Teilen man eine seltsame, primitive
Baggerung beobachten konnte. Eingeborene stiegen mit
Körben aus einem Kahn ins Wasser, tauchten minuten-
lang auf den Grund und entleerten dann die mit Schlamm
gefüllten Körbe in ihren Kahn. Zahlreiche Dampfer,
namentlich aber kleine Schooner und andere Segelfahr-
zeuge, lagen längs der Quais, dazwischen höchst originell
geformte und bemalte, hinten und vorn überdachte Lastkähne. Die buntere Tracht, der braune Typus der
malaiischen Schiffer brachte wesentlich andere als die von
Hongkong her haftenden Eindrücke mit sich. Auffällig erschienen die vielen und unbeschäftigten Weiber an Bord.
Die meisten Schiffe hatten ja arbeitslose Zeit; auch auf
der Rhede ließ sich kein einziges der sonst eifrig handeln-
den Fahrzeuge sehen.

Wenn man das Land betrat, hatte man eine ausgedehnte, nicht sehr schöne, staubige Stadt vor sich. Man
glaubte, schon jetzt überall Spuren des Verfalls zu erblicken. Bei einer auf den Quai mündenden Straße
legten wir an; sie führte direkt auf die Hauptstraße. Die
farblosen, zweistöckigen Häuser, nach leichter Tropenart
gebaut, zeigten umlaufende Galerien und Laubengänge
längs der Trottoirs. An der Landungsecke befand sich
ein Haupt-Café von nicht übermäßiger Eleganz. Die
Amerikaner musterten unser Boot mit der wehenden
Kriegsflagge und uns schweigend. Wir befanden uns
sofort unter lauter Soldaten, Leuten, die eher wie Gold-
gräber kostümiert erschienen. Es waren Volunteers, denen

Spanische Mestize auf Luzon

Mädchen aus Manila

hauptsächlich der Buschkampf mit den Tagalen oblag. Gelbe Khakihosen, Gamaschen, ein blaues Wollhemd, grauer Schlapphut, Revolver, Messer, Gewehr und Patronengürtel bildeten ihre Uniform. Jeder einzelne machte einen verwegenen Eindruck; man hatte das Gefühl, als ob bei ihnen die Kugeln sehr locker säßen. Im Grunde genommen, sagte man uns, wären sie aber gutherzige Kerle, wenn sie auch schließlich in der Verzweiflung alles niederknallten, was ihnen in den Weg käme. Reguläre Truppen sah man nur sehr wenige. Die Volunteer-Kavallerie war ziemlich in gleicher Weise wie die Infanterie uniformiert. Die Reiter erinnerten an Cowboys, wenn sie auf den kleinen Philippinen-Pferden, die arabisches Blut in sich haben, dahinsprengten. Mächtige Schutzleder am Steigbügel erhöhten das Abenteuerliche ihrer Erscheinung.

In der Hauptstraße, wo auch eine elende, gelbe, nur von Eingeborenen benützte Maultier-Tramway dahinrollte, schien alles seinen gewohnten Gang zu gehen, und hätten nicht die bewaffneten Bassermannschen Gestalten überall herumgesessen und gestanden, wären nicht an allen Ecken Posten zu sehen gewesen, so würde man geglaubt haben, sich inmitten eines friedlichen, einigermaßen lebhaften Verkehrs zu befinden. Die Läden und Cafés waren geöffnet; man erhielt dort alles, was man wollte, und brauchte vieles nicht einmal so teuer zu bezahlen wie in Hongkong. Die amerikanischen Damen, die sich häufig in kühnen Kostümen, mit dem Revolver im Gürtel oder gar in der Hand, umherbewegt haben sollen, sah ich nur modern gekleidet in ihren Wägelchen. Außer auf Amerikaner stieß man auf spanische und andere europäische Typen, aber gewiß nicht so zahlreiche und elegante wie in früherer Zeit. Das Gros der Bevölkerung auf den Straßen und in den Handwerksgewölben und niedrig gebauten Läden bildeten die braunen Philippinos und Chinesen.

Die Philippinos oder Tagalen sind kleine, schwarzborstige Figuren, mit häufig affenartiger Physiognomie; sie tragen keine charakteristische Kleidung, die Frauen meist faltige oder schleppende Gewänder, oft aufgelöste Haare; die Kinder kurze Hembchen, oder als Babies nichts. Auch sah man wieder das Schleppen von Kindern auf der Hüfte, wie in Indien. — Die Tagalen sind ein malaiischer Stamm; an Küstenorten mag auch Mischung mit Chinesen stattgefunden haben. Sehr freundlicher Natur scheinen sie nicht zu sein; Lächeln und Kokettieren gewahrt man ebenso selten wie in China.

Die Straßen sind alle ungepflastert und staubig, die Häuser meist so erbaut, daß ein Holzstock ein Steinparterre überträgt, entweder mit oder ohne Lauben. Das Holzwerk ist meist quadratisch kassettiert und hell gestrichen. Dazu kommen spanische Zutaten, wie: Balkons, Eisengitter vor den Fenstern u. s. w. Die meisten Bauten waren äußerlich unansehnlich und jetzt ungepflegt. Der kombinierte Stein- und Holzstil ist teils auf den feuchten Grund, teils auf die häufigen, schweren Erdbeben zurückzuführen. Auch die Kirchenbauten bieten nichts Sonderliches, einzelne malerische Partien abgerechnet.

Erdbeben und Taifune, als deren Heimstätte die Philippinen gelten, haben wohl viel vernichtet. In den Vororten überwiegt das Holzhaus und die elende, aus Bananenschilf und Bambus konstruierte Hütte des Tagalen; ersteres kann zuweilen recht nett sein. Alle erheben sich auf Klötzen oder Gerüsten über dem Boden,

oder stehen als Pfahlbauten mitten im Sumpfe. Sumpf
blinkt und duftet hier überall; die von ihrer Last befreiten Büffel liegen mit Vorliebe darin, so daß nur ihre
Köpfe mit dem mächtigen, glatten, weit auseinander-
gehenden Gehörn über dem Wasser sichtbar bleiben. Einige
hübsche Plätze, Alleen und Vorgärten sind in der Stadt,
so namentlich in der Calle de Solano, in der das deutsche
Konsulat und viele ansehnliche Privathäuser, wo jetzt die
Einquartierung herrschte, liegen. Draußen in den Vororten ist alles von Gärten umgeben, in denen die breit-
blättrige Banane die vornehmste Rolle spielt. So war
es wenigstens; denn heute bildeten geschwärzte Brandstätten den Hauptteil des äußeren Manila, ja bis in die
innere Stadt hinein zogen sich die Ruinenfelder. Die Vernichtung war eine sehr weitgehende und recht traurige.

Ich sah das alles nach und nach; während unser
erster Besuch dem deutschen Konsul Dr. Kr. galt.
Unser Lübecker Landsmann und seine Gemahlin, die
Tochter eines berühmten deutschen Generalarztes und Pro-
fessors, empfingen uns auf das herzlichste. Sie erzählten
von den schweren Stunden, die sie, namentlich für die
Sicherheit ihres Babys besorgt, hatten überstehen müssen.

Der Konsul führte uns in den deutschen Klub ein,
der ein originelles, aber recht anspruchsloses, an ein
Bauernhaus erinnerndes Heim besaß. Wir trafen
eine Anzahl von Landsleuten bei gekühltem Faßbier versammelt. Es schien unter den Herren eine etwas resig-
nierte Stimmung zu herrschen, was nicht wunder nahm,
wenn man bedachte, daß die großen Geschäfte seit Jahren
beeinträchtigt gewesen sind, jetzt sogar Handel und Wandel,
bis auf die Detail-Geschäfte, gänzlich stockte und gar
keine Besserung abzusehen war. Damit verknüpfte sich

die Erinnerung an ewige Aufregung und persönliche
Gefahr für sich und die Ihrigen. Mancher hatte sein
Haus durch Feuer und Granaten vernichten sehen. Die
Freiheitsbeschränkung dauerte noch heute fort; niemand
durfte sich nach 7 Uhr abends auf der Straße blicken
lassen (in besuchterer Gegend duldungsweise bis 8 Uhr),
wenn er sich nicht der Gefahr aussetzen wollte, ange-
schossen zu werden; noch heute mußten von dieser Zeit ab
die Fenster der Häuser in der inneren Stadt geschlossen
bleiben. Noch heute lag ein Dampfer zur Flucht bereit,
und das Gefühl der Unsicherheit hielt, wenn auch gemindert, an.

Die amerikanischen Behörden schienen nicht durchaus
Herren über das Verhalten ihrer irregulären Truppen
zu sein, und von einem Zurückdrängen der Tagalen war
damals, trotz der Berichte über das Gegenteil, noch gar
keine Rede. Nur die allernächste Umgebung Manilas
befand sich in amerikanischen Händen und sonst nichts;
einzig die Kanonen, namentlich der Panzerschiffe, setzten
dem Erfolge der Tagalen einen Damm entgegen. Die
Amerikaner kamen nicht vorwärts; ihre drakonischen Maß-
regeln hatten ihnen auch die Sympathie der Europäer
entfremdet. Man sagte, daß sie das Gefühl einer ungeheuren Blamage hätten. Sie selbst waren es gewesen,
die Aguinaldo und die übrigen nach Hongkong beseitigten
Revolutionsführer zurückgebracht und die „Rebellen“ mit
Waffen versehen hatten, damit sie gegen die Spanier
kämpften; und die Waffen kehrten sich gegen sie, weil sie
Versprechungen gemacht hatten, die sie nicht halten konnten
und wollten, weil sie den Zeitpunkt versäumten, wo sie
mit Klugheit, Milde und Festigkeit die Inselherrschaft
leicht in ihre Hände hätten bekommen können, während

sie durch die Politik des Hochmuts und der blutigen Rücksichtslosigkeit Fiasko machten. Das Witzwort eines
Blattes: „The Americans got the Philippines — no —
the Philippines got the Americans" besaß vorüber-
gehend eine bittere Wahrheit. Die sanfter gewordenen
Gefühle der Amerikaner gegen Europa, speziell
gegen uns Deutsche, ließen sich wohl auf diese
Erkenntnis ihrer schwach erscheinenden Position mit
zurückführen. So wie die Dinge einmal lagen,
wünschten ihnen aber auch die Europäer Manilas,
die Deutschen eingeschlossen, Erfolg, denn eine indische,
d. h. Tagalenherrschaft erschien als die größte Unmöglichkeit und das größere Unglück, während man glaubte,
wenn die Amerikaner schließlich den Sieg behielten, sei
doch ein Wiederaufleben der Geschäfte anzunehmen. Aguinaldo galt nur für eine Puppe mächtigerer Mestizen.

Es ward nicht bestritten, daß die Amerikaner Frauen
und Kinder niedergeschossen hätten, aber vieles spräche
doch zu ihrer Entschuldigung; nur durch ihre unerhörte
Rücksichtslosigkeit hätten sie sich behaupten können. Der
Typhus habe furchtbar unter ihnen gewütet; die Nach-
schübe bedeuteten nur Tropfen auf einen glühenden Stein.
Dazu befolgten die Tagalen die Taktik, ihre Feinde in
den heißen Mittagsstunden und vor allem in der Nacht
auf die Beine zu bringen; fortwährend würden diese in
Atem gehalten, mürbe und nervös gemacht. Erschienen
die Truppen, sei der Angreifer verschwunden. Dieser
hause aber nicht nur draußen außerhalb der amerikanischen
Linien, sondern jeder Mann der städtischen Bevölkerung,
der anscheinend friedlich seiner Beschäftigung nachginge,
jeder Kutscher und Diener der Europäer, ja der Ameri-

kaner selbst, sei ihr Todfeind und warte nur auf die
Gelegenheit, sich mit seinen Brüdern gegen sie zu erheben. Wer von den Einwohnern sich auf den Dächern
sehen ließe, wer bei Bränden sich auf die Straße be-
gebe, werde daher niedergeschossen. Das Anrufen vor
dem Schießen sei nur sehr flüchtig und werde bei Eingeborenen überhaupt kaum geübt. Es brenne in der Nacht
fortwährend irgendwo; teils rührten diese Brände von
den Tagalen her, die dann die Löschmannschaften aus
dem Hinterhalt niederknallten und nach Verstecken ihrer
Flinte in irgend einer Bambusstaudenhöhlung so täten,
als ob sie ganz unbeteiligt gewesen wären — teils wohl
von den Amerikanern selbst, die einfach Blocks, aus denen
ein Schuß fiele, in Brand setzten und dann ins Feuer
hineinschössen. Noch heute seien die Europäer daher in
beständiger Furcht, daß bei ihnen ein Brand ausbrechen
könne, weil sie dann so oder so sich in Lebensgefahr
befänden, durch Feuer oder Kugel.

Die Tagalen wären von größter Behendigkeit und
zugleich von einem unwiderstehlichen Todesmute beseelt;
wie viele von ihnen gefallen seien, namentlich auch in den
Kämpfen im Anfang und an dem 21. bis 23. des vergangenen Monats, ahnte man nicht, da sie ihre Gefallenen fortzuschleppen pflegten. Wo einer von ihnen
fiele, nehme schon ein Nachstürmender dessen Gewehr
wieder auf. Frauen, die in ihrer geschürzten Gewandung
kaum von den Männern zu unterscheiden seien, und Kinder
beteiligten sich an den Kämpfen. Gewehrfeuer halte sie
nicht auf, blindlings stürzten sie sich mit Messern in die
Gewehre hinein, nur die furchtbare Vernichtung durch
Artilleriefeuer könne sie zurückhalten. Fast jeder einzelne der amerikanischen Volunteers sei ein trefflicher

Mann für den Buschkampf, in dem eine deutsche Kompagnie wohl kaum bessere Resultate erzielen könnte, aber dieser wilden, verzweifelten Fechtart seien sie kaum gewachsen. Dazu hätten die Tagalen gelernt, ihre Mauser-Gewehre gut zu gebrauchen und teilweise ebenso sicher zu schießen wie die treffsicheren Amerikaner, die den Feind aber kaum zu sehen bekämen. Nicht wenige von jenen seien im Bette oder sonst schlafend abgeschossen worden. Die Philippinos führten lange, breite, geschweifte Messer, die in primitivster Form zu Tausenden angefertigt und verteilt worden wären. Mit einem solchen Messer stürze sich der Tagale unbedenklich auf die Feuerwaffe. Wie eine Katze schleiche er an den Feind heran, ein eigentümlich kurzer Hieb, erst nach der einen, dann nach der anderen Seite, und im Moment habe er seinem Gegner die Sehnen an beiden Händen durchschnitten. Die Amerikaner führten Remington-Gewehre. Die spanischen Mauser-Gewehre, welche, durch übergegangene Eingeborenen-Regimenter in die Hände der Rebellen gelangt wären, hätten ebenso wie die dazu gehörigen Patronen mit ihren deutschen Stempeln — sie wurden seinerzeit von Spanien in Deutschland bestellt — wohl viel mit dazu beigetragen, die Wut der ungebildeten amerikanischen Truppen gegen Deutschland zu erregen, indem es ihnen sehr glaubhaft erschien, daß das Deutsche Reich den Philippinos ihre Waffen gegen sie liefere, oder vielmehr „the german emperor", denn die Person unseres Kaisers spiele in ihren politischen Phantasien eine bedeutende Rolle. Daß diese Wut eine Zeitlang bestanden hätte, habe General Otis selbst bekundet, indem er besondere Schutzmaßregeln für das deutsche Konsulat ergreifen wollte, die allerdings abgelehnt wurden.

Solche und andere Mitteilungen, welche für die damalige Lage, also in der ersten Märzhälfte 1899, und in allgemeiner Beziehung immer ihr Interesse behalten werden, wurden uns im deutschen Klub gemacht. Sehr erfreut war ich, als ein Mitglied, der Konsulatsbeamte Herr E., mich in liebenswürdigster Weise einlud, die Nacht in seinem Hause zu verbringen. Mit Dank nahm ich diese Gelegenheit zu weiterem Manila=Studium an. Auch anderen Herren wurde von anderen Seiten dieselbe Freundlichkeit zuteil. Der Kommandant lehnte für seine Person eine Nachteinladung ab, befanden wir uns doch in einem kriegführenden Lande.

Pünktlich erschienen unsere Fuhrwerke; wir rüsteten uns eilig, denn Herr E. bewohnte mit noch einem un= verheirateten Landsmann ein Haus jenseit des Flusses, ostwärts und ziemlich weit von der Stadt ab. Jedermann besitzt hier sein Fuhrwerk; es sind gegen Sonnenglut zu schließende Miniatur=Equipagen, mit mutigen, meist wohlgenährten Philippinen=Ponies bespannt. Die Tiere erhalten Grünfutter und unausgehülsten Reis; ihr Durch= schnittspreis beträgt ca. 70 Dollars = 140 Mk. Die besseren erzielen natürlich bedeutend höhere Preise. Selbst der „junge Mann" der kaufmännischen Firmen muß sich hier solches Fuhrwerk halten, oder wenigstens ein Reit= pferd, denn in der Regenzeit ist bei dem weiten Wohnen, dem sumpfigen Terrain und den schlecht gehaltenen Wegen sonst gar nicht durchzukommen.

Als wir fortrollten, jagten überall Wagen im leb= haftesten Tempo, um vor Beginn der abendlichen Sperre daheim zu sein. Passierte etwas mit den Pferden, wollten sie nicht vorwärts oder dergleichen, so konnten solche un= freiwilligen Zögerungen recht unliebsame Folgen haben.

Wir fuhren etwa eine halbe Stunde, oder etwas
kürzer, in das Land hinaus und hielten dann in einer
stillen, von Bananenstauden begrenzten Straße, wo das
geräumige Haus des Herrn lag. Zunächst fand eine
äußerst wohltuende, völlige Entkleidung und Hinein-
schlüpfen in die Pyjama statt.

Das Nachtmahl fiel, wie mir schon angekündigt
worden, ziemlich frugal aus, da die Lebensmittel, wegen
der abgeschnittenen Verbindung mit dem Hinterland und
der mangelhaften Versorgung von See aus, knapp und
teuer geworden waren.

Vorzügliche Bananen entschädigten dafür. Man
zeigte mir in mehreren Zimmern die Durchschlagslöcher
von Geschossen, zum Teil Löcher noch ganz neuen Datums
und dicht bei den Betten. Es war ja alles nur dünner
Holzbau; zur schlimmsten Zeit hatten die Herren unten
im steinernen Kellergeschoß geschlafen. — Noch bis spät
in die Nacht saßen wir in einem nach drei Seiten offenen
Verandazimmer, oder vielmehr, wir lagen im Longchair
und plauderten bei einer Manila und gekühltem Whisky-
Soda über das, was uns das Herz bewegte. Es war
eine wundervolle, dunkle Nacht, kein Lüftchen rührte sich.
Das Zirpen der Grillen drang herein; hellgrün zeichneten
sich die beleuchteten Bananenstauden draußen ab, und in
den dunkleren Partien funkelte es überall von prächtig
blitzenden Leuchtkäfern. Dazu kam das eigentümlich kurze
melodische Pfeifen der kleinen Eidechsen, die an der Decke
und den Wänden des Zimmers entlang huschten. Auch
Schlangen galten im Hause für gern gesehene Gäste, weil
sie den Ratten nachstellen und einer harmlosen, nicht
giftigen Art angehören; es sind Tiere bis zu zwei
Metern lang.

Nun begann draußen an den amerikanischen Linien ein Schießen, zuerst heftiger, dann schwächer; der dumpfere Klang der amerikanischen Remingtons und der hellere von den Mausergewehren der Philippinos war deutlich zu unterscheiden. Es klang zuweilen wie das pelotonartige Explodieren der „Crackers" beim chinesischen Neujahrs= feste in Hongkong. Schließlich flammte es auch noch durch die Bananen auf, und allmählich rötete eine gewaltige Feuersbrunst den Himmel — eines der üblichen Feuer, das keinen Menschen mehr aufregte. Meist brannten wohl Bambushütten, die starke, aber rasch wieder abnehmende Glut verbreiteten, wobei der brennende, knotige Bambus ebenfalls schußartig klingende Explosionen hören ließ. Ich fragte, ob man nicht vom flachen Dache aus das Feuer beobachten könne, doch meine Gastfreunde erklärten, daß dann auf uns geschossen werden würde.

Mit einemmal ertönte Pferdegetrampel; zwei Reiter kamen aus der Vorpostenkette angesprengt. Es wurde ihnen Whisky=Soda angeboten, auf den sie schon gewartet zu haben schienen. Jeden Abend wiederholte sich dieses Vorsprechen amerikanischer Soldaten. Die exponierten Deutschen hielten sie sich zu Freunden und erfuhren dann in kurzem, freundschaftlichem Geplauder allerlei, was die Leute dachten, und was im Schwange war.

Es war ein hübsches nächtliches, kriegerisch=friedliches Tropenbild: Wir in den Fenstern liegend, die Wand gebo=gener, herabhängender Bananenblätter jenseit der Straße, von dem hinausfallenden Lampenschein teilweise ange=strahlt. Nur wenig aus dem Schatten der stillen Garten=straße vortretend, die etwas räuberartigen, malerischen Gestalten der beiden jungen Soldaten, die sich aus dem

Sattel geschwungen hatten, und, ihre Pferde am Zaum haltend, rauchten und dankbar den Gasttrunk genossen.

Mit diesem Bilde verband sich der Gedanke, daß sie eben aus der Feuerlinie kämen, daß an der nächsten Ecke eine Tagalenkugel sie aus dem Hinterhalt treffen könne — der Flammenschein am Himmel —, das absterbende Ferngewehrfeuer —, weiterhin das undurchdringliche Dunkel und um uns die weiche Tropenwärme und der schwüle Duft der weißen Frangipani, die in Manila die Totenblume genannt wird.

Die jungen Burschen meinten, in sechs Wochen würde der Krieg beendet sein. Sie sprachen ein furchtbar amerikanisches Englisch, in dem etwa „Hongkong" wie ein breit und schwermäulig näselndes „Hangkang" lautet, und das Wort „bloody" jeden Satz bekräftigen hilft.

Herr E. machte ihnen die Klangfarbe prachtvoll nach, und erwarb sich sicher schon durch diese Mutterlaute einen großen Stein bei ihnen im Brett.

Nachdem sie sich wieder in den Sattel gesetzt, enteilten sie im Trabe, während wir uns schlafen legten. Sorglos schlief ich, guten Rat befolgend, der Hitze halber ganz offenherzig, d. h. mit weitgeöffneten Türen nach der Parterre-Veranda hin. Zur Abwechselung behagte das breite Tropenbett doch wieder sehr.

Ehe ich am nächsten Morgen mit meinem Gastfreunde nach der Stadt zurückfuhr, zeigte er mir seinen ländlichen Garten. Ich machte dort die Bekanntschaft mit mehreren mir neuen Blumen, roten, violetten und lila; mit der nützlichen Schuhblume, die einen als Schuhwichse verwendeten Saft liefert, mit rotblühenden Schilfgewächsen, bunten Croton-Arten, mit dem Ylang-Ylang, der das herrliche Parfüm beschert, mit derjenigen Bananenstaude,

von welcher man den berühmten Manilahanf erzielt,
mit der Nipa oder Attap=Palme, — und mit vielen
Tropenkindern mehr, die reichlich auf dem kleinen Grund=
stück gediehen.

Herr E. verstand es, über seine Pflanzenwelt, die er
offenbar liebte, zu plaudern; überwiegend trifft man
sonst, was Botanik angeht, auffallend wenig kundige
Thebaner unter den europäischen Freunden, von denen
man Auskunft erwartet hätte.

Später fuhr ich in einem mir freundlichst von unserem
Konsul zur Verfügung gestellten Wagen durch und um
ganz Manila herum, soweit dies möglich war. Stunden=
lang bin ich durch Ruinen gekommen, zum Teil tief inner=
halb der Stadt, meist in den Vororten. Im viereckigen
Grundriß erhoben sich die Reste der geschwärzten Mauern
— eine leere Wohnung neben der anderen. Die ein=
gestürzten Wellblechdächer und Eisenteile lagen dazwischen,
und überall, namentlich innerhalb der Mauerpfeiler der
Eingeborenen=Häuser, zahllose zertrümmerte, amphoren=
artige Tonkrüge und Töpfe. Von einigen Brandstätten
stieg noch dichter Qualm empor, auf anderen grünten
wieder verschont gebliebene Bananenstauden. Mitten
zwischen den Ruinen eines Viertels wurde ein Wochen=
markt abgehalten. Mir schien, als seien etwa zwei Drittel
des äußeren Manila eingeäschert; darunter auch Kirchen,
um die als Stützpunkte teilweise ein heftiger Kampf
gewogt hat. Der Leichengeruch soll eine Zeitlang an
gewissen Punkten ganz über alle Beschreibung scheuß=
lich gewesen sein. Rings an den Straßenecken zeigten
sich Doppelposten, entweder sitzend, das schußbereite Ge=
wehr quer über die Knie gelegt, oder es im Arm haltend,
oder über die Schulter gehängt und damit wandelnd.

Besonders interessant war mir die Fahrt nach Malate, dem Punkte, wo die ersten Kämpfe zwischen Spaniern und Eingeborenen stattfanden, und wo sich ein spanisches Magazin befand, nach dem von den amerikanischen Schiffen gefeuert worden ist, während sie die eigentliche Stadt und ihre Forts nicht unter Feuer genommen haben. Die alte Citadelle auf der Südseite des mehrfach überbrückten Rio Pasig, welche ich durchfuhr, zeigte sich von den amerikanischen Truppen stark belegt; an die Wälle und Geschütze war dagegen anscheinend nicht mit einer Hand gerührt worden. Die Citadelle umfaßt die alte Spanierstadt, die mit ihren massiven Steinhäusern in ziemlich engen, geraden Straßen, den Eindruck kasernenmäßiger Nüchternheit erweckt. Bei einem palaisartigen Gebäude bemerkte ich eine prächtige Halle, die mit ihren Statuen wie das Marmorvestibül eines Museums aussah. Zur Zeit glich sie zum Teil einem Feldlager. Wenn man die Citadelle hinter sich hatte, rollte man am Strande entlang und erblickte eine jetzt dürre, vernachlässigte Strandpromenade mit einem Musikpavillon. Von dieser Marina aus genießt man einen prächtigen Blick über die Rhede. Wie mag es hier einst von Equipagen mit geputzten spanischen Schönheiten, glänzenden Uniformen und eleganten Spaziergängern an schönen Abenden belebt gewesen sein! Angenehm hat es sich sicher hier in Manila gelebt; Liebenswürdigkeit, Vornehmheit und Reichtum haben geherrscht, aber auch fabelhafter Leichtsinn, priesterliche Beschränktheit und persönliche Interessenwirtschaft, woran nach dem Muster des parteizerrütteten Mutterlandes alles zugrunde gegangen ist. So manche prächtige Villa in blumenerfülltem Garten war jetzt von der Soldateska belegt. Elegante und einfache Möbel standen im

Freien, notdürftig gegen die Sonne überdacht, und in
schmutzigen Stiefeln streckten sich müde Soldatenbeine
gleichgültig ob auf Seide oder auf Holz. Von den Land-
häusern der Fremden wehte die englische, französische,
holländische, deutsche oder irgend eine andere Flagge, die
dem Besitzer den Schutz seiner Nation zusichern sollte.
Es machte den Eindruck, als ob irgend etwas Freudiges
im Schwange gewesen wäre, wenn nur nicht die vielen
Schießgewehre geblinkt und nicht die Revolvergriffe überall
in den Gürteln hervorgelugt hätten! Von vielen Häusern
der Eingeborenen wehte die weiße Fahne, und dazwischen
wurde das rote Kreuz der Lazarette sichtbar. Hier draußen
war Haus an Haus mit Soldaten belegt, die ein voll-
ständiges Lagerleben führten, ob drinnen oder draußen,
in Baracken oder in Zelten. Ich bemerkte, daß Fuß-
gänger angehalten wurden und einen Paß vorzeigen
mußten; meinen Wagen hielt niemand an. Gelegentlich
huschten kaum uniformierte Radler daher; vielleicht
„Meldereiter" oder Offiziere, die sich so innerhalb ihrer
Postenkette vergnügten. Und überall leuchtete die
brennendrote Guamella, schimmerte die hellrote Blüten-
traube der Catena di amor, hing die entzückend zierliche Araña und die in allen Farben prangende Gallana,
aber auch die weiße Frangipani an blattlosen Ästen. —

Der Konsul hatte uns nur mit einer gewissen Zag-
haftigkeit zum Frühstück eingeladen; in Anbetracht dessen
wurden wir angenehm enttäuscht. Der „rauhe Seemann"
fand noch genug des Erquicklichen.

Ueber die Büsche und Zweige des Vorgartens erhob
sich der säulengetragene Balkon des Konsulats ganz stattlich. Unten befanden sich die Geschäftsräume; nach oben
führte vom Vestibül eine breite Treppe auf einen großen

Flur, auf den die verschiedenen Wohnzimmer mündeten. An den Wänden hatte Dr. Kr. ausgesuchte ethnologische Stücke, namentlich Waffen anbringen lassen. Noch mehr beneidete ich ihn um ein entzückendes Schimmelgespann, auch Philippinenpferde, das mit dem eleganten Wägelchen als ein reizend „fesches Zeug" seinem persönlichen Gebrauch diente. Wie üblich bleiben Tagalen-Kutscher und Diener barfuß; schwarzweißrote Abzeichen bekundeten ihre Zugehörigkeit zum Konsulat.

Der Aufenthalt in Manila sollte unserer Reise noch eine abermals unerwartete, interessante Wendung geben. Der Konsul teilte nämlich einen vor geraumer Zeit eingegangenen Brief eines Herrn Schück mit, der als einziger Deutscher auf der Hauptinsel Sulu des Sulu-Archipels lebte. Der Archipel hatte bis jetzt unter spanischer Oberhoheit gestanden; sein künftiges Schicksal erschien zweifelhaft. Herr Schück hatte dringend darum gebeten, daß ein in die Nähe kommendes deutsches Kriegsschiff vor Sulu seine Flagge zeigen möge. Die in dem Brief geltend gemachten Gründe bewogen den Konsul, unserem Kommandanten die Sache nahe zu legen, und dieser entschied sich zu meiner hellen Freude dafür, vor Ternate auch erst Sulu anzulaufen.

Eine der berühmten Cigarrenfabriken konnte ich in Manila leider nicht mehr aufsuchen; der Betrieb schien, wenn wohl gemindert, fortzugehen. Ich war auch noch reichlich mit einem edlen Glückstädter Fabrikat versehen, das mir besser mundete, als die fünf- bis zehnfach kostspieligeren Manilas. Ich gebe zu, daß das persönlicher Geschmack war, obwohl meine Glückstädter immer für eine feine, sehr gern genommene Nummer an Bord galt. Die Kenntnis der Preislage behielt ich weise für mich. Für die noch zahlreichen Unkundigen sei bemerkt, daß die Manila-Cigarre in ihrer Heimat mit dem dicken Ende der Keule, nicht mit dem dünnen in den Mund gesteckt wird.

Sonst wurden Bastdecken, und vor allem Manila-strohhüte mit doppeltem Boden, der annähernd wie ein Korkhelm schützt, erworben. In den mit Schleier umwickelten Hüten sahen wir sehr forsch und pflanzermäßig aus; sie hielten aber nicht besonders.

Am Abend gingen wir wieder Anker auf. Mehrere amerikanische Kauffahrteidampfer grüßten uns mit der Flagge. Als wir durch die große Südeinfahrt bei Corregidor in See liefen, sahen wir noch, wie der Scheinwerfer der „Olympia" das Kampfgelände bestrich, und vor uns am Festland flammte wieder ein mächtiger Brand. Dann ging es hinaus, der Sulu-See zu.*)

Die Fahrt entlang dem südlichen Luzon, Mindoro und Mindanao gestaltete sich im leichten Nord-Ost-Monsun sehr reizvoll; am Tage hohe, schön geformte und üppig begrünte Berge, nachts ein herrlicher Sternenhimmel; darunter die dunkle See mit dem Silberstreifen des Kielwassers, in dem goldfunkelnde Infusorien aufleuchteten. Wir dampften zwischen Mindoro und Luzon hindurch, wobei wir an Steuerbord einen schönen Blick auf den 9000 Fuß hohen Monte Halco hatten.

Drei Tage währte die Reise und gab so einen Begriff von der Ausdehnung der Philippinen.

Es ward immer wärmer und windstill. Unter bleierner Luftstimmung und schwarzem Gewölk, das jedoch beim Ankern wieder dem Sonnenschein wich, wurde am dritten

---

*) Noch heute — 1903 — sehen sich die Amerikaner dazu gezwungen, auf den Philippinen außer gegen 6000 Polizisten 24000 Mann, d. h. ¼ ihrer ganzen Armee zu, belassen.

Tag Sulu — spanisch Jolo — der Hauptort der gleichnamigen, wichtigsten Insel des von Mindanao südwest
streichenden Sulu-Archipels erreicht. Ein prächtiges Bild!
Eine Parklandschaft lag vor uns, die hügelartig gestaltet war, aus der aber ansehnliche Gipfel einer Berg-
kette von höchst eigentümlichen Formen bis zu fast 1000
Metern ragten. Besonders zwei spitze Kegel fielen auf
und dazwischen wieder festungsartig abgeplattete Einzel-
massive. Jene sind ausgebrannte Krater; der höchste
führt einer Eingeborenensage zufolge den Namen „Berg
der Tränen". Die ganze Insel ist vulkanisch und daher
sehr fruchtbar, grün bis oben hin; einen kahlen Fleck
gibt es kaum. Den geschwungenen Uferrand säumt die
gefiederte Kokospalme, unter der die braunen Pfahlbaudörfer der Eingeborenen charakteristisch sichtbar werden.
Auch hinter uns war die Rhede, die wir durchliefen, durch
ein ganz niederes Korallen-Eiland und eine andere
im Gegensatz dazu malerisch gebuckelte, kleine Insel
abgeschlossen; rechts und links öffneten sich die Ausgänge
ins Meer. Die Wassertiefe gestattete das Ankern ziemlich
nahe am Hafendamm, der von der ummauerten, im Grün
versteckten Stadt ausgeht: ein Miniaturstädtchen mit sauberen, weißen oder hellfarbig gestrichenen Häusern, hinter
Miniaturzinnen, nach der See, also der Quaiseite zu offen.
Unsere Ankunft wurde mit großer Spannung be-
obachtet. Ein winziges Fahrzeug, einer Dampfjacht
ähnlich, lag als Wachtschiff da. Es führte die spanische
Flagge; hiernach waren die Amerikaner noch nicht ein-
gerückt.

Die Inseln Basilan, Sulu und Tawi-Tawi sind die
bedeutendsten des etwa 360 km langen Archipels, dessen
unzählige Inseln sich mit einer Fläche von ungefähr

3700 qkm zwischen Nord=Borneo und den Philippinen
erstrecken. Die 104 000 Einwohner, Malaien, bekennen
sich zum Islam, aber nicht strenger Observanz; die
Weiber z. B. verschleiern sich nicht. Einer europäischen
Macht haben sich die Sulu=Insulaner, früher und ge=
legentlich vielleicht noch heute gefährliche Seeräuber,
niemals unterworfen, auch den Spaniern nicht;
selbst die Untertanspflicht ihrem Sultan gegenüber ist,
obgleich er Herr über Leben und Tod sein kann, eine
nur lose. Eine amerikanische Expedition aus den 40er
Jahren des vorigen Jahrhunderts brachte die ersten ein=
gehenderen Nachrichten über den Archipel; seitdem be=
richteten auch Engländer, Spanier und Deutsche. Erst
1876 setzten sich die Spanier fest, indem sie die Sultans=
stadt an der Nordküste zerstörten und an deren Stelle
das befestigte Sulu erbauten, dem sie die Eigenschaft
eines Freihafens verliehen. Sonst beließen sie nur einige
Militärposten auf anderen Inseln. Jetzt ist das Ende
ihrer fruchtlosen Bemühungen gekommen. Wir sind
Zeugen dieses letzten Aktes geworden. Obgleich die
Amerikaner damals nicht im Sulu=Archipel erschienen,
wohl weil ihnen die Philippiner allein noch zu viel Arbeit
machten, zogen die Spanier, die übrigens ihrer Be=
hauptung nach selbst nicht recht wußten, ob Sulu unter
den Abtretungen an die Amerikaner mit inbegriffen sei,
auf Befehl ihrer Regierung mit Sack und Pack ab und
überließen es seinem Schicksal. Die Militärposten der
übrigen Inseln waren bereits nach Hause gegangen; in
wenigen Wochen sollte das Bataillon, das Sulu noch besetzt
hielt, folgen. In Bälde gedachte der letzte spanische Gou=
verneur die rot=gelbe, einst so stolze Flagge niederzu=
holen.

Vor einer Reihe von Jahren hätte das Deutsche Reich, so hieß es hier, den Besitz von Sulu wie von Nord-Borneo antreten können. Beides war ihm durch Kapitän Schück, einem geborenen Breslauer, der auf Sulu Pflanzer geworden war, im Einvernehmen mit Sultanen und Häuptlingen angetragen. Aber Fürst Bismarck soll zu dem Geschäft kein Vertrauen gehabt haben. Heute war hier Schücks Sohn der Nachfolger seines Vaters, der einzige Deutsche und einzige Europäer auf der Insel nach Abzug der Spanier. Er besaß eine goldene Uhr, die Kaiser Wilhelm I. seinem Vater widmen ließ. Damals hat auch die alte, zur Zeit noch lebende Sultana der Kaiserin Augusta Perlen aus den Sulugewässern gesandt.

Wenn man von der schönen Landungsbrücke, an der ein Querarm zur Bildung eines Kohlenlöschhafens bestimmt werden sollte, durch ein Tor die Stadt betrat, so gewahrte man einige breite, sich rechtwinklig schneidende, saubere Straßen. Schattige Baumgänge säumten sie. Eine hübsche, kleine Schmuckanlage mit blühenden Sträuchern und Blumen erhöhte die Freundlichkeit des Anblicks. Die grünen und grauen Fensterläden der hellen Europäerhäuser zeigten sich fast überall geschlossen; die Bewohner waren bereits fortgezogen. Nur einige Chinesenstores waren in den unteren Stockwerken noch geöffnet. Der Chinese ist eben überall im Osten als Bindeglied der Kultur vertreten, so auch hier. Er kauft auch die Erzeugnisse der Insel an, soweit sie zur Ausfuhr kommen: Perlen und Perlmutterschalen, Trepang, eßbare Vogelnester, Schildpatt, Haifischflossen, Manilahanf, Kopra und einige sonstige Artikel; er führt etwas Kohlen, chinesischen Tabak und vor allem Baumwollzeuge ein, bisher meist

englisches und etwas deutsches Fabrikat. Die Waren
gingen in chinesischen Dampfern unter englischer Flagge
nach Singapore; früher zweimal monatlich, jetzt seltener.
Das Ziel dieser Sulu anlaufenden Dampfer war Menado
auf Celebes. Die noch geringe Ausfuhr und Einfuhr
ließe sich, wie versichert ward, außerordentlich steigern.
Den Chinesen wurde bei der Absicht der Spanier,
die Insel aufzugeben, der Boden etwas heiß; doch
hatte der Sultan sie zum Bleiben bewogen und
ihnen Sicherheit versprochen. Es bestand nach Herrn
Schücks Versicherung der Plan, den Großhandel ganz
in deutsche Hand zu bekommen; so hatte Herr Schück
mit der Firma Lorenzen & Co. in Nord-Borneo einen
Vertrag abgeschlossen, wonach die Erzeugnisse seiner
Pflanzungen durch diese Firma an den Markt gebracht
werden sollten. Auf dem Landungsdamm und in den
angrenzenden Straßen lagen Herrn Schück gehörige
Schienen einer Spurbahn.

Spanische Posten — die gemeinen Soldaten waren
meist Malaien — hielten das Tor, die Mauern und
einige kleine Außenforts besetzt. Die schwachen Be-
festigungen boten nur Schutz gegen Gewehre und vielleicht
auch nur gegen solche älterer Konstruktion. Wir gingen
sofort durch das Tor ins freie Land und durch die
Pfahlbaudörfer am Strande und sahen mit Verwun-
derung, daß jedermann bewaffnet war, und zwar mit
dem furchtbaren Kris, der fast immer tödliche Wunden
schlägt. Selbst die Knaben haben schon ihren Kris bei
sich, den sie selten ablegen. Dazu sah man mit Hinter-
ladern und Patronengürteln bewaffnete Leute und andere,
auch mit Schußwaffen oder Speeren versehene, auf Pferden
oder Reitochsen. Kurz alles starrte sozusagen von Waffen,

die wir auf der Insel selbst in einfachen Werkstätten unter
dem Schmiedehammer entstehen sahen.

Anfangs erschienen die Leute erstaunt, uns zu sehen,
später grüßten manche oder zeigten im Busch willig den
Weg. Man sagte uns, sie hätten uns, auch abgesehen
davon, daß die Erscheinung des Kriegsschiffes auf der
Rhede schnell ruchbar geworden sei, sofort als Nicht-
Spanier erkannt; andernfalls wäre uns eine Kugel sicher
gewesen. Diese braunen Pfahlbaudörfer sind höchst
primitiv. Drinnen und draußen hocken die malaiischen
Eingeborenen oder gehen ihren Beschäftigungen nach. Die
schlanken, unansehnlichen Männer, bekleidet oder fast nackt,
sind alle mit dem um die Hüfte geschlungenen Tuche
versehen, in dem der Kris steckt; die ebensowenig
schönen, leicht bekleideten Weiber zeigen niemals ein un-
sittsames Verhalten. Nur Kinder, von den Mädchen aber
nur ganz kleine Dinger, liefen umher, wie Gott sie geschaffen hatte. Frauen und Mädchen waren scheu; wenn
sie merkten, daß eine Camera auf sie angelegt wurde,
verkrochen sie sich ausnahmslos.

Der größte Häuptling der Insel, ein Verwandter
des Sultans und kriegsmächtiger als dieser, ist der an
der Nordseite wohnende Dato (Häuptling) Jokanain. Auf
eine Einladung kam er mit Verwandten und Gefolge in
einem großen malaiischen Outrigger-Kanoe zum Besuch
an Bord. Es war von höchstem Interesse, diesen von
der Kultur angehauchten und doch wieder unverfälschten
Wilden zu beobachten und seine diplomatisch gefaßten,
schlagfertigen Antworten zu hören. Da er offenbar ein
bedeutender Mensch ist, der vielleicht noch eine Rolle in
der kommenden Geschichte des Archipels spielt, so sei hier
eine kurze Schilderung seiner Person gegeben. Der Dato

ist ein mittelgroßer, verhältnismäßig untersetzter Mann
von 35 Jahren. Sein reiches, schwarzes Haar war un-
bedeckt; die meisten Männer gehen unbedeckten Hauptes
umher und ihr schwarzes Haar ist kurz und struppig.
Seine klugen, dunklen Augen sahen teils verächtlich, teils
neugierig, aber immer lauernd, mit einem Seitenblick
umher; seine von Betel rotgefärbten Lippen umspielte
ein zuweilen spöttisches, zuweilen gutmütiges und sogar
verlegenes Lächeln. Er trug die knappe, etwas verzierte
und verschnürte Jacke der Vornehmen und die engen
trikotartigen Beinkleider, wie sie dort üblich sind; die
Füße bleiben unbekleidet. Über die Schulter hatte er
ein Tuch, eine Art Plaid geworfen, und in dem um den
Leib geschlungenen Gürtel steckten seine silberne Betel-
dose und sein Kris, der schon manchen unglücklichen Wider-
sacher oder Sklaven ins Jenseits befördert hat. Mit
der geduckten Haltung eines Raubtiers kam er übers
Fallreep und nahm ebenso, seitwärts sitzend und nach-
lässig, in der Kajüte des Kommandanten Platz. Alle
Fragen beantwortete er mit größter Zurückhaltung. Herr
Schück gab einen gewandten Dolmetscher ab. Über die
Einrichtung der Kajüte, namentlich des Schlafzimmers,
zeigte sich der Dato entzückt; doch verweigerte er zuerst,
manches sich anzusehen, was ihn am meisten anziehen
mußte, so Gewehre und Revolverkanonen. Nicht aus Furcht,
sondern aus einem sehr bezeichnenden Grunde: er wollte
die Sachen nicht sehen, weil er sie nicht haben konnte!
Schließlich gestand er es doch zu, und das Abgeben
einiger Schüsse mit der Revolverkanone imponierte ihm
nicht wenig. Er meinte, ein solches Geschütz solle er
nur besitzen, und die Spanier wären längst von ihm
fortgesetzt worden. Er persönlich stand sich mit dem

spanischen Gouverneur recht gut, da er ein Mann von
Verlaß und bei notwendigen Verhandlungen brauchbar
sein sollte.

Der Dato verliebte sich ferner völlig in die Mauser-
büchse des Leutnants H. und war sehr verstimmt darüber,
als sein Wunsch, sie zu erwerben, abgeschlagen ward.
Herr Schück meinte, der Dato würde ihm nun Monate
lang keine Ruhe wegen der Büchse lassen und ihm schuld
an dem vergeblichen Handel geben, denn ein solcher
Häuptling sei nicht gewöhnt, daß ihm irgend etwas verweigert werde, was er zu haben wünsche. Rücksicht auf
Herrn Schück bewog in der Tat Herrn H., der die Büchse
schließlich entbehren konnte, sie dem Häuptling nachträg-
lich zu überlassen. Endlich wünschte der Dato noch Silber
und Papier gegen englische Pfunde einzuwechseln. Er
lachte über das ganze Gesicht, als er dann eine Anzahl
von Sovereigns empfing. Sein Vermögen bewahrt er
zu Hause auf; ebenso der Sultan, der ganz beträchtliche
Einnahmen haben soll, ohne sein Kapital jemals irgend
einer Stelle zinstragend anzuvertrauen.

Beim Abschied lud der Häuptling den Kommandanten
ein, mit ihm zu fahren und bei ihm zu nächtigen; als
der Kommandant dies abschlug, und ich mich als Stellvertreter anbot, wurde ich höflichst abgelehnt, ebenso einer
der Offiziere. Nur der Kommandant sei sein „Freund"
erklärte der Häuptling; wir anderen wurden doch wohl
nicht als „voll" für diese Würde angesehen. Photographieren wollte er sich nicht lassen, was ihm jedoch
nichts half denn er ward von unseren Schnellkünstlern
heimlich „geschossen".

Immerhin sollte dieser Tag noch mit einer interessanten Nacht für mich abschließen. Herr Schück lud

einige unserer Offiziere und mich ein, auf seiner Pflanzung
zu nächtigen, ein Anerbieten, das wir mit Vergnügen an=
nahmen. Ich war schon am Nachmittag zuvor bei ihm
und will daher erst kurz diesen Besuch schildern.

Mehrere Herren waren mit von der Partie; der
Stabsarzt, der im grünen Hütlein wie ein steirischer
„Gamsjager" aussah und in seinem verwogenen Kostüm
bedeutendes als Nimrod versprach, Leutnant H., eben=
falls schwer bewaffnet, in hoch eleganter, funkelnagel=
neuer gelber Jagdrobe, Leutnant K. mit seinem photo=
graphischen Apparat, in imponierenden Wasserstiefeln, und
schließlich ich in breitem Korkhut und Gamaschen, mit
einem friedlichen Sonnenschirm. Der Stabsarzt meinte,
mir fehle nur noch das Schmetterlingsnetz zum reisenden
Professor, und da ich meine in den Gürtel gesteckte Decke
hinten dick und lang herunterhängen ließ, hatte sein
Künstlerauge meine charakteristischen Umrisse erfaßt und
er taufte mich: „die kasuarähnliche Gelehrtengestalt".
Jedenfalls erregten wir alle die stilllächelnde Begeisterung
der Kopra schneidenden Chinesen, als wir unseren Durch=
zug durch das Städtchen hielten.

Vom Tor leitete der Weg zu einem kleinen spani=
schen Fort oder Blockhause durch einen ganz nieder=
trächtigen Sumpf, der allerdings nicht viele seiner Art
auf der Insel haben soll. Er wirkte um so unange=
nehmer auf die Geruchsnerven, als der Anfang des durch
ihn führenden Dammes gleichzeitig die Stätte ist, „wo
Müll abgeladen werden darf" — und der Müll war
darnach! Dann ging es allmählich bergan, durch dschun=
gelartige, hier und da von den Eingeborenen angesengte,
von Raben überflogene Strecken des harten Alang=Alang=
Grases; gelegentlich flatterte ein roter Papagei oder ein

Kakadu durch das Bambusgestrüpp. Überall war die Landschaft hügelig und parkartig; prächtige Mangos und andere Fruchtbäume erhoben sich einzeln oder in Gruppen. Dann und wann tauchten Eingeborene auf, im Turban oder barhaupt; auch Speerreiter, aber nicht Reiter des Sultans. Es sieht immer famos und kriegerisch aus, wenn so ein Kerl irgendwo im Gebüsch hält oder daraus hervorkommt. Alle kannten Herrn Schück; manchmal erhielten auch wir einen Gruß durch Winken mit der Hand. Im Walde, mitten auf einer weiten Rodung zeigte sich das hölzerne Haus Herrn Schücks, ein großes, sogenanntes Borneohaus. Es war noch ganz unfertig. Zwischen den übermannshohen Pfählen, auf denen es stand, und die durch Verkleidung später ein unteres Stockwerk für die „Geschäftsräume" abgeben sollten, lagen Balken, Bretter, Sägeböcke u. s. w. umher; auch die Umzäunung befand sich noch im argen; alles war roh und unbehauen. Eine kurze, schwierig erklimmbare Hühnerleiter führte zu einer Art Verbindungsbrücke zwischen einem kleinern und großen Hause hinan, beide von einem gemeinsamen Dach umschlossen. In dem kleineren Raum flammte das Küchenfeuer; einige Hausangehörige schienen auch hier zu wohnen. In einer Ecke lag ein kranker Malaie. Er zeigte dem Arzt sein widerwärtiges Leiden, während Kinder und Weiber dabei umherstanden. So, ohne jede ärztliche Hilfe, mußte der Mann allmählich zu Grunde gehen. Soweit dies möglich und erforderlich ist, ist der Plantagenherr selbst Arzt für alle; der spanische Arzt ward nie von irgend jemand außerhalb der Stadt gerufen.

Über ein paar Holzstufen gelangte man in das Haupthaus, das wie eine alte nordische Halle anmutete.

Es war ein gewaltiger Raum mit unverkleidetem Dach und Gebälk. Durch den rohen Bretterfußboden sah man die Erde, durch die Spalten der Bretterwände den Himmel. Viereckige Ausschnitte bildeten Fenster, größere die Türen. Es sollte mit der Zeit aber noch alles dichter und wohnlicher gemacht werden. An einem Ende stand ein Tisch mit Schaukelstühlen, daneben mitten im Raume eine Art Büffet mit zerbrochener Tür; an demselben Ende das mit Moskito-Gaze bezogene Ehebett. Das war so eine Art von Herrschaftswinkel. Unmittelbar daran schlossen sich allerlei Lagerstätten, die an den Wänden auf dem Fußboden bereitet waren; hier schliefen die Kinder der Herrschaft, andere Weiber mit ihren Kindern und sonstige Haussklaven. Dies alles in demselben ungeteilten Raum. Das Dach war hoch und trefflich gearbeitet, zum Teil vom Besitzer selbst. First und Sparren bestanden aus einem Holz, das nicht von den Ameisen zerstört wird, und aus Bambus. Gedeckt war mit den schilfartigen Blättern der Sagopalme, die sehr dicht aneinandergefügt wurden. Nägel gewahrte man nicht; alles wird mit Bast gebunden. Einem Taifun würde ein solches Haus nicht standhalten; diese Stürme sind aber hier seltener, und für die häufigeren Erdbeben ist es vorzüglich gebaut. Wir erlebten bei unserem Nachtquartier selbst ein Erdbeben, ohne es zu merken.

Das war das Heim eines deutschen Pioniers! Vielleicht gehörte eine gewisse Naivetät des Besitzers dazu, uns einzuladen, aber auch ein berechtigter Stolz, und sicherlich verschaffte ihm unser Kommen eine große Herzensfreude. Als wir uns um den Tisch in dieser urwüchsigen Umgebung gesetzt hatten und zunächst nichts als einen Trunk warmen Bachwassers erhielten, konnte

ich mich einen Augenblick, als wir allein waren, eines
herzlichen Lachens nicht enthalten. Meine durch die Hitze
ermüdeten Begleiter saßen mit so gedrückten Mienen da,
unsere Kostüme bildeten einen solch lächerlichen Kontrast
zu dem, was unsere Phantasie sich vorher über dies „reiche
tropische Heim" eines, wie wir glaubten, europäisch ein-
gerichteten Pflanzers ausgemalt hatte, daß die Komik
der Lage zum Durchbruch kam.

Wir hatten ja alle so gern hier nächtigen wollen,
nachdem wir vermeintlich vorher zahllose wilde Tauben
und vielleicht eines der in Aussicht gestellten Wildschweine
erlegt gehabt hätten. Besonders Leutnant H. mit dem
funkelnagelneuen Jagdanzug und dem eleganten Gehänge
für Patronen, Revolver und Waidmesser lächelte unsicher,
als der Hausherr nochmals fragte, wer die Nacht über
dableiben wolle. Die jungen Herren wiederholten wohl
mehr aus Verlegenheit als aus Neigung ihren diesbezüg-
lichen Wunsch. Der Stabsarzt und ich entschlossen uns,
wieder an Bord zu gehen. Wir hatten aber die schlechtere
Entscheidung getroffen.

Zunächst mußten wir bei sinkender Sonne mar-
schieren, was in diesen Strichen nie sehr ratsam ist. An
in Brand gesetztem Alang-Alang-Gras vorbei, durch dessen
Rauch die Sonne gelb hindurchglühte — die Eingeborenen
stecken es teils aus Freude am Brande, teils zu Jagd-
zwecken an —, liefen wir uns in einem sumpfigen Pfad
fest und mußten wieder umkehren. Mit vorgehaltenen
Taschentüchern passierten wir schließlich den Sumpf vor
dem Tore; der Stabsarzt meinte erbaulich, es sei, als
ob rechts und links der Tod auf einen lauere. Zum
Überfluß fanden wir nun auch noch das Stadttor geschlossen; viele beurlaubte Mannschaften standen davor

4*

und konnten ebenfalls nicht hinein. Wir hatten alle keine
Ahnung davon gehabt, daß die Spanier um 6 Uhr ihre
Stadt zuschlössen. Etwa dreiviertel Stunden dauerte das
Warten, was bei Abendluft in diesem Klima nicht sehr
angenehm war. Man gab uns von drinnen zu verstehen,
wie alles seinen ordnungsmäßigen Gang gehen müsse,
bis wir hinein könnten. Endlich waren die scheinbaren
Schwierigkeiten erledigt. Man inquirierte, wer wir seien,
als ob die Augen diese Frage nicht besser beantworten
konnten, als unsere des Spanischen nicht mächtigen
Zungen; dann rasselten die Schlösser, und wir durften
durch die mit aufgepflanzten Bajonetten angetretene Wache
defilieren. Unsere Leute fühlten sich infolge dieses Inter-
mezzos in patriotische Stimmung versetzt und marschierten
die „Wacht am Rhein" singend durch die Stadt zur
Landungsbrücke.

Am nächsten Morgen kamen die anderen Herren so
befriedigt von ihrem Nachtaufenthalt zurück, daß der
Stabsarzt und ich beschlossen, es ebenfalls einmal damit
zu wagen.

Bei 30 Grad Celsius in der Kammer an Bord zu
schlafen, war ja auch kein Genuß! Der Stabsarzt aber
kehrte vor dem Tore wieder um, da wir zwei unserer
Offiziere begegneten, die an einem Wasserfall gebadet
hatten, wobei der eine, Leutnant Sch., von einem Insekt
gerade eben beim Passieren des Sumpfes derartig in
den Nacken gestochen worden war, daß in wenigen Minuten
eine fast faustdicke Geschwulst entstand. Der Stich erschien sehr bedenklich, so hielt es der Arzt für seine
Pflicht, wieder mit an Bord zu gehen. Durch energisches
Eingreifen und geeignete Vorsichtsmaßregeln wurden dann
auch böse Folgen für Herrn Sch. abgewendet, wenngleich

eine nicht unerhebliche Halswunde entstand. — Somit begab ich mich, und zwar mit Leutnant K., der schon tags zuvor dort gewesen war, auf die Pflanzung hinaus.

Dort angelangt — wir hatten notabene an verschiedenen Tauben vorbeigeschossen — machte man es sich „leicht", was in den Tropen „sehr leicht" heißen will. Auskleiden und Waschen ging ungeniert vor aller Welt vor sich; ein Extrazimmer stand eben nicht zur Verfügung.

Später gab es ein erträgliches Abendbrot, eine gute Hühnersuppe und einige Fisch- und Fleischgerichte, dazu trockenen Reis, sogenannten Bergreis, der hier allein angepflanzt wird, da im allgemeinen die sumpfigen Niederungen für anderen Reis fehlten. Bier, natürlich warm, aber trinkbar, Kaffee und Zigarren machten den Beschluß. Die braune Hausfrau setzte sich auch mit heran. Sie war eine einer Häuptlingsfamilie entstammende, bis auf die breite Rassennase und die dicken, blauen Lippen durchaus nicht häßliche Eingeborene, aus deren dunklen Augen sehr viel Intelligenz sprach. Ein großer Junge und ein ganz kleines Mädchen, beide ziemlich hellfarbig, befanden sich am Leben, andere Kinder waren gestorben. Die übrigen Hausbewohner gingen hin und her; kleine Sklavenkinder bedienten uns mit viel Geschick. Die Frauen haben einen eigentümlichen Anstand im Schreiten; immer etwas Feierliches, Schwebendes, nur wird zuweilen der Leib etwas zu stark vorgestoßen. Sie benahmen sich, wie schon erwähnt, mit tadelloser Sittsamkeit und trugen, ebenso wie Chinesinnen, geschlossene Beinkleider. Am Abend wurde musiziert; europäische, schwitzende Petroleumlampen leuchteten. Immer mehr Leute sammelten sich an. Von einer der jungen Frauen ward mit Holzstäben auf abgestimmten, in Bindfäden wagerecht hängen-

ben Bronzekesseln eine rhythmische Musik hervorgebracht,
die sich immer wiederholte; dazu ward, meist von Männern,
auf größeren gongartigen Becken mit umwickelten Klöppeln
die klangreiche Begleitung ausgeführt, während zwei
Burschen auf dem Boden hockten und mit ihren Händen
das Dach eines hölzernen Hühnerställchens dröhnend bearbeiteten, wodurch ein trommelartiger Klang entstand.
Eine richtige Trommel fehlte. Gelegentlich tanzte ein
Bursch auf einer Matte etwas vor; das Tanzen bestand
hauptsächlich in Arm- und Fingerverrenken und einem
gleitenden Vorwärtsbewegen der Füße und des ganzen
Körpers durch gewaltigen Muskeldruck. Jede Nüance
wurde mit wildem Beifallsgeschrei der im Kreise umher-
sitzenden oder hockenden braunen Menschen begleitet.
Kinder liefen zwischendurch, oder ein Gewehrträger kam
hinzu. Der gefüllte Patronengürtel wurde von den
Tänzern nicht abgelegt; ich glaube, auch der Kris nicht.
Die Frauen sahen noch zum Teil wie Kinder aus; ihr
langes schwarzes Haar trugen sie aufgelöst. Die am
besten spielte, die jüngste, war mit ihrem runden Ge-
sichtchen und stumpfen Näschen die hübscheste. Sie koket-
tierte auch bisweilen ganz ordentlich mit ihren dunkel
aufblitzenden Augen, während die anderen meist gar keine
Notiz von uns nahmen. Auch ein Castagnettentanz wurde
improvisiert, zu dem die Castagnetten an Ort und Stelle
mit einem Kris aus einem Stück Holz gehauen und am
Feuer gehärtet wurden. Ich debütierte ebenfalls als
Castagnettenspieler, dank einer als Junge erworbenen
Klapperfertigkeit mit zerspaltenen Wäscheklammern, und
erntete dafür einen äußerst schmeichelhaften, tosenden Bei-
fall. Draußen in der Waldeinsamkeit zirpten unterdessen
die Grillen und schwärmten die Glühwürmchen. Ich er-

hielt honoris causa ein Bett mit dankenswertem Moskitonetz und schlief trotz fortdauernden Tanzvergnügens und
späteren Kindergeschreis friedlich und sicher.

Am nächsten Morgen erhielt Herr Schück eine Bot-
schaft vom Sultan, infolge derer er beschloß, nicht wie
beabsichtigt war, mit der „Möwe" zu fahren, die an
diesem Vormittag nach der an der Südküste befindlichen
Sultansresidenz Maynbun in See gehen wollte, sondern
quer durch die Insel zu reiten, was nur gegen 2$^1/_2$ Stunden
in Anspruch nimmt. Mein Begleiter mußte an Bord
zurück, während ich von Herrn Schück ein Pferd erhielt,
um mit ihm zu reiten.

Ehe wir die Plantage verließen, gab es noch eine
aufregende Szene.

Tags vorher war ein Knabe, Sohn einer Haus-
sklavin, gestohlen worden. Herr Schück kam dem Misse-
täter sofort auf die Spur. Es war ein dem Spiel er-
gebener Bursche, der zur Deckung seiner Spielschulden
— Spielschulden sind Ehrenschulden, heißt es auch bei
den Sulus — den Jungen gestohlen hatte, um ihn zu
verkaufen. Zu diesem Zwecke hatte er sich mit seinem
kleinen Bruder verbunden, der sich im Hause befand und
ein Spielkamerad des geraubten Kindes war. Der große
Bruder hatte den kleinen überredet, das jüngere Kind in
den Busch zu locken, wo es von einem Dritten in Empfang
genommen ward. So der vermutete Tatbestand. Zunächst nahm Herr Schück den größten Knaben ins Gebet, der erst hartnäckig leugnete, dann aber infolge einiger
Ohrfeigen und Drohungen sich zu einem die Vermutung
bestätigenden Geständnisse bequemte. Daraufhin wurden
Leute mit Gewehren ausgeschickt, um den erwachsenen
Burschen zu holen oder im Falle seiner Weigerung ihn

niederzuschießen. Nach kurzer Zeit kamen die Leute mit
dem Delinquenten ins Haus.

Ich sah, wie er draußen zwischen ihnen marschierte,
aber seinen Kris noch im Gürtel trug. Im Hause wurde
ihm den Kris abgenommen, was er sich ruhig gefallen
ließ, worauf er sich auf den Boden niederhockte. Stehend
nahm Herr Schück ihn ins Verhör; die anderen Leute
des Hauses standen schußbereit daneben, während einige,
wohl die älteren und angesehenen, in die Verhandlung gelegentlich mit hineinredeten. Die Mutter des gestohlenen
Knaben saß schweigend daneben, indem sie mit hochge-
zogenen Beinen auf einem europäischen Stuhl hockte. Von
der Verhandlung verstand ich natürlich nichts, ich merkte
aber, daß der Bursche sich verstockt gebärdete. Auf einmal
überkam Herrn Schück der Zorn. Er stürzte sich auf den
Burschen und versetzte ihm heftige Schläge über den Kopf
und ins Gesicht. Wie er mir nachher sagte, habe er
bedauert, daß er sich hierzu hätte hinreißen lassen; der
Bursche habe ihn aber durch die freche Antwort, Herr
Schück möge selber gehen und suchen, zu sehr gereizt.
Vorher hatte übrigens der kleine Bruder das Geständnis,
das den großen belastete, in dessen Gegenwart wiederholt. Nun fing der Bursche an am ganzen Leibe zu
zittern, zu weinen und über seine Beine und seinen Körper
nervös mit seinen Händen umherzufahren. Ich hielt dies
für Todesangst und erwartete jeden Augenblick Zeuge
des Erschießens sein zu müssen. Wie mir Herr Schück
aber später erklärte, sei der Bursche nicht furchtsam gewesen, sondern nur maßlos wütend über die in Gegenwart anderer empfangene Züchtigung. Bis zum
Äußersten wollte mein Wirt ohne Geständnis des Mannes
nicht gehen, und da wir unsern Ritt antreten mußten,

so unterbrach er die Untersuchung, und ließ den Burschen an Händen und Füßen binden, was dieser sich wieder widerstandslos gefallen ließ. Wie die Geschichte dann geendigt hat, weiß ich nicht; doch fürchte ich, blutig.

Herr Schück erzählte mir, wie sein Vater in den Besitz der Familie des gestohlenen Kindes gekommen sei. Der Familienvater hätte einen Mord an einer Herrn Schück sen. gehörenden Person, ich glaube, einer Frau, begangen; und der Sultan, der Vater des jetzigen, habe nach Untersuchung und Aburteilung zu dem durch Blutsfreundschaft ihm verwandt gewesenen Europäer gesagt: „Bruder, Du weißt, was du zu tun hast." Darauf hat der alte Schück den Mörder erschossen und war nun nach dem Gesetz verpflichtet, der Ernährer der verwaisten Familie zu sein und damit ihr Herr. — Sein Vater habe sich die Freundschaft des Sultans und des Suluvolkes hauptsächlich während einer Mißernte auf der Insel erworben, wo er vielen Darbenden, ohne Nutzen daraus zu ziehen, mit seinen Vorräten ausgeholfen hätte. Dies alles und seine — des Sohnes — Heirat mit der Häuptlingstochter habe ihm selbst, nachdem er auf Borneo kein rechtes Glück gehabt, die Wiedererlangung eines Teiles des früheren Besitzes seines Vaters, nebst den Liegenschaften seiner Frau verschafft, und sein unvermeidlich gewesener Übertritt zum Mohammedanismus gewährleiste ihm die Anerkennung als ein Häuptling auf der Insel und seine Sicherheit. Übrigens habe er noch Brüder auf Borneo.

Der Ehebruch wird bei den Sulu-Insulanern streng bestraft. Dem ehebrecherischen Weibe wird das Haar abgeschnitten; sie ist dann dem Verführer als Sklavin verfallen; dieser darf aber von dem Ehemann getötet wer-

ben, kommt jedoch mit einer Geldstrafe davon und kann
nicht verletzt werden, wenn er sein Vergehen anzeigte
und es einem Richterspruche unterbreitete. Derartige
Urteile scheinen vom Sultan oder, in ernsteren Fällen,
von einem Häuptlingsgericht zu ergehen. Die meisten Eingeborenen sind, soweit sie nicht als Sklaven den Häuptlingen angehören, Klein-Grundbesitzer. Der Besitz ver-
erbt sich auf die männliche Linie. Landverkauf kennt
man nicht.

Außer den geltenden Bestimmungen des Korans er-
läßt der Sultan Gesetze. Zur Gesetzgebung bedarf er
aber der Zustimmung der Häuptlinge; seine Oberherr-
schaft ist mehr eine nominelle und beruht lediglich auf
Familien-Tradition. Der jetzige Sultan zählte etwa
25 Ahnen. Er bezog nicht unbedeutende Einkünfte,
namentlich aus der Fischerei der Perlen, deren Preis
er festsetzt. Die schwarzen Perlen sollen nicht so selten
sein und den höchsten Wert besitzen.

Die Sklaverei ist mild; die Leute werden, wenn sie
sich nichts zu schulden kommen lassen, gut behandelt und
sind ihren Herren-Familien unbedingt ergeben. Trennung
der Sklavenfamilien durch Verkauf kommt vor, ist aber
höchst selten. Herr Schück meinte, daß bei Übernahme
der Schutzherrschaft durch eine Macht, welche die Eingeborenen in ihren Sitten nicht kränken, die Sklaverei und
die Religionszustände in ihrer jetzigen Form dulden oder
erstere vorsichtig ablösen würde, sich viel machen ließe,
und dies ohne größere Schwierigkeiten. Durch Ankauf der
Sklaven ließe sich das Arbeitermaterial sehr gut auf der
Insel selbst beschaffen, und der Boden sei vorzüglich zu
allerlei Kulturen. Bis jetzt sei nur etwa ein Drittel der

ca. 300 Quadratmeilen der Hauptinsel in Benutzung genommen.

Bei glühender Sonnenhitze bestiegen wir unsere
kleinen Pferdchen; ein Eingeborener ritt voran. Pferde
kann man von etwa 36 Mk. ab kaufen. Der Ritt bot
dem Auge allerlei Fesselndes. Meist ging es hügelauf,
hügelab auf schmalem Pfad durch endlose Strecken ver-
blichenen und grünen Alang-Alang-Grases. Die Gäule
rupften sich dann und wann ein Maul voll ab. So vom
Halme fressen sie es, geschnitten kann das harte Zeug
nicht werden. Man hat einmal versucht, es zu Papier zu
verarbeiten, aber das Papier taugte nichts. Überall sah
man einzeln oder in Gruppen prächtige Bäume stehen,
meist Fruchtbäume, wie Mangos, Brotfrucht, Durian und
Palmen aller Art, darunter die schlanke Betelpalme, die
durch ihren geringelten Stamm und ihre besonders zierliche Form auffällt. Luftwurzeln, Lianen und andere
Schmarotzergewächse erhöhten das Malerische, namentlich
der Waldbäume, die oft weithin Schluchten und Hänge
bedeckten, ohne den parkartigen Charakter des Landes
zu ändern. Häufig zeigten sich schwarze Lavablöcke, dann
wieder Tapioca-Pflanzungen mit ihren halb kohl- halb
palmenartigen Stämmchen. Die Erdnuß, die süße Kar-
toffel, selbstverständlich die Banane und Bergreis werden
viel gebaut. Davon leben die Leute, denen außerdem
noch reichlich Fischnahrung zu Gebote steht. Gelegentlich taucht auch ein niederer, baumbuschiger Hain auf —
das Grab einer Häuptlingsfamilie. Einmal im Jahre
wird Totenfest gehalten; die Angehörigen lesen dann an
den Gräbern ihrer Verstorbenen einen Abschnitt aus dem
Koran.

Meist wurde munterer Schritt, zuweilen ein höchst

angenehmer Trab geritten, auf den die Tiere eigens dres=
siert sind. Mein Gastfreund trug einen Fes, der gleich=
zeitig seine Würde bezeichnete. Letztere wird erhöht durch
einen Kris mit einem von Edelsteinen besetzten Elfen=
beingriff und goldverzierter Scheide, ein Geschenk des
verstorbenen Sultans an Herrn Schücks Vater. Außer
Kakadus und schönen Schmetterlingen bekamen wir wenig
Getier zu Gesicht. Vom Walde hörten wir die Stimme
wilder Hähne, deren Gefieder besonders prachtvoll sein
soll, während die Henne sich wenig von unseren Haus=
hennen unterscheidet. Wir sahen auch keine der, wie es
heißt, zahlreichen Wildschweine und Hirsche. Von Rep=
tilien kommt die Kobra vor, und namentlich die Python=
schlange, die bis sechs Meter lang wird. Dicht vor
Maybun gewahrte man vulkanische, baum= und busch=
lose Berge, die in ihrer kurzen, grünen Bedeckung aus=
sahen, als ob sie mit Saat bestellt seien, was aber nicht
der Fall ist.

Maybun kündigte sich an mit seinen Hütten und
Gärtchen unter Palmen. In der Ferne sahen wir das
Steingrab eines Sultans; dann durchschritten wir einen
kleinen Fluß, der aber doch so tief war, daß man die
Füße auf den Sattel ziehen mußte, passierten ein harmlos
turmartiges Gebäude, eine „Festung", und gelangten über
einen hübschen Uferplan mit Brücke und Hütten auf den
umwallten, schlecht gesäuberten Hof eines nur für Dorf=
verhältnisse ansehnlichen Gebäudes — es war der
Sultanspalast! Man merkte, daß viele Frauen im Hause
lebten, die sich aber sofort versteckten. Auf den engen
dämmerigen Korridoren und in den kleinen Räumen,
die solch überwiegend hölzerner Bau besitzt, wimmelte
es von Bewaffneten. Der Sultan empfing uns in einem

einfachen loggienartigen Zimmer, in dem ein großer Tisch und einige Vitrinen mit allerlei Geschirr standen; ebenso prangten auf dem Tische einige schlechtgeputzte und künstlerisch mangelhafte Silber- oder Alfenidegegenstände, wie Tafelaufsätze, Wiener Kaffeemaschinen und dergleichen; Dinge, die der Sultan dem abziehenden spanischen Gouverneur abgekauft hatte.

Der Sultan, Muhamed Jamabul, war ein nicht sehr schöner, etwas gedunsener Herr von 30 Jahren, dem einige schwarze Bartborsten das Kinn nicht eben verzierten. Er benahm sich ganz freundlich, schüttelte kräftig die Hand, machte aber den Eindruck eines wenig willensstarken, mißtrauischen Charakters. Seine Ratgeber beherrschten ihn scheinbar völlig, besonders der intelligent aussehende Hadje Buts, dessen braungelbes Gesicht ein grüner Turban krönte. Der Sultan wickelte sich auch seinen Turban feierlich ums Haupt. Seine Hautfarbe war ziemlich hell. Er hockte mit nackten Füßen, in buntkattunen Hosen auf einem Stuhl und beschäftigte sich mit seinen Fußzehen. Verheiratet war der Sultan nicht; er gebot nur über Konkubinen. Er besaß mehrere Brüder; seine Mutter, die kluge und intrigante Sultana Juchijamila sollte den stärksten Einfluß auf ihn besitzen und hauptsächlich mit den Ratgebern regieren. Von diesen fielen außer Hadje Buts, der auch religiöses Oberhaupt und des Arabischen in Wort und Schrift mächtig ist, noch zwei auf; ein betagter Herr mit spitzem Bart, von negerhaftem Typus, und ein fetter, alter Genüßling, — wenigstens sah er so aus, — mit hängendem Schmerbauch, glattrasierten Hängebacken und kleinen, schielenden, listigen Augen, und einem jovialen Zug um den breiten, dicken Mund — so ein Mittelstück zwischen ara-

bischem Sklavenhalter und einem den Lebensfreuden hol-
den, altrömischen Senator. Er war ein Verwandter des
Sultans. Die Herrschaften interessierten sich besonders
für Nachrichten aus den Philippinen, die ich ihnen frisch
auftischen konnte. Eine größere Zahl von Männern und
Jünglingen hörten schweigend diesen Auseinandersetzungen
und Herrn Schücks Verdolmetschungen zu.

Zum Frühstück erhielten wir zunächst lauwarmes,
trübes Trinkwasser in gezackten Glasschalen, die zu allem
andern eher, als zu Trinkgefäßen geeignet erschienen.
Dann gestaltete sich die Sache hoffnungsvoller; allerlei
Gebäck, von Haussklavinnen bereitet, wurde gebracht,
nebst einigen Frühstücksgerichten; dazu gab es Schokolade,
eigenes Gewächs. Ich fand das Aufgetischte mehr oder
weniger schauderhaft, bis auf gebackene Bananen, die ganz
vortrefflich waren und für mich als pièce de résistance
dienen mußten. Glücklicherweise führte ich noch eigenen
Cognac bei mir, der mir, da ich ja dem Koran nicht
verpflichtet war, das Trinkwasser schmackhafter und ge-
sünder machen durfte.

Später wurde ich noch zur Sultana geführt, die
ein ähnliches, aber etwas weniger stolzes Haus bewohnt.
Der Weg dorthin führte über einen der niederträchtigsten
aller Knüppeldämme, durch Mangrovensumpf, und das
bei glühendster Mittagssonne! Zudem war die hohe Dame
augenblicklich unpäßlich und ließ mich bitten, nachmittags
noch einmal wieder zu kommen; als Stellvertreter diente
ihr jüngster Sohn. Das Sultanahaus ist, wie alle unansehnlichen Häuser ringsum, Pfahlbau, der auf den bei
Ebbe trocken liegenden, schwarzschlammigen, kleinen Fluß
hinausgeht. Man sah eine Art von Deckengemälde auf
Holz, rohe, einheimische Arbeit, allerlei Flure, matten-

belegte Lagerstätten und Öffnungen in den Holzwänden
wie Kassenschalter von Bretterbuden auf deutschen Jahr-
märkten; dazu herrschte Dunkelheit und angenehme Kühle.
Über dem Sultanshaus lag ein mit Holzverschalung
unterkleidetes Wellblechdach; die Sultana besaß diesen
Luxus nicht.

Eine Menge junger Leute umgab uns; neugierige
Weiber und Kinder tauchten im Hintergrunde auf, ver-
schwanden aber wieder schleunigst. In einem Nebenhause
sah ich ein paar junge Weiber bunte Seidenbänder wirken;
sie waren selbst in bunte Seide gekleidet, d. h. von den
Hüften ab; ich konnte ihre wirklich sehr schönen Rücken
und Schultern und gelegentlich ein hübsches Profil bewundern. Vielleicht waren es die Weiber des jungen
neunzehnjährigen Prinzen, der neben mir saß. Dieser
erfreute sich, obgleich er wie ein magerer Sekundaner
erschien, schon vier rechtmäßiger Weiber. Er sah mit
seinem langen, in einer geraden Linie vom Munde zurück-
weichenden Kinn und seinen, in der landesüblichen engen
Trikothose unbeschreiblich dünnen Schenkelchen nicht nach
Heldentum aus; doch sollte er ein ganz anderer Kerl
zu Pferde sein und schon manchen Eber vom Sattel aus
mit seiner Lanze niedergestoßen haben. Auch hätte der
schön ziselierte Kris in seinem Seidengürtel, den er mich
betrachten ließ, mehr als einen ihm mißliebig gewordenen Hausklaven ins Jenseits befördert. Anderseits
erzählte man doch von großen Schwächen dieses Jüng-
lings, die namentlich aus seiner Opiumsucht entsprängen.
Da das Opium ihm über seine Frauen ging, so hätten
— der Palast-Fama nach — seine beiden darüber unge-
haltenen jüngsten Gattinnen ihn kürzlich windelweich

durchgehauen, nachdem sie ihm vorsichtig vorher den Kris
abgenommen gehabt.

Einer seiner Sklaven trug ihm stets zwei Silber-
kästchen nach, das eine für chinesische Cigaretten, das
andere für den Betel.

Die Betelbüchse führt hier ein jeder mit sich, gewöhnlich vorn im Gürtel. Sie enthält die Betelnuß,
etwas rohen Kalk, noch ein pflanzliches Ingredienz und
die grünen Blätter einer Pfefferart. Kurz sei hier die
allerdings bekannte aber immer ein wenig variierende
Sitte des Betelkauens erwähnt: abgeschabte Teile der
Nuß werden mit den anderen Substanzen gemengt in
ein Blatt gerollt und dann etwa eine Viertelstunde gekaut. Danach findet Erneuerung statt. Nach wenigen
Minuten ist eine blutrote Flüssigkeit entstanden, welche den
Lippen ein widerwärtiges Aussehen giebt; dies wird durch
die schwarzgefärbten Zähne erhöht. Das Schwärzen soll
übrigens zum Schutz der Zähne gegen den Einfluß des
Kalkes stattfinden und nicht eigentlich vom Betelkauen
herrühren, sondern bewirkt werden durch abgestandene
Kokosmilch, in welche ein glühendes Eisen abgelöscht und
zu der noch ein Pflanzenstoff hinzugesetzt würde. Nur
die Erwachsenen schwärzen die Zähne. Dem Betelgenuß
erscheinen alle Altersstufen ausnahmslos ergeben zu sein.
Ich habe eine Portion völlig durchgekaut und eigentlich
nichts Auffälliges beim Geschmack empfunden, es sei denn
eine gewisse Herbigkeit und dabei starken Fluß des blut-
roten Speichels. Übrigens wird auch daneben Tabak
gekaut.

Als ich das hintere Haus durchschritt, wo auf lebens-
gefährlich durchlöcherten, morschen Brettern über dem
Wasser einige Dutzend Familien mit entsprechender Kinder-

zahl kochten, schliefen und umherkrochen, stellte sich ein
kleines zwei- bis dreijähriges Mädchen keck vor mich hin,
das splitternackt und seelenvergnügt eine Cigarette rauchte
wie eine Alte.

In einem Eingeborenen-Outrigger — zur Ehren-
begleitung wurde mir ein Verwandter des Sultans mitgegeben — fuhr ich wieder an Bord der inzwischen auf
der Rhede angelangten „Möwe" Nachmittags wurde von
dem Kommandanten und den Offizieren ein offizieller
Besuch beim Sultan abgestattet, wobei unsere Gig
Schwierigkeiten fand in Überwindung des flachen Fahr-
wassers und des engen Flußlaufes.

Diesmal hatte der Sultan eine Art indischen Civils
als Festkleidung angezogen. Bei dem folgenden Palaver
benahm er sich ganz würdevoll und gab klare Antworten.
Unter anderem stellte er den allerdings nicht neuen Satz
auf: „Freundschaft braucht zu keinem bestimmten Zweck
geschlossen zu werden, sie kann um ihrer selbst willen bestehen." Ich glaube, er witterte die Amerikaner! —
Kein Ratgeber, geschweige denn einer der andern anwesenden Männer, sprach ein einziges Wort, aber ihre
großen Augen und gespannten Mienen verrieten den lebhaften Anteil, den sie dieser Unterredung widmeten. Dann
gab es denselben festlichen Imbiß wie am Vormittage.
Schließlich gestattete der Sultan nach einigem Zögern noch,
daß er photographiert würde. Es geschah dies auf seinem
mit seltsamen, alten Geschützrohren verteidigten, übrigens
schlecht gehaltenen Hofe, in Gemeinschaft mit den europäischen Besuchern. Als wir an Bord zurückfuhren,
drängten sich die Eingeborenen bei sinkender, aber noch
brennender Sonne auf ihren Pfahlbauten an der lagunen-
artigen Flußmündung. Einige steckten auch beneidens-

werterweise im Wasser. Darüber flogen Kakadus von Ufer zu Ufer. — Später sahen wir den Prinzen und seinen älteren Bruder als Gegenbesuch an Bord. Der Sultan ließ sich mit „Unwohlsein" entschuldigen, ebenso war die Sultana noch immer unpäßlich.

Tags darauf gingen wir Anker auf nach den Molukken.

Vorläufig sollten sich der Sultan und der Dato Jokanain geeinigt haben, die Stadt gleich nach Einschiffung der Spanier zu besetzen, Handel und Wandel aufrecht zu halten und die Chinesen zu schützen. Kein Eingeborener sollte bewaffnet durch das Tor kommen dürfen, „denn", sagte Jokanain sehr verständig, „wozu braucht man Waffen, wenn man handeln will?" Aber Jokanain selbst liebte sie sehr und er war ein großer Fuchs.

Was die Amerikaner inzwischen auf der Inselgruppe angefangen haben, die trotz zeitweiliger Anzweiflung mit in den Philippinenvertrag einbezogen wurde, vermag ich nicht zu sagen.

2. Kapitel.

Weiterfahrt durch die Molukken nach Neu-Guinea und Neu-Pommern.

Die Philippinen entlang. — In Ternate. — Holländische Kolonialhäuser. — Passieren der Linie. — Amboina. — Bei Ceram und durch die Pitistraße. — Der Marchesa-Hafen auf Battanta. — An der Nordostküste Neu-Guineas. — In der Astrolabe-Bai — Etwas über Kaiser-Wilhelmsland und die Neu-Guinea-Kompagnie. — Die Arbeiterfrage. — Holländisch und Englisch Neu-Guinea. — Zusammentreffen mit dem beschädigten „Cormoran". — Stephansort und Friedrich-Wilhelms-Hafen. — Trennung vom „Cormoran" und Fahrt nach Neu-Pommern.

5*

Auf der Weiterfahrt passierten wir noch eine ganze Reihe Inseln der Sulu-Gruppe, unter anderen Kiassi. Es gab immer wieder anziehende Berg= und flache Korallenküsten mit eifrigen Fischern zu beobachten, auch interessante Kimmspiegelungen, bei denen die Palmenhaine noch in ziemlicher Nähe, wie in einem überschwemmten Gebiete, direkt aus dem Wasser heraus zu wachsen schienen. Herrliches Farbenspiel der tiefblauen Celebes-See verschönte diese Bilder obendrein.

Kein Schiff begegnete uns auf unserem südöstlichen Kurs; die zunehmende Hitze schien den sich rasch nähernden Äquator zu verkünden.

Bei den sonntäglichen Gottesdiensten verlas Leutnant K. an dem mit einer Flagge überdeckten Spill eine gedruckte Predigt. Sein pastoraler Vortrag war tabellos. Die Blechinstrumente unserer noch in den musikalischen Windeln liegenden kleinen Bordkapelle strengten sich tapfer zur Produzierung eines würdigen Chorals an. Bei der Musterung vorher beteiligte ich mich nicht, aber mit Hingabe am „Kirchenschnaps", der in Form eines ge-

meinsamen gemütlichen Glases Sekt auf der Kampanje
unsere Seelen wieder in irdisches Gleichgewicht zu bringen
pflegte.

In 55 Seemeilen Abstand wurde der 16 400 englische
Fuß hohe Gamma Komorro auf Gillolo gesichtet, und
am 19. März gingen wir nach herrlichem Anblick des
2200 Fuß hohen Hiere und der noch höheren Nachbar-
inseln vor Insel und Stadt Ternate, dem holländischen
Gouvernementssitz der Nord-Molukken, während eines
Sonnenunterganges zu Anker. Düsterste Gewitter-
schwärze, brennendes Rot, violettes und indigofarbenes
Wasser, sattes vegetatives Grün und tiefblaue, himmel-
stürmende Vulkankegel kontrastierten, und dumpf rollte
der Donner von der See her.

Wir erfuhren, daß unser kleiner Kreuzer „Cormoran",
der vor uns auf dem Wege nach Samoa Hongkong verlassen gehabt, hier seinen Besuch gemacht hätte, und zwar
erst vor wenigen Tagen, um Kohlen zu nehmen, welche
Absicht auch uns herführte. Nunmehr hatte er uns die
geringen Kohlenvorräte Ternates weggefischt und wir
mußten nach Amboina, worüber ich übrigens gar nicht
traurig war. Je mehr es zu sehen gab, um so besser!

Ternate bietet wohl eine der schönsten Szenerien,
die man im Osten finden kann.

Man vergegenwärtige sich eine üppige Tropenland-
schaft, wie die von Sulu, aber dabei die Stadt am
Fuße eines etwa 5000 Fuß aufragenden, noch tätigen
Vulkans, der dicht mit hohem Baumwuchs, eingestreuten
Fruchtfeldern, Büschen und Grashochebenen bedeckt ist;
ja, sogar die Lavarisse und Schründe des sehr steilen
Gipfels sind wie von einer einzigen kurzen Moosdecke
übergrünt. Als Seitenstück erhebt sich in unmittelbarer

Nachbarschaft der noch schroffere, 6000 Fuß hohe vulkanische Kegel der Insel Tidore, zu dem wunderbar ge-
zackte Bergketten hinanführen. In dem strömenden,
blauen Meeresarm zwischen diesen größeren Inseln
schwimmt ein niedrigeres, herrlich fruchtbares Kegel-
Eiland, die Insel Maylara, oder „Noorwegen", die auf
geringem Raum schon über einen erstaunlichen Reichtum
von Kokospalmen gebietet. In der Ferne ringsum
schließen andere Inseln; man könnte wähnen, auf einem
den Lago Maggiore ins Gedächtnis rufenden Binnensee
zu ankern.

Die schimmernde Stadt streckt sich weit am Ufer hin.
Ihre niedrigen Häuser verbergen sich fast unter Palmen
und Fruchtbaumkronen; am Ufer sind es Pfahlbauten
und Hütten der Eingeborenen. Ein Tempel mit schnörkel-
haftem, vielstöckigem Turmdach fällt auf, sowie das stattliche Haus des Sultans von Ternate, der hier aber nicht
zu residieren pflegt. Auch die alten Mauern des etwas
zurückliegenden Forts Willemstad verstecken sich im Grün.

Ich liebäugelte mit dem steilen Pik und glaubte in
meiner Unschuld, ihn besteigen zu können. Später erst erfuhr ich, was schon eine ganz kleine Besteigung in diesem
Klima besagt. Die Kürze unseres Aufenthalts hinderte
ohnedies jeden ehrgeizigen Versuch.

Zum ersten Male sah ich hier die reizend traulichen
holländischen Tropenwohnungen, die gar nichts Protziges
haben, vielleicht dem englischen Stil an Eleganz nachstehen,
aber den Reiz der Idylle am meisten bewahren. Ich
fürchte sehr, daß wir Deutschen unsere Stammesgenossen darin nicht erreichen, sondern mit dem bunten
Allerlei von Gotik, Altdeutsch, Renaissance, Barok u. s. w.
ebenfalls unsere Kolonien nach und nach beglücken werden.

Meinem Geschmack nach ist der holländische der reizendste
Koloniestil der Erde.

Ternate ist nur ein ruhiger, kleiner Ort. Wenn man
von der Landungsbrücke ans Ufer stieg, befand man sich
gleich in einer einreihigen, von hübscher Allee — ich
meine es waren Tamarindenbäume — beschatteten
Strandstraße, in der die niederen Häuser villenartig zurück
in Gärten lagen. Ähnliche, doppelreihige Straßen liefen
parallel oder führten im geraden Schnitt landein. Diese
Gartenstraßen, in denen man zwischen Hecken, Blumen-
gärten und Baumgruppen geht, bedeuten das Charakteristische einer holländischen Niederlassung. Sie sind meist
still und friedlich; Schmetterlinge übergaukeln die Wege.
Die Häuser haben schon der Erdbeben wegen nur ein
Stockwerk; über dem gestreckten, weiß abgeputzten Unter-
bau hängt ein Pfannen- oder graues Strohdach tief hinüber, sodaß es wie mit einem weiten Mantel das ganze
Haus beschattet. In der Front pflegt es eine von kurzen
Säulen getragene, eingebaute Veranda zu überragen, auf
deren Steinfliesen bequeme Sessel einladen, sich im Kühlen
niederzustrecken. Blühendes Rankengewächs klettert um
die Fenster oder übers Dach; reizende, farbenprächtige
Blumen verschönen den Vorgarten; Kokos-, Sago-, Betel-,
Fächer-Palmen-, Muskatnuß- und andere Gewürzbäume
schließen sich zu einem dichten Hintergrund. Von der
Veranda aus sieht man durch die Stubenflucht, die je
nach Besitz einfacher oder eleganter, aber immer behaglich
ausgestattet ist, und meist ein angenehmes, kühles Dämmer
gewährt. Welch eine Wohltat das ist, weiß man zu
schätzen, wenn man den glühenden Sonnenbrand an un-
geschützten Straßenstellen vorher durchwandert hat. Viele
Häuser sind auch Holzhäuser und stehen, nach Tropenart,

nicht auf dem Boden, sondern auf kurzen Pfählen. Die
Bodenfeuchtigkeit berührt sie dann nicht unmittelbar, und
die Luft kann darunter durchstreichen; eine geschützte Holz-
veranda, zu der Stufen hinanführen, umgibt sie. Manchmal finden sich beide Stile vereinigt. Es gibt auch
einige Straßen mit enger geschlossenen Steinhäusern und
getünchten Mauern; die Vorgärten fehlen, nur Abzugs-
gräben mit Grasstreifen bringen etwas Ländliches in das
Bild. An jene schließt sich ein Markt und die überall im Osten
vertretene Chinesenstadt, die mit niedrigen Stein- und Holz-
häusern und Kaufgewölben den nicht uninteressanten, aber
uneleganten, eigentlich chinesischen Charakter bewahrt. Hier
findet sich auch das meiste Treiben. Die Chinesen zeigten
in Kleidung schon den etwas europäisierten Anstrich des
wohlhabenderen Handelsmannes; das eigentliche Volk
stellen die Malaien. Unter den Arbeitern sah man viele,
fast nackende, schöne, dunkelbraune Gestalten, welche die
verschiedensten, zuweilen recht lächerlichen Kopfbedeckungen
zum Schutze gegen die Sonnenstrahlen trugen. Das Klima
ist heiß, wird aber durch Seebrise und Regen gekühlt und
gilt auf den ganzen Molukken nicht für ungesund.

Hier tragen die Eingeborenen keine Waffen; sie be-
kunden eine besondere Vorliebe für leuchtende Farben
ihrer Kleidung. Viele grüßen höflich, namentlich tun dies
die aus europäischen Mischehen stammenden, besser er-
zogenen Kinder. Sehr einladend steht das stattliche Schul-
haus da; es ist, nebst sauberen Nebengebäuden, solch ein
Holzbau, wie er eben geschildert wurde. Ein schattiger
Hof umgibt es. Dessen eine Seite war das Reich der
weiblichen Jugend. Ganz allerliebste, weißgekleidete
Schulmädchen, kleine und große, in allen Farbenschattie-
rungen des Gesichts und Halses spazierten dort Arm

in Arm auf und ab oder spielten fröhlich Haschen. Ich habe nirgend in den Tropen so prachtvolle und gesunde Kinder gesehen, wie in Niederländisch-Indien; ich komme auf diesen Punkt später noch zurück. Auf der entgegengesetzten Seite tollten die übermütigen Jungen, auch meist nette, kräftige Burschen. Die Lehrer und Lehrerinnen benutzten die Pause zum bedächtigen Wandeln unter der Veranda. Bald darauf drang wieder ihre Stimme aus den Fenstern der schattigen Zimmer zur Straße hinaus.

Ternate ist ein Hauptstapelplatz des Paradiesvogelhandels. Dieser herrlich gefiederte Vogel bewohnt Neu-Guinea. Dort wird er von einheimischen Jägern in Massen gefangen, von holländischen Händlern aufgekauft und, ausgebalgt, über die Molukken nach Amsterdam verschickt. Hier befindet sich der Hauptmarkt dieser in Europa hochbezahlten Ware. Wir besuchten ein holländisches Kaufhaus, wo in dem niederen Hofgebäude Kisten an Kisten vollgepackt mit Paradiesvogelbälgen standen; braune, rote und schwarze. Ihr Wert wechselt mit der Mode; letztere erzielten zur Zeit den höchsten Preis. Ich erwarb ein herrliches, braunes Exemplar mit wundervollem, goldgelbem Schleiergefieder an den Seiten für 20 Mk. und ein kleines dunkelrotes für 4 Mk. Die charakteristischen, zarten, beiden Schwanzfedern der Tiere zeigten sich sehr gut erhalten.

Dem „Cormoran" war von den liebenswürdigen Holländern eine höchst freundlich verlaufende Festlichkeit veranstaltet worden; auch uns wollte der Vertreter des gerade abwesenden Gouverneurs einen Empfang bereiten. Doch der Kürze der Zeit halber lehnte der Kommandant dies leider ab. Zum Ersatze schickte man uns eine reiche Menge köstlicher Früchte an Bord.

Als wir am Abend darauf die Rhede wieder verließen, genossen wir abermals einen Sonnenuntergang
von ergreifender Schönheit. Mächtige Wolkengebilde
türmten sich am Ternatekegel empor und bäumten sich
über ihn; andere umflossen den von Tidore, der sich
mit seiner Spitze klar aus ihnen hervorhob. Die nicht
zu schildernde Farbenpracht des Westhimmels lag zwischen
ihnen, und auf einem Grat des Mahlan-Gipfels flammte
die Feuerschlange eines bergauf züngelnden Waldbrandes.
Mit seltsam fliegenden, viereckigen Segeln ausgestattete,
wie venetianische Gondeln hinten und vorn hochgeschnäbelte Auslegerboote gingen, von zahlreichen Eingeborenen bemannt, den Wolken entgegen, zum Fischen
in See.

Als es dunkelte, erschien Triton an Bord. Neptun
schickte ihn zum Komplimentieren, da wir nachts den
Äquator passieren sollten.

Wir hatten jetzt einen großen Tisch auf der Kampanje,
an dem wir in der Regel speisten. Hier empfing der
Kommandant mit den Offizieren Herrn Triton. Dieser
kannte keine Schüchternheit. Als man ihm ein Glas Bier
anbot, erklärte er, daß man bei Neptuns nur Sekt trinke;
eine zarte Anspielung, die ihm freilich nichts half; und
als ihm zum Abschied der Kommandant die gefüllte
Zigarrenkiste mit der freundlichen Aufforderung, sich ein
paar Zigarren mit auf den Weg zu nehmen, hinhielt,
ließ er erst einige prüfend durch die Finger gleiten, warf
sie zurück und sagte kaltblütig: „Ich will man lieber
die ganze Kiste mitnehmen". Sprach's, steckte die Kiste
unter den Arm und zog langen Schrittes mit ihr ab.

Am nächsten Nachmittag war Linientaufe — aber
gründlich! Der übliche Pomp ist ja bekannt, ebenso daß

vollständige „Maskenfreiheit" an Bord unserer Kriegsschiffe die starre Etikette dann auf einige Stunden sieg-
reich durchbricht. Auf deutschen Schiffen wird dies alte
seemännische Scherzspiel noch am treuesten gepflegt; gewiß
zum Nutzen. Die Mannschaft nimmt ein solches Inter-
mezzo stets sehr dankbar auf; es besitzt auch seine er-
ziehlichen Nebenwirkungen, und zwar nicht nur für Unter-
gebene. An Roheit grenzende Derbheiten können sich gelegentlich dabei ereignen; ein solcher Nachteil wird aber
durch die Früchte des entfalteten urwüchsigen Humors
aufgewogen. Als schöpferisch leitende Kraft erschien diesmal der „Vizedoktor", der erste Lazarettgehilfe, der eine
recht amüsante Taufrede in Knittelversen zusammengebracht,
in der jeder Würdenträger vom obersten bis zum untersten
sein Spiegelbild fand. Die Herren vom Achterdeck erhielten dabei für ihre Verdienste schöne Blechorden; ich
einen solchen für „Kunst und Wissenschaft", wohl der
erste und letzte meines Lebens, weshalb ich ihn dankbar hinnahm. Wie üblich, hatte während der Feier Neptun
selbst das Kommando des Schiffes übernommen und die
Leute am Ruder und sonstige Posten durch seine eigenen
Mannschaften ablösen lassen. Die erforderlichen Tra-
banten, der Kaplan, der Doktor mit der Spritze, der
Barbier mit dem Riesenrasiermesser u. s. w. fehlten nicht.
Als Präludium trieben sie auch auf der Kampanje ihren
Unfug; so hatte sich einer aus zwei Bierflaschen ein
geniales Doppelglas konstruiert. Der Herr auf den es
gemünzt war, verweigerte schlauer Weise hindurchzusehen;
ein anderer nahm es harmlos hin und kaum führte er es
an die Augen, so ergoß sich aus der Flasche ein schwarzer
Tintenstrom über sein weißes Zeug. Natürlich hatte sich
jeder, der zum ersten Male den Äquator passierte, ohne

Ansehen der Person der Taufe zu unterwerfen und sich danach an- oder vielmehr ausgezogen. Das Taufpublikum war sehr zahlreich und vielseitig, darunter zwei Offiziere und ich als „Civiliste". Leider wollte man meine Wendekreistaufe, die ich einst als Kadett, mit allen Schikanen auf der alten „Niobe" erlitt, nicht mit in Anrechnung bringen.

Mit mehr oder minder Zagen umdrängten die Mannschaften, denen der große Akt galt, das für ein so kleines Schiff enorm große und tiefe Taufbassin an Backbord, zwischen Großmast und Bordwand. Jenseit des Bassins hing ein Segeltuchvorhang von Bord zu Bord, der noch irgend ein schauerliches Geheimnis barg. Feierliche Ansprachen seitens Neptuns und des Kommandanten erfolgten. Unsere Bordkapelle fand gleichfalls entsprechende Verwendung. Beim Aufrufen des Täuflingsnamens erhob sich jedesmal, je nach Ansehen und Bordruf der betreffenden Persönlichkeit, ein schwächerer oder lebhafterer Beifalls- und Heiterkeitssturm. Unter den Mannschaften wehrten sich einige der Täuflinge, die sich von den älteren Kameraden nichts Gutes versahen, entschieden gegen die zugedachten Liebkosungen; dabei kam es zuweilen zu erheblichen Ringkämpfen außerhalb und innerhalb des Bassins. Einer der beherztesten Täuflinge riß zum allgemeinen Gaudium beim Kippen des Brettes, auf das er gesetzt war, Neptuns übereifrigen Profoß mit sich, sodaß auch dieser, herausgeputzt wie er war, eine halbe Minute in der tiefschwärzlichen Flüssigkeit verschwand. Was es mit dem Geheimnis hinter dem Bassin, gegen dessen Erforschung sich alle am meisten sträubten, auf sich hatte, sollte ich leider am eigenen Leib probieren, wenn man sonst auch sehr schonungsvoll mit mir umging und mich

ohne viel Einseifen oder Rasieren, Seewasserschlucken u.s.w.
kippte, wobei ich aus alter Erfahrung den Mund klüglich
geschlossen hielt. Dem triefend aus dem Bassin gehobenen
Täufling öffnete sich nämlich wie ein Drachenschlund der
Bauch eines von Backbord nach Steuerbord reichenden
Windsackes, den man zu durchkriechen hatte. Natürlich
war der Sack, zumal die Dampfspritze hintennach arbeitete,
durchgeweicht und zeigte eine stetige Tendenz zur Darm-
verschlingung. Es kostete keine geringe Anstrengung hin-
durchzukommen, der kurze Weg erschien endlos; man
meinte ersticken zu müssen und begrüßte das wiederer-
scheinende Tageslicht mit ungeheuchelter Erleichterung.
Glücklicherweise kroch vor mir Leutnant K. Ich sah im
schwach durchfallendem gelben Dämmerlicht die weit
schimmernde Rundung seines Sitzsystems vor mir, dank
dessen Dimensionen die volle Weite des Sackes in Spannung gehalten wurde. Es ward geradezu meine Rettung!

Für einen Herrn in höheren Semestern erschien dieser
Taufmodus als keineswegs genußreich. Na — mitge-
fangen, mitgehangen! Es ging schließlich noch, und ein
gewisser Stolz, endgültig als Neptunssohn geeicht zu sein,
erfüllte den erst beklommenen Busen hinterher doch. Meine
von Neptun eigenhändig unterzeichnete Linientaufe-Be-
scheinigung zähle ich jetzt mit Vergnügen zu meinen bedeut-
samsten Personalpapieren.

Eine geziemende innerlich feuchte Fidelitas vor und
achter dem Maste beschloß den ersten fröhlichen Abend auf
der südlichen Halbkugel. Unsere Ananasbowle war schön;
wenn wir Eis gehabt hätten, wäre sie noch idealer gewesen.

Am 22. langten wir nach Durchlaufen der Passage
zwischen den Inseln Kelang und Manipa vor Amboina
oder Leitimor auf der Insel Ambon, der holländischen

Residentschaft der Süd-Molukken, an und machten außerhalb des inneren Hafens am Kohlendepot Tandjung Murgahen fest.

Es herrschte eine grimmige Hitze, die jedoch am nächsten Tag durch Gewitter und Regen Abkühlung fand. Der Lloyddampfer „Stettin" war auf seiner üblichen Route nach Neu-Guinea vor einigen Tagen im Hafen gewesen. Leider mußten wir einen schwer Typhuskranken — einer war schon in Hongkong zurückgelassen worden — ausschiffen. Sehr erfreut waren wir über unsere Wäsche, die wir an Land gaben und in einem prachtvollen Zustande, der die Chinesenwäscher Hongkongs tief hätte beschämen müssen, von den holländischen Malaienwaschleuten pünktlich wieder zurückerhielten.

Amboina war ein idyllischer Aufenthalt, und die Liebenswürdigkeit der Holländer wieder groß. Sie wollten uns allerlei Feste geben; allein wir gingen fort.

Es war möglich, direkt von Bord an den Strand zu gehen, wo da und dort Eingeborenen-Hütten unter schattigen Bäumen hervorlugten. Auch ein verlassenes Europäerhaus mit einem verwilderten Gärtchen und Ananasbeeten, zwischen denen zahllose blauschwänzige Eidechsen umherhuschten, träumte hier. Wir lagerten uns in eines der im Sande liegenden Canoes oder in unsere Korbstühle, sogenannte Longchairs, die wir unter überhängenden Ästen aufstellten, um dann, von kühler Brise umweht, auf die weite, blaue, rings von Bergen umschlossene Bucht hinauszublinzeln, während an Bord Hitze und Kohlenstaub herrschten. Auch hier gab es herrliche Gewitterstimmungen zu beobachten; Eingeborenen-Boote seltsamster Formen, zuweilen förmliche Hausboote, näherten sich im Vorbeifahren. Manchmal trommelte ein

Mann auf ihnen eintönig zur Ergötzung der Rudernden;
manchmal schossen sie, lediglich mit einem Palmenzweig als
Segel, vor dem Winde dahin.

Eins der Strandhäuschen war ein Wirtshaus. Zum
Zeichen hing ein Bambusknittel an seiner Tür, auf dem
der nackte Wirt dröhnend klopfte, wenn es wieder frischen
Palmenwein gab. Dann kamen die Nachbarn von nah
und fern und holten sich davon. Schaumbedeckt stand
der Palmenwein in einem großen irdenen Topfe in der
ärmlichen Hütte, darüber lag eine Schöpfkelle, eine Kokos-
nußschale am Stiel; andere Kokosnußschalen standen als
Trinkgefäße bereit, und jeder, der trinken wollte, nahm
sein Schälchen und füllte es sich „frisch vom Faß". Der
Wein besteht in einer trübgelben Flüssigkeit, der durch
einen Wurzelstoff eine sehr herbe, doch aromatische Bitter-
keit beigebracht ist. Zuerst mundet sie wie gallenbittere
Medizin; aber ich glaube, man kommt bald auf den Geschmack. Ich kam beinahe darauf. Ein bedeutender Vorzug
ist die Billigkeit des Weins, und für manche Leute die
Möglichkeit, sich bei leidlicher Ausdauer in ihm berauschen
zu können. Bei dieser Gelegenheit lernte ich drei Trink-
kumpane von Beruf kennen, ehemalige holländische Unteroffiziere, die ihre Pension im Lande verzehren: einen
Schweizer, einen holländischen Mischling und einen Franzosen. Der Schweizer erzählte, daß die Schönen von
Amboina keinen Mann heirateten, der einen Bart trüge,
— sein eigener machte dies allerdings glaubhaft. Am
originellsten erschien der Franzose. Der Mann war vor
allem Schmetterlingsfänger und versandte seine Beute
an europäische Sammler. Er trug außer seinem Netz
ein wunderliches Kostüm, nebst allerlei Gerät am Gürtel,
darunter ein Buschmesser und einen Revolver, um, wie

er erklärte, Schlangen zu erlegen oder zu verscheuchen;
es gebe solche von 5 Meter Länge und darüber, also wohl
die auch auf Sulu vorkommende Pythonschlange. Übrigens
war er ein armer Teufel und ein kindlich-gutmütiger
Deutschfresser.

Die ganze Umgebung Amboinas, der man die Spuren
des gewaltigen Erdbebens vom Jahre 1898 überall ansieht, ist herrlich, wennschon die imponierenden vulkanischen Zuckerhüte Ternates fehlen. Sonst hat man alles:
Wiese, Wald, Berg und wunderbare Aussichten. Leider
konnte ich nur kurz mit der Flinte umherstreifen, ohne
etwas zu erlegen. Doch eine Canoefahrt in einem Eingeborenen-Outrigger bleibt mir unvergeßlich. Der Ein-
baum zog zwar so viel Wasser, daß man die Füße immer
auf den Kokosnuß-Ballast stellen mußte; aber in dem klaren
Krystall, zwischen den Korallengebilden, die sich wie
poröse, flachgepolsterte Rundsessel, dann wieder wie Fächer
und Büsche ausbreiteten, war es märchenhaft schön. Unter
ihnen oder in den tiefen, grünlichen, braungeränderten
Rissen, die sie umschlängelten, standen oder glitten Fische
der verschiedensten Färbungen und Zeichnungen in
Scharen, darunter viele von kaum Handlänge und leuchtend
tiefblauer Farbe.

Auch die Stadt Amboina besitzt ihre Reize, obwohl
sie erheblich durch das genannte Erdbeben beschädigt
worden ist und teilweise mit ihren Ruinen an Manila
erinnerte. Schon war das meiste im leichtesten Stile
tapfer wieder aufgebaut. Da gab es eine geschlossene
Chinesenstadt mit einfachen Magazinen und Läden; die
prächtigen, alten, grasbewachsenen, durch das Erdbeben
unheilbar rissig gewordenen, braunroten Ziegel-Bastionen
des Forts Viktoria; einen weiten grünen Exerzier- und

Spielplatz; herrliche Alleen von hochwipfeligen Muskatnuß=
bäumen und alte, einstöckige holländische Steinhäuser, die
sich trotz ihrer Risse gehalten haben. Man sah gutge=
kleidete Offiziere und Unteroffiziere — es stand ein
Regiment hier — und auch einmal wieder rein europäische
Damen und Kinder.

In den gartenartigen Straßen der äußeren Stadt
ward vor den Häusern viel feilgeboten, meist Eßwaren
unbekannter Herkunft und Form; aber alles sah sauber
aus. In den Flußläufen, welche den Ort durchschneiden,
erblickte man viele Waschende und Badende.

Besonderes Vergnügen bereitete ein Abendspaziergang
über den wimmelnden, offenen Markt, wo bei Licht und
Lampe verkauft ward, vielleicht weil am Tage die Hitze
hinderte. Die deutsche Petroleumlampe beherrschte auch
hier das Feld. In jeder noch so ärmlichen Hütte hing sie.
Man spazierte zwischen Licht und Dunkel, spielenden Kin=
dern und rastenden Alten, zwischen Bananen, Sago= und
Arekapalmen, die sich malerisch am mondbeglänzten
Himmel abzeichneten, über Wiesen und zwischen von Glüh=
würmchen durchhuschten Büschen und Bäumen wieder auf
die heimatlichen Planken zurück. Man bettete sich dann, trotz
Mondscheins wieder an Deck, sah Boote nahen, aus denen
Lachen und helle Frauenstimmen ertönten — späte
Schwärmer, die das fremde Kriegsschiff sich noch einmal
von außen ansehen wollten — hörte auf ferne Trommeln
und Gongs und schlief mit dem Gedanken ein: Morgen
wieder ein anderes Bild!

Die Holländer eroberten die von den Portugiesen
entdeckten Molukken im Anfange des 17. Jahrhunderts.
Ihren Hauptgewinn suchte die niederländisch=ostindische
Kompagnie in Gewürz=Monopolen, die noch bis über die

Mitte des 19. Jahrhunderts aufrecht gehalten wurden. Z. B. rottete man die Gewürznelken auf Ternate aus und gestattete ihren Anbau nur auf Amboina, während man Muskatnußbäume auf die Banda-Inseln verwies. So hielt die Regierung die kostbaren Pflanzen unter Kontrolle und nutzte sie allein aus.

Von Amboina gingen wir dann aus der Bandasee, den Äquator wieder kreuzend, nord- und ostwärts.

Wir dampften bei Mondschein durch strömende Engen zwischen Kelang und Babi nach Bonona.

Am nächsten Tage glitten wir dicht unter der großen Insel Ceram entlang, wo die berüchtigten malaiischen „Kopfjäger" hausen, und deren alpenartige Berge bis zu 10 000 Fuß in die Wolken steigen; alle sind von Wäldern bedeckt und noch überwiegend unerforscht.

Abermals trat bleierne Regenstimmung ein. Wir sichteten wieder viel Treibholz, darunter Aloes. Wie gewöhnlich von rastenden Vögeln besetzt, bietet so ein mit starrenden Ästen und Wurzeln schwimmendes Baum-Inselchen immer ein anziehendes, kleines Seebild, das von weitem die Phantasie oft auf vermeintlich treibende Schiffbrüchige hinlenkt.

Zwischen Misol und Kamir Islands einerseits und Kofian andererseits liefen wir in der Nacht durch; dann durch die stark strömende Pittstraße zwischen Battanta und dem an Steuerbord der Papua-Halbinsel Neu-Guineas vorliegenden Salwatti. Rings immer bergige, von unermeßlichem Urwald bedeckte, unerforschte Wildnis; selten erspäht man an den Ufern Pfahlbauhütten unter Kokospalmen. An der Südostecke Battantas steuerten wir in den überraschend sich öffnenden, in schweigender Waldeinsamkeit gelegenen Marchesa-Hafen hinein, der

6*

seinen Namen von der Yacht einer Forschungs-Expedition
besitzt, und unter beständigem Loten auch in dessen Seiten-
rundung, den bisher noch nie von einem großen Schiff
befahrenen Paradies-Hafen. Bis zu etwa 700 Meter
mochten die dichtgrünen Berge ringsum ragen; an irgendwelche Bodenkultur ist dort auf lange hinaus nicht zu
denken. Auf einem Inselchen, dem Eingang abgekehrt,
entdeckten wir ein Pfahlbaudorf.

Einige Offiziere fuhren an Land, kehrten aber bald
wieder zurück, da ein Versuch, in den „Busch" zu dringen,
hoffnungslos sei. Es hatten sich jedoch Adler und allerlei
farbenprächtige, unbekannte Vögel gezeigt, daher versuchten
auch der Kommandant, Leutnant K. und ich noch unser
Heil. Wir trachteten, an verschiedenen Stellen zu landen,
konnten aber nur soweit, als das bißchen vom Wasser
entblößte Sandufer reichte, unter Zweigen, Stachelranken
und Wurzeln durchkommen; dann stieg der Urwald gleich
zu steil aufwärts. Bei einer verlassenen Feuerstelle
machten Leutnant K. und ich einen energischen Schluß-
versuch. Mit dem oft hängenbleibenden, geladenen Gewehr
war das keine Kleinigkeit; 50 bis 100 Schritt kämpften
wir uns aufwärts, wobei die Füße fortwährend ausglitten,
und die vermoderten Pflanzen, an denen man sich halten
wollte, abbrachen; besonders bildete ein langer, den Hang
schräg hinuntergestürzter, feuchter Baumstamm, den wir
als Brücke benutzen wollten, eine förmliche Rutschbahn.
Die morschen Stämme, Schlingpflanzen, Stachelgewächse,
die ganze Waldverfilzung, dazu Nässe der Blätter und
zahllose Ameisen brachten uns endlich dazu, die verzweifelte
Kletterei schweißgebadet wieder aufzugeben. Wir begnügten
uns mit dem für Neulinge in der Wildnis erhebenden
Gefühl, die ersten menschlichen Wesen, jedenfalls die ersten

Weißen gewesen zu sein, die ihren Fuß auf dieses Stück unbequeme Erde gesetzt hatten. Vögel sahen wir allerdings; einige Schrote pfiffen an ihnen vorbei; die getroffenen Tiere wären auch im Busch verschwunden gewesen. Vorher waren wir einem Canoe mit Eingeborenen begegnet. Mehrere schwarze, wildaussehende mit Speer, Bogen und Pfeile bewaffnete Papuas schaufelten darin. Wir stoppten es. Die Wilden sahen uns immer groß und schweigend aus ihren dunkeln Augen an; ich schenkte einem eine Cigarre, die er stumpf, ohne Zeichen des Dankes annahm. Ein alter Herr erinnerte mit seiner sinnenden, ernsten Miene und seinem gelblichen Kranzbart überraschend an die Physiognomie Ibsens.

Dann verließen wir den weltfernen Winkel wieder und gingen durch die Dampierstraße, die nicht zu verwechseln ist mit der gleichnamigen zwischen Neu-Guinea und Neu-Pommern.

Vier Tage dampften wir an der Nordostküste Neu-Guineas entlang, indem wir auch in die Geelvink Bai hineinsteuerten und durch den Kanal bei der Insel Jappen liefen. Wir ahnten so die ungeheure Ausdehnung Neu-Guineas, dieser größten Insel der Erde.

Das obere Gebirge war immer von horizontal geschichteten, weißen Wolkenballen bedeckt; nachts brachten uns die gefürchteten Regengüsse mit großer Regelmäßigkeit um unsere Ruhe; tags herrschte bei geschlossenen Bulleyes im Schiff Stickhitze. Ich erinnere mich aber, bei herrlicher Brise und schäumender blauer See von achtern, während wir Segel gesetzt hatten, eines besonders stimmungsvollen „Kirchenschnapses" — Sekt mit Soda — auf der sonntäglichen Kampanje. Er wurde mehrfach photographiert. Meine bei etwa 40 Grad in der Dunkelkammer

unter Schweißströmen fixierte Aufnahme ergab leider ein
unenträtselbares Nachtbild, in dem nur eine rhetorisch ge-
schwungene Hand schwach erkennbar wurde; wahrscheinlich war es die des Stabsarztes.

Wir liefen bei den Schouten- und anderen Inseln
vorbei nach Kap D'Urville, von wo wir Kurs nach der
Matthy-Insel zu nehmen gedachten, die auch auf Wunsch des
Berliner Museums für Völkerkunde besucht werden sollte;
leider aber machten neue Typhusfälle einen Strich durch
die Rechnung. Ein Kranker lag so schwer darnieder, daß
wir wegen seiner schleunigen Ausschiffung direkt nach
Stephansort laufen mußten.

Die bergige, weißwolkige Finschküste, die flache Hanse-
mann-Küste, die Mündung des Kaiserin Augusta-Flusses
lagen hinter uns; wir waren durch die schönen, zum
Teil guten Anbau zeigenden Schouten-Inseln — wieder
andere als die vorher genannten gleichnamigen Inseln —
hindurchgegangen. Weit achteraus sah man die lang-
streichende Rauchwolke des hohen Kegels der Vulkan-Insel
verschwinden; nun traten links die Dampier- und die
Rich-Insel hervor, und vor uns zur Rechten eine Reihe
geschlossener Inseln; dahinter ein in ungemein malerischen
Umrissen ansteigendes Gebirge mit dem gerundeten Hanse-
mannberg, wo Friedrich-Wilhelmshafen liegt, und die sich
weit öffnende und ostwärts, nach links, ziehende, prachtvolle, tiefblaue Astrolabe-Bai. Immer schönere, üppig
grüne Bergkulissen, die sich ineinander schoben, wie die
Vorberge des Brockens bei Wernigerode; darüber, rechts
voraus, tiefer im Innern, die gewaltigen Gipfel des Bis-
marck- und Krätke-Gebirges, welche die Wolken überragen.
Zu diesen zählt ein ganz eigentümlicher Koloß, dessen
abgerundeter Bau klar und scharf, einer riesigen Dom-

kuppel ähnelnd, über dem Gewölk im klaren Himmel
schwamm. Er erinnerte mich lebhaft an den, im kleineren
Maßstabe, ähnlich gestalteten Areskutan in Schweden.

Nach links verlaufen dann, näher an die See tretend
und deshalb noch imponierender, die zackenreichen, eben=
falls die weißen Wolken durchbohrenden Häupter des
Finisterre=Gebirges. Alle diese Giganten messen zwischen
3 und 4000 Metern, zum Teil vielleicht noch darüber.
Auf dem grünen, flachen Winkel, vor der niederen Kette,
die zum Bismarck=Gebirge überleitet, und deren schma=
rotzerbedeckte, starke Baumindividuen den waldbedeckten
Gipfellinien die phantastischsten Ausgestaltungen verliehen,
verstecken sich unter Palmen Erima und Stephansort.

Eine große Stille, etwas ergreifend Feiertägliches
liegt über der weiten Bai. Sie bietet, mit den duftigen
Inseln in der Meeresferne, eins der schönsten Panoramen
der Erde. Man stellt es dem Neapels an die Seite.
Ohne Zweifel übertrifft es aber den Glanzpunkt Italiens
noch an Großartigkeit und Üppigkeit; andererseits ver=
mißt man den Stempel der Vollendung: den Menschen
und die Spuren seines künstlerischen Schaffens! Viel=
leicht ist dies nur gewissermaßen eine apriorische Emp=
findung. Man weiß, es ist dort fast nichts als unzu=
gänglicher Urwald vorhanden und deshalb schließt der
Geist instinktiv auf eine Leere, vermißt deren Ausfüllung
und damit das Letzte, Höchste. Gewiß gibt es Natur=
ansichten, die solches Spekulieren ausschließen, die nur
auf Empfindung beruhen und gerade durch Abwesenheit
jeglichen Menschentreibens die Seele zum völligen Ver=
gessen und vollendetsten Genießen hinreißen; es gibt
aber auch solche, die andere Bedingungen stellen. Mög=
licherweise hängt das mit den Gesetzen der Erfahrung

und, als Folge, mit getäuschter Erwartung zusammen. Aus Gewohnheit verlangt man Schiffsstaffage und eine vom Villenkranz umgebene große Stadt mit Türmen, Mauern, Palästen, und davor einen Mastenwald.

Ob es je dazu kommen wird? Hoffentlich! Wenn wir, und vermutlich noch eine lange Reihe künftiger Generationen, dies auch nicht mehr erleben werden.

Ein guter Teil der bisherigen Enttäuschungen beruht auf verkehrten Maßnahmen. Kaiser Wilhelmsland ist zweifellos ein ganz herrliches Land und immerhin zugänglicher als manche andere Küste, die wir inzwischen sahen.

Hier seien einige Bemerkungen gestattet zu Erfahrungen, die ich erst nach und nach erwarb.

Trotz allem, was man zu lesen bekommt, macht man sich daheim nur schwer einen Begriff von der Beschaffenheit, dem Wert und den bisherigen Bestrebungen unserer Besitzungen in der Südsee.

Das Hauptinteresse — von Samoa und den anderen Neuerwerbungen abgesehen — richtet sich auf Neu-Guinea, das in unserem Archipel die Rolle des Kontinentes spielt. Und doch ist in Wirklichkeit diese Rolle gering.

Ich habe Blicke von Stephansort, von Friedrich-Wilhelmshafen, von der Ramu-Mündung und von Berlinhafen aus in das Land getan, abgesehen von tagelangen Küstenfahrten in größerer Distanz. Im ganzen sah ich also recht wenig; doch bekommen auch jahrelang dort weilende Leute nicht viel mehr zu Gesicht. Klein ist die Zahl derer, die tiefer eindringen wollten oder konnten, und auch diese sind bisher nicht allzuweit gelangt.

Schon der Blick von den Küsten aus erklärt dies teilweise. Wir sehen oft prachtvolle Landschaften, nament-

lich, wie geschildert, an der Astrolabe-Bai. Die begrünten
Bergriesen reizen den Entdecker und Naturfreund entschieden zur Durchforschung und zum Erlangen neuer,
ungeahnter Naturgenüsse; allein schon diese steilen, sich
ineinanderschiebenden Felskulissen, die etwa einem er-
starrten Meer von kurzen, gigantischen Wellen gleichen,
warnen den Eindringling. Sie drängen sich zu dicht,
um breite Längstäler vermuten zu lassen; bequeme Quer-
täler und Pässe scheinen auch zu fehlen; man glaubt,
einzig eine ununterbrochene Folge von tiefen Längs-
einschnitten zu bemerken, die eine unaufhörliche, auf-
reibende Kletterarbeit bedingen würden.

Und in der Tat bestätigen die Zeugen, die relativ
weit vordrangen, diesen durchweg von Hindernissen starrenden, aufgetürmten oder aufgemauerten Charakter des
an die Nordküste vorstoßenden Neu-Guineas.

Nun breiten sich vor diesem abweisenden Wall allerdings teilweise weite Ebenen, die aber bisher als solche
von nicht minder abweisender Art wirkten. Es sind dies
die Ebenen, die wir zunächst kultivieren wollen, und die
an den Anbruchstellen einen großen Miasmenherd zu
bilden schienen, der bei jedem Aufwühlen des Bodens
die latenten Fieberdünste frei werden ließ.

Wohl sind hier einige große Wasserstraßen vorhanden, wie der Ramu- oder Ottilienfluß und der mächtige Kaiserin Augusta-Strom, allein auch auf diesen wollte
die Forschung bisher nicht recht vorwärts kommen; mag
dies nun in der natürlichen Beschaffenheit, den riesigen ungesunden Flachlandstrecken, Stromhindernissen ꝛc.
liegen, oder, wie unterrichtete Männer annehmen, nur
an mangelhaft unterstützter Pionierarbeit.

Feindliche Stämme und noch mehr die Menschenleere

in der endlosen Wildnis, die den Mangel an Zufuhr von Subsistenzmitteln bedeutet, mögen ein übriges dazu beitragen, die Durchforschung zu erschweren.

Kurz und gut, in der Zeit seit 1885, wo die Neu-Guinea-Kompagnie hier zu schalten und zu walten begann, ist wenig in Aufschluß und Besiedelung dieses, wohl mit Grund, durch die Jahrhunderte ziemlich unbeachtet gelassenen Landes geleistet worden.

Unter der seit Ende 1899 definitiv aus den Händen der Kompagnie in die des Deutschen Reiches übergegangenen Regierung wird manches besser werden; allein über die Hauptschwierigkeiten, die in der physischen Beschaffenheit unserer Kolonie, ihrem Klima, ihrem Mangel an Arbeitskräften liegen, wird auch die neue Ära nur unter vielen Opfern und erst für späte Enkel zu einem einigermaßen ersprießlichen Ziele gelangen.

Wäre denn der Erwerb unseres Besitzes zu bedauern, oder gar ein Aufgeben anzuraten? Mit nichten!

Die an Kolonialerfahrungen reichen Holländer haben auch ihren und zwar über doppelt so großen Guinea-Anteil, ihr Ceram, ihr Battanta u. s. w., und denken nicht daran, diese einstweilen nutzlosen Gebiete aufzugeben. Sie kennen sehr wohl das ungeheure Kapital, das in dem einst sicher aufgeschlossenen vegetativen Reichtum steckt, ganz abgesehen von vermuteten mineralischen Schätzen; sie wissen auch gut genug, daß ungesunde Orte allmählich gesund gemacht werden können, und — daß sie eventuell wertvolle politische oder Verkaufs- oder Tauschobjekte in diesen Ländereien besitzen. Man sollte sich daheim auch nicht zu sehr durch abfällige Urteile von Auslandfirmen bestimmen lassen. Diese wollen zuweilen den jetzigen Zustand geringer Konkurrenz

ganz gern erhalten und lieben es daher nicht, wenn Fortschritte der Entwickelung an die große Glocke gehängt
werden.

Natürlich, bequemere Kolonien wären für uns vor-
zuziehen gewesen; aber immerhin haben wir uns in
letzter Stunde Einfluß auf Weltfragen, und unserem Vater-
lande, mit Auslagen, die wir tragen können, wichtige
Zukunftsobjekte gesichert. Darin beruht das bleibende
Verdienst der ersten deutschen Neu-Guineaforscher, wie
Finsch, und der Gründer der Neu-Guinea-Kompagnie.

Die Kompagnie soll gleich fertige Pläne für eine
herrliche Hafenstadt mit Quais, Prachtstraßen, Kirchen,
Plätzen 2c. hinausgeschickt haben. Im Archipel wird überhaupt eine Fülle von tollen Streichen erzählt, die ihr
zur Last fallen; und dabei mag von grollenden, ent-
lassenen Beamten Wahres mit persönlich Gehässigem ver-
mengt worden sein.

Man kann als wahr annehmen, daß ein Erkleck-
liches an Fehlern und Torheiten geleistet worden ist;
erhält man aber erst einmal etwas Einblick in die Größe
der Aufgabe der Beauftragten, bei verhältnismäßiger Ge-
ringfügigkeit der zur Verfügung gestellten Mittel, so versteht man manches, was man daheim nicht versteht.

Die Neu-Guinea-Kompagnie hat anscheinend wie ein
Kaufmann gehandelt, der nur dann genügend gibt, wenn
er einigermaßen rasch zu verdienen glaubt. Es ist daher
nicht allein ein geringfügiges Resultat aus Mißanwen-
dung der vorhandenen Mittel erzielt worden, sondern
auch aus Zurückhaltung des Notwendigen. Heute ist sie
nichts mehr als ein einfaches, wenn auch im nationalen
Interesse unterstütztes Handelsunternehmen, und wenn
jetzt nicht selbst die Reichsregierung die Möglichkeit und

Kraft besitzt, Versäumtes in die Tat umsetzen zu können,
wird von der Kompagnie auch kaum flotter am Pionier-
werke gearbeitet werden, als früher; und vom rein kaufmännischen Standpunkt aus mag ihr Verhalten zu verstehen sein.

In Summa scheint man immer zu viel reglementiert
und bureaukratisch gearbeitet zu haben; in Berlin besaß man zu wenig Ahnung von den wahren Verhältnissen und hörte zu viel auf unkundige Ratschläge.
Es sind aber keineswegs nur minderwertig leitende und
ausführende Kräfte vorhanden gewesen, sondern neben
leistungsunfähigen haben auch Männer von großer
Energie, Einsicht und richtig gewonnener Erfahrung im
Dienste der Kompagnie geschaltet, und solche werden wohl
auch noch vorhanden sein. Was diese draußen geleistet
haben, ist ihnen dort nicht vergessen worden.

Hunderte von Arbeitern, meist Chinesen, haben für
diese Anfänge ihr Leben hergeben müssen. Sie sind es,
die roden und den Baugrund für Häuser und Wege aufwühlen, und sie haben natürlich zuvörderst die Boden-
gase einzuatmen. Die ersten Anlagen bringen naturgemäß
die schlimmste Bodendurchwühlung mit sich; sind sie be-
endigt, bessern sich die Verhältnisse von selbst. Wer fragt
heute noch danach, wie viele Menschenleben der in den
Sumpf hineingebaute Hafen von Batavia gekostet hat?
Wir mögen dies noch so bedauern und verurteilen, dennoch wird die Pionierarbeit in den Tropen mit zwin-
gender Notwendigkeit verrichtet werden; der Erdball wird
in seinen kulturfähigen Teilen dereinst keinen jung-
fräulichen Boden mehr haben, und welches Volk sich bis
dahin die ertragfähigsten Länder gesichert haben wird, das

wird bestehen, während die Unabhängigkeit der anderen
Nationen dem Verfall geweiht ist.

Vor Stephansort war Finschhafen der Vorort der
Kompagnie; allein als dort plötzlich ein großes Sterben
unter den Weißen eintrat, ward schleunigst die Ver-
legung vorgenommen. Seit ein paar Jahren hat auch
Stephansort einen harten Rückschlag erhalten, denn das
Schwergewicht ward abermals nach Friedrich-Wilhelms-
hafen verlegt, während der kaiserliche Gouverneur für
Neu-Guinea und den Archipel seine Residenz an der
Blanche-Bai auf Neu-Pommern aufschlug. So wie die
Verhältnisse zur Zeit lagen, schien die letzte Maßregel
eine verständige zu sein.

Im ganzen Gouvernementsbezirk waren für die
Pflanzungen rund 2000 Arbeiter angestellt.

Mit der billigen und genügenden Beschaffung von
Arbeitskräften steht und fällt der Plantagenbau. Auch
in dieser Beziehung scheint die Kompagnie manches versehen zu haben.

China ist die Menschenquelle, auf die immer wieder
zurückgegriffen werden muß. Dazu treten Malaien,
namentlich Javaner. Innerhalb Neu-Guineas werden sich
die Arbeitskräfte vermutlich nie genügend finden, selbst
wenn es gelingen sollte, die Eingeborenen an Arbeit zu
gewöhnen, denn die Bevölkerung ist zu dünn. Die Inseln
des Archipels werden den Bedarf ebenfalls nicht decken.
Dort behilft man sich noch mit Rekrutierungen auf den
Inseln selbst; aber das reicht kaum für den eigenen Bedarf. — Neuerdings erhoffte man viel von dem australischen Arbeitergesetz, das die Einführung farbiger Arbeiter
in das britische Australien verbietet. — Ob die Hoffnung
berechtigt ist, mag dahingestellt bleiben.

Der deutsche und holländische Besitz erschien nicht überall genau abgegrenzt; der Bougainville-Berg, südlich der holländischen Humboldt-Bai, fand sich z. B. in holländischen Karten auf niederländischem, in deutschen auf deutschem Gebiet.

Die Holländer sind ihrem Neu-Guinea-Anteil noch garnicht zu Leibe gerückt; erst nachdem die Deutschen gekommen sind, haben sie einen kleinen Beamten an einen Küstenpunkt gesetzt.

Von Leuten, die Englisch Neu-Guinea, das unseren Anteil über ein Viertel an Größe übertrifft, besucht hatten, wurde versichert, daß so viel Plantagenbau wie im deutschen Teil auch dort noch nicht zu finden wäre. Hingegen sei an Schaffung von Wegen in diesem ohnehin zugänglicheren Gebiet unendlich mehr geleistet, was man den Scharen von Goldsuchern verdankt. Die Goldausfuhr nach Sydney ward als gar nicht unbeträchtlich angegeben; man hörte auch, die Goldsucher machten einen Teil ihrer Funde auf deutschem Gebiete. Von einem bergmännischen Abbau schien dabei noch nicht die Rede zu sein.

Goldgraben kostet auch viel Gold; ein Hauptwert liegt immer darin, daß dadurch eine Zugänglichkeit des wilden Landes erzielt wird, und nach dem Verschwinden der Desperados manches Kulturelement haften bleibt. Freilich wird bei dem tropischen Neu-Guinea-Klima niemals die Ansiedlerzahl sich einfinden wie in Australien. Immerhin wird der englische Teil sich weit rascher der Kultur als der deutsche erschließen, denn das tätige englische Australien liegt relativ nahe, während unsere Interessen stets die Riesenentfernung vom Mutterlande zu überwinden haben werden.

Der englische Teil hatte in der Person des damals
gerade abberufenen Herrn Mac Gregor einen außerordentlich rührigen Gouverneur gehabt. Mac Gregor
hatte sein Gebiet aufs eingehendste, unter größten Mühen,
selbst durchforscht und seine Erfahrungen in einem umfassenden und fesselnden Werke niedergelegt.

Wir würden wohl kaum die Mittel aufwenden,
welche auch unserem Gouverneur gestatten, sich so frei
zu bewegen und solche Kosten wagen zu dürfen!

*   *

*

Über der Kimm hatten wir einen ansteuernden
Dampfer ausgemacht, der seltsamerweise nur einen Mast
hinter dem Schornstein zeigte; dann verschwand er hinter
den Inseln. Als wir Friedrich-Wilhelmshafen erreicht,
sahen wir ein weißes Fahrzeug hineingehen, das wir
als den „Cormoran" erkannten; sofort liefen wir, statt
nach Stephansort, zunächst nach Friedrich-Wilhelmshafen.

Friedrich-Wilhelmshafen ist ein geschütztes Becken
mit gutem Ankergrund bei ausreichender Tiefe. Freilich liegt es sumpfig; die Mangrove beherrscht die vorliegenden Korallen-Eilande. Jedoch hoffte man, hier allmählich einen erträglichen Ort erzielen zu können, während
die der Seebrise ausgesetzten davorliegenden Inseln schon
jetzt als gesunder gelten.

Die Einfahrt zwischen den Inseln, unter anderem an
Siar vorbei, wo eine Missionsstation sich befindet, ist
recht hübsch; von üppiger Vegetation umgrünte, gelegentlich von Tauben überflatterte Wasserstraßen; graue,
bankartige Korallenufer, an denen die weiße Brandung
leckt, deren Rand gestürzte nackte Bäume, Mangroven,

Palmen — darunter einzelne Kronen der wie ein Pfau-
rad gespreizten Madagaskarpalme — und unordentlicher
Busch säumen; dahinter immer ein Gebirgshintergrund,
wie eine Phantasie-Landschaft — so liegt sie vor uns.
Dann zeigen sich hier und da weiße Gebäude, direkt auf
dem grünen Plan oder auf hohen Pfählen: Lager- und
Diensthäuser der Station. Wir sehen auf einer Haus-
galerie eine junge Frau mit ihren zwei kleinen Mädchen
uns winkend begrüßen, eine Gallionfigur als Garten-
statue, und dann den wohlbekannten kaiserlichen Adler
und die Reichsflagge am Flaggenmast — wir sind ja
daheim, sind im deutschen Lande!

Und dort liegt der „Cormoran" am Kohlendepot.
Aber was ist das? Er hat nur einen Mast hinter dem
Schornstein und sieht ganz seltsam verändert, fast wrack-
artig aus. Also er war das ansteuernde Schiff gewesen,
das wir gesehen; eine schwere Katastrophe mußte unsere
lieben Kameraden und Reisegefährten ereilt haben!

Und in der Tat! Auf einem zulässig erschienenen
nördlichen Kurs war er während der Fahrt von Friedrich-
Wilhelmshafen nach Matupi, circa 180 Meilen weit in
See, nachts auf das „Wirbelwind-Riff" geraten. Der
Kommandant, Korvettenkapitän E. hatte, immer noch Vorsicht empfehlend, sich eben nach unten begeben gehabt,
da laut der Navigierung das Riff bereits passiert worden
war. Allein nachher ergab sich eine Stromversetzung von
12 Seemeilen und damit die Erklärung für den ver-
hängnisvollen Irrtum. Übrigens sind die Südseekarten
lückenhaft und häufig ungenau; bei den zahllosen Riffen
zeigen sich immer wieder unvermessene, und jeder Schiffer
in diesen Gewässern muß darauf vorbereitet sein, und

ist es auch, daß ihn troß äußerster Aufmerksamkeit doch einmal hier sein Geschick ereilt.

„In der Südsee fährt man bei Tage mit Vorsicht, bei Nacht mit Gottvertrauen" sagt der Seemann bezeichnenderweise. Ein Glück, daß heftige Stürme selten und die nordischen Nebel unbekannt sind!

Das Schiff war bei voller Fahrt etwa bis zu Zweidrittel seiner Länge aufgelaufen; es saß vorn ganz auf, dann kam eine Höhlung, und hiernach unter dem Kiele, unterhalb der Maschine, eine feste Korallenumklammerung wie ein Lager; achtern war es tief, ich glaube etwa 100 Meter. Dann geschah alles, was in solcher Situation zu geschehen pflegt: Klarmachen der Boote, Loten, Peilen, Abschleppungsversuche mit eigener Maschinenkraft, ausgebrachten Ankern, Verteilung der Lasten u. s. w. Stahltrossen rieben sich glühend in den Klüsen, Kette ging verloren — nichts half! Ein Armeeoffizier, der die Reise des „Cormoran" mitmachte, erzählte mir, die Ruhe und Ordnung, das Vertrauen zu der Führung sei an Bord eine geradezu bewundernswürdige gewesen. Als man sah, daß das Abkommen schwierig sein würde, wurde die Dampfpinaß mit einer Jolle voll Kohlen im Schlepp nach Neu=Guinea, wo der Lloyddampfer „Stettin" angekommen sein mußte, zurückgeschickt, um Hülfe zu holen. Die Seereise war für die darin befindlichen, gegen Sonne und Regen schlecht beschützten Leute, die bei der Dünung auch nicht kochen konnten, höchst beschwerlich und mit Lebensgefahr verbunden. Die Mission gelang aber! Inzwischen gab es auf dem „Cormoran" sorgenvolle Stunden. Man wußte nicht, ob man das Schiff und das Leben retten würde, ob je Hilfe zu erwarten sei. Aber die Hoffnung richtete sich schlimmsten Falls auf die „Möwe",

die sich ja auf der Fahrt nach Neu-Guinea befand. Ein
geeigneter Plan zur Rettung der Mannschaften in Flößen
und Booten wurde entworfen, Regenwasser aufgefangen,
u. s. w. Dann hieß es, das Schiff zu erleichtern und es
soweit zu krängen, daß der Kiel in eine höhere Lage gebracht werden konnte. Alles, was nicht unbedingt zur
späteren Navigierung, zur Verteidigung und zur Existenz
nötig erschien, mußte über Bord geworfen werden. Groß-
und Fockmast wurden gekappt, Nagelbänke, Rüsten, Top-
pen, Gestelle und Regale, Tauwerk, Geländer, Kleider,
Portieren, Bücher und Papiere, — dann die Dampf-
steuerung, Revolvergeschütze, die Torpedo-Armierung, überflüssige Munition und Salzfleischproviant — kurz eigentlich alles, was nicht eisern fest und nicht unbedingt erhalten bleiben mußte, flog in die See. Nur die Maschine
und ihre Nahrung, die Kohlen, und die eigentliche Arma-
tur nebst Handwaffen wurden noch behalten. Drei Tage
hat das arme Schiff in dieser traurigen Lage verbracht.
Die Dünung schleuderte den Rumpf, sie stampfte ihn
auf das Riff und dann schurrte, ächzte und dröhnte er,
daß jeder sich fragte: wie lange wird er das aushalten?
Wie sich hernach in Sydney zeigte, ist er auch teilweise
durch die Korallen nahezu durchgerieben worden; der
solide Bau schützte ihn vor Schlimmerem.

Das Betragen der Leute scheint in der Tat des
höchsten Lobes würdig gewesen zu sein. Tags in glühen-
dem Sonnenbrand und nachts trotz völliger Erschöpfung
haben sie ununterbrochen und willig Kohlen umgestaut,
die Geschütze transportiert und überhaupt mit guter Laune
alles ausgeführt, was verlangt wurde; für den schwer-
geprüften Kommandanten ist das ein wahrer Lichtblick
in dieser trüben Zeit gewesen.

Das Günstigbleiben der Witterung ward zur Rettung!
— Gerade als die „Stettin", deren Kapitän noch un-
längst als Reserveoffizier unter dem jetzigen Kommandanten des „Cormoran" eine Dienstleistung abgelegt, zur
Hilfe herbeieilte, wurde der durch das Krängen mit dem
Kiel losgekommene „Cormoran" von einer Dünung gehoben, ging achteraus und war durch eigene Kraft frei!
Nach innen fast ein Wrack, aber doch ein Schiff, das
dampfen und kämpfen konnte.

Das war es, was wir von den an Bord gekommenen
Offizieren des „Cormoran" hörten, die namentlich erfreut schienen, bei uns geeistes Getränk zu finden. Unser
von Amboina mitgenommenes Eis hielt sich nämlich vorzüglich an Deck unter Palmenzweigen. Aber, ich erwähnte es schon, man schläft nicht ungestraft unter
Palmen! d. h. den Kabinenbewohnern darunter sickerte
mancher Tropfen geschmolzenen Eises durch das Deck in
die Koje hinein.

Zunächst brachten wir dem tapferen „Cormoran"
drei Hurras und dann dampften wir nach Stephansort, um unseren Schwerkranken von Bord zu geben.

Während dies geschah, kreuzte die „Möwe", ohne zu
ankern, und einige Herren benutzten die kurze Zeit, um
sich etwas an Land umzusehen. Zum ersten Male umfing
mich die Treibhausluft unseres übelbeleumundeten Neu-
Guinea-Bodens. Es war mir ein eigenes Gefühl; und
als unser Kranker, verdeckt in der Sonnenglut, bei uns
vorbeigetragen wurde, dachte ich: Armer Kerl, Du wirst
die Heimat auch nicht wiedersehen! — Er ist aber wieder
gesund geworden, ebenso wie der in Amboin ausge-
schiffte Mann.

Auf großem, möglichst entholztem, sauberem, zwar,

7*

wie mir schien, nicht sumpffreiem Plan lagen einzelne
Europäerhäuser im Grün: Holzbauten auf Pfählen mit
Veranden, Wellblechdach, und von der Überwucherung
möglichst frei gehaltene Gärten. Das Barmer Rheinische
Missionshaus, Spitäler, das Haus des Landeshauptmannes gehörten dazu. Manche werden heute einem anderen Zwecke dienen oder ganz verschwunden sein. Die
einzige Hauptstraße — die anderen waren Graswege —
zeigte sich teilweise recht gut gehalten, natürlich länd-
lich, nicht gepflastert. Sie endigte vorläufig in einem durch
Anlagen verschönten Rondel. Aus dem Hause des
Landeshauptmannes hatte man wundervolle Blicke.
Chinesische und eingeborene Arbeiter besserten hier fleißig
die Wege und grüßten respektvoll.

Ausgezeichnet schien das Europäer-Hospital zu sein.
In der Kühle — soweit man bei der lastenden feuchten
Hitze von Kühle reden konnte — genossen wir dort in
Gesellschaft des dirigierenden Arztes und der aus ihrer
afrikanischen Tätigkeit bekannten Schwester Auguste
guten Kaffee und vorzügliches Spritzgebackenes. Zwei
fieberkranke Pflanzer lagen in ihren Stühlen auf der
Veranda. — Das Hospital ist inzwischen längst verlegt
worden.

Daneben versteckten sich tiefer im Busche die Hütten
der Eingeborenen und dahinter schlossen sich die Plantagen an; freilich nicht viele, doch sollten bei einigen
schon ganz hübsche Resultate erzielt werden.

So ungefähr sah Stephansort aus, das mit dem ebenfalls an der Küste gelegenen Erima durch eine von Ochsen
gezogene Spurbahn verbunden ward. Die Ansteuerungs-
marke für Erima bildet ein großes, weißes Holzkreuz
mit einem weißen Holzgerüst in dessen Nähe; in einer

gewissen Entfernung deckt sich beides von See aus und bietet so täuschend das Bild eines von Palmen beschatteten Grabmales. Wahrlich, ein wenig ermutigendes Symbol!

Einige Herren besuchten das Grab des leider so früh dahingeschiedenen Kurt von Hagen, der bekanntlich auf der Verfolgung des Mörders von Otto Ehlers ebenfalls dessen Kugel zum Opfer fiel.

Ein Deutscher, Mitglied einer den Ottilienfluß befahrenden Expedition, der schon Jahre drüben gewesen ist, sagte mir, er sei entzückt von dem Lande. Er meinte, er fühle sich so wohlauf wie nur je in Europa; ein bißchen Fieber im Leibe schade nicht. Darüber kann man ja nun verschiedener Ansicht sein.

Derselbe Herr erzählte von Kämpfen mit den Eingeborenen; so von einem Gefechte, wo eine Bakujunge, der 20 Patronen besaß, mit 15 je einen der Angreifer getötet habe. Derartige Geschichten hörte man hier viel, und im allgemeinen scheinen sie geglaubt zu werden. Auf dem „Cormoran" fand ein deutscher Händler Aufnahme, der 18 Monate von den Insulanern auf Long Island gefangen gehalten wurde. Seine schwarzen Begleiter sind ermordet und vor seinen Augen verzehrt worden. Ihn wagte man nicht zu töten, hat ihn aber schwer gequält. Während einer Festlichkeit seiner Peiniger entfloh er und gelangte glücklich über See nach Friedrich-Wilhelmshafen. Ich sprach selbst mit dem Manne, der einen glaubwürdigen Eindruck machte. Seine etwas abenteuerlich klingenden Angaben haben sich später bestätigt.

Die Anwohner der Astrolabe-Bai machen einen wil-

deren Eindruck als die Eingeborenen, die wir bisher
kennen lernten. Zum ersten Male sahen wir die reiche
Tätowierung, die rotbeschmierten Gesichter, die ent-
stellenden Zierate durch die Nase. Die Weiber tragen
Baströcke bis zu den Knieen, die an der Seite etwas
offen sind. Eine Witwe zeichnet sich durch einen eigentümlichen schabrackenartigen Schleier aus. Alles Weibliche lief fort, wenn wir uns zwischen den armseligen
Hütten zeigten, um welche zahlreiche Schweine und Hunde
umherlungerten. Freundlich wird man nicht angesehen,
höchstens scheu und stumpfsinnig.

Im Gebäude der Rheinischen Mission fanden wir
liebenswürdigen Empfang. Zwei junge Frauen waren
soeben mit der „Stettin" aus Europa angekommen und
schienen noch etwas beklommen die Eindrücke der neuen,
urwüchsigen Umgebung in sich aufzunehmen. Die männ-
lichen Missionare zeigten mehr oder weniger den Fieber-
stempel.

Am Karfreitag Morgen frühstückten der Kommandant und ich bei dem „Cormoran"-Kommandanten, der
während der Katastrophe eine ausgezeichnete Ruhe und
Umsicht gezeigt hatte, jetzt aber begreiflicherweise sehr
niedergeschlagen war. Dann besichtigten wir den „Cormoran" in seinem Innern; die vollkommene Leere in
Verbindung mit den freiwilligen Zerstörungen gewährten
einen trostlosen Eindruck.

An demselben Tage nahmen die beiden Schiffe Abschied voneinander. Flott liefen wir der engen Ausfahrt
zu; die Wellen bespritzten die Korallen zwischen den niederen Mangroven. Der „Cormoran", ein schönes Fahrzeug, aber ohne Schlingerkiele ein Schlingerschiff ersten

Ranges, gelangte später wohlbehalten nach Sydney, wo er sein altes Aussehen wieder gewonnen hat. Sein Kommandant durfte dann mit ihm den damals noch ungeahnten historischen Akt deutscher Besitzergreifung der Hauptgruppe Samoas vollziehen.

Wir hatten uns schon heimlich darauf gespitzt, als Ersatz für den „Cormoran" nach Samoa geschickt zu werden; allein unser bescheidenes Spezialschiff sollte es bei seiner weniger stolzen Mission bewenden lassen. Immerhin war das, was ich in den kommenden Wochen auf der „Möwe" oder dank ihr sonst erlebte, überaus fesselnd.

Wir machten auf der zweitägigen Reise nach Matupi gute Fahrt; zuweilen 11 Seemeilen über Grund mit dem Strom. Auf der seidenglatten See schwamm viel Treibholz; ein gewaltiger Baumstamm veranlaßte uns zum Heranbampfen, da wir ihn für einen Mast des „Cormoran" hielten. Nachts gingen wir an Long Island vorbei; ich flüchtete vor dem Regen in meine Kammer, wo mich während des Schlafes etwas in den Kopf zwickte. In der Meinung, es sei eine Ratte, griff ich darnach und hielt einen herkulischen „Kukeruz" in der Hand.

Es war zu Beginn des Aprils. Unser Gespräch drehte sich um Samoa. Der Kommandant erwog nämlich noch immer, ob er auf eigene Verantwortung wegen der kritischen Verhältnisse dorthin fahren sollte. Leider, aber wohl richtigerweise, entschied er sich endlich dahin, diese selbständige Handlung zu unterlassen. Ich benutzte das Datum des ersten Aprils, indem ich die unten Speisenden durch die Nachricht alarmierte, die „Kaiserin Augusta" sei in Sicht, mit Signal für die „Möwe" nach

Samoa zu gehen. Der schlaue Navigationsoffizier entdeckte aber nach der ersten Freude sofort den Scherz,
so daß dieser unter Heiterkeit vorzeitig als solcher entlarvt wurde. — Der Stabsarzt litt an diesem Tage
unter einem heftigen Fieberanfall. — Wir hatten die
Willaumez-Bai, mit einem Kegelberg, auf Neu-Pommern
nachmittags querab, und nachts eine Stromversetzung von
12 Seemeilen nach Land zu; wir merkten es aber.

Am Ostersonntage langten wir in der Blanche-Bai
auf der Gazellen-Halbinsel in Neu-Pommern an.

Neu-Pommern und Neu-Mecklenburg mit Neu-Lauenburg und Neu-Hannover bilden nebst der näher nördlich an Neu-Guinea liegenden Gruppe der Admiralitäts-
Inseln die größten insularen Landmassen des Archipels.
Neu-Pommern ist mit seinen fast 25 000 Quadrat-Kilo-
metern nicht viel kleiner als die Provinz Pommern und,
obgleich der Zentralsitz der Regierung von Kaiser Wilhelmsland und allen unseren Inselgruppen in der Australien benachbarten Südsee, noch ganz überwiegend unbekannt. Nur auf der Gazellen-Halbinsel besteht eine
größere Siedlung. Man könnte die Insel also, um ein
Bild der Entwicklung zu bekommen, etwa mit der Provinz Pommern vergleichen, in der nur das verkleinerte
Hafenstädtchen Stolp existierte, und sonst nicht viel mehr
als unbekannte Waldungen.

Der deutsche Verkehr wird durch neuerdings ver-
doppelte Reisen eines Lloyddampfers der Route Singa-
pore-Sydney aufrecht erhalten, sowie durch Anlaufen des
Dampfers der Jaluit-Gesellschaft, der zwischen Hongkong
und Sydney verkehrt. Damals existierte außer einer mangelhaften australischen Verbindung Matupi-Sydney nur

Frauen und Mädchen auf Neupommern

die Lloydlinie Singapore-Matupi. Acht Wochen mußte jede Insel, falls sich nicht zufällige Gelegenheit fand, auf Briefantwort von der anderen warten. Man sieht aber, daß der Archipel mit seinen verstreuten Inselgruppen auch heute noch nicht in großer Beschleunigung regiert werden kann.

Die Blanche-Bai nun ist das Herz unseres kompakteren Südsee-Organismus.

3. Kapitel.

Im Bismarck-Archipel und auf den Salomon-Inseln.

Einfahrt nach Herbertshöhe und Matupi. — Die Hernsheimsche Niederlassung. — Verschiedene amüsante Bekanntschaften. — Taubenjagd. — In Herbertshöhe. — Die Queen Emma und Verwandte. — Gesellschaftliches von der Blanche-Bai. — Die Familie P. — Ein „Stettin“-Abschied. — Auf der „Archer“ nach Neu-Mecklenburg. — Traderleben in der Wildnis. — Stationen Nusa und Nouan. — Wohnungen und Sitten der Neu-Mecklenburger. — Stationen Kablemau, Putput, Kaplu und Lamu. — Ein Sing-Sing bei einem Halfcast-Trader. — Auf der Gardener-Insel; Station Soa. — Zur Bischof- und zur Derry-Dennis-Insel. — Stationen Rahang und Mattundo auf Neu-Mecklenburg. — Im Tropenwald. — Im Atoll auf den Feab-Inseln oder Nugaria; Wohnort und Schicksal einer Traderfamilie der Ukani-Station. — Die Großmutter Leuten. — Unsere Gäste auf der „Archer“-Heimfahrt. — Die „Möwe“ geht zur Straf-Expedition nach den Salomoninseln. — Unsere Polizeitungen. — Der „Seaghost“-Ueberfall. — Die Entdeckung der Mörder. — Abfahrt von Herbertshöhe. — Anlaufen der Sir Charles Hardy-Inseln oder Nissam-Gruppe. — Der Nachtangriff gegen Timbuz auf Bougainville. — Meine Erlebnisse bei der Polizeitruppe. — Niederbrennung der Dörfer. — Der abgeschnittene Kopf. — Die Kriegslist. — Strafzug hinter Cap Lavardie. — Sieben Kanaken getötet. — Station Faisi an der Bougainville-Straße. — Eine Gerichtssitzung. — Chief Ferguson. — Maschinenschaden der „Möwe“; Choiseul aufgegeben. — Landung in der Kaiserin Augusta-Bucht. — West-Bougainvilles Landschaften. — Zurück nach Herbertshöhe. — Meine Niederlassung bei der Familie P. in Maulaupau. — Noch Einiges von Frau P. — Die Villa „Möwe“. — Inspizierung der Schulen der Herz-Jesu-Niederlassung. — Mißt dem Kanaken die Kultur? — Deutsche Kolonialpolitik. — Leben in Villa „Möwe“. Herr P. — Ein Sing-Sing auf der Herz Jesu-Station Kokopo. — Überraschung bei der Familie P. — Rabataul und eine Erinnerung an Frau Wolff. — Eine Reitpartie nach dem Varzin. — Das erste Bismarck-Denkmal. — Mich packt das Fieber. — Krisis in Villa „Möwe“. — Übersiedelung ins Familienhaus. — Kasuarbraten und Taufe. — Erste Briefe aus der Heimat — Letzte Tage in Maulaupau. — Abschied von der „Möwe“-Messe. — Als Rekonvaleszent auf der „Stettin“ zurück nach Neu-Guinen.

Vom Georgskanal aus, die hochgezackte Küste Neu-
Mecklenburgs zur Rechten, liefen wir in die
20 Seemeilen nach Südosten sich öffnende Bai. Sie bot
ein überraschendes Bild, sowohl was landschaftliche
Schönheit, als auch Fortschritte in der Kultur betraf. So
majestätische Gebirgszüge wie an der Astrolabe=Bai fehlen
allerdings; was wir sahen, erschien aber lieblich. Wir
erblickten zur Linken, zum Teil von mäßig hoher, steil-
wandiger Plateauküste unterbrochene, rings ansteigende,
reich begrünte Höhen, die von einzelnen höheren Kuppen
im Binnenlande, namentlich dem „Varzin“ überragt
werden. Diese Höhen boten auf weite Strecken ihres
sanften Abfalls das Gepräge der Ordnung. Die Kokospalme beherrschte die Pflanzungen; die gleichen Abstände
der Pflänzlinge der Baumwoll=Kulturen gewährten den
Eindruck eines sauberen tropischen Ackerbaues. Hier und
dort bemerkten wir die Wellblechdächer der Lagerhäuser
am Strande, Anlegebrücken und ankernde Schiffe. Von
den Höhen grüßte vereinzelt aus dem Wipfelkranz eine
Anzahl von Veranden umgebener Wohnsitze der Europäer
mit der wehenden, schwarzweißroten Flagge am Flaggen-

mast davor. Besonders war es die doppeltürmige, weiße Kirche der Mission vom Herzen Jesu, die von der Rasenfläche eines Plateaus aus, ich möchte sagen, ans Herz griff, denn sie zauberte das trauliche Bild der fernen Heimat vor.

Die hohen Waldbäume des „Busches" gaben Seitenkulissen und Hintergrund des welligen Küstenlandes ab.

Wir ließen Herbertshöhe an Backbord achteraus; im Hintergrunde vor uns sahen wir schon die Häuser von Matupi im Grün.

Hafenartig vertieft und verzweigt sich die Blanche-Bai. Ihren östlichen Abschluß bildet eine Halbinsel, die in bis 600 Meter hohen, vulkanischen Gebilden vorspringt. Es sind die ganz moosgrünen, dabei im oberen Teil baumlosen Kegel der „Mutter", mit „Nord"- und „Süd-Tochter"; zu deren Füßen öffnet sich am Innenrande der tätige Krater Ghain, in dessen schwarzgelben, oft merkbaren Schwefeldunst verbreitenden Schoß wir — wenn ein nicht schönes, aber treffendes Bild gestattet ist — wie in einen hohlen Zahn hineinsehen. In den siebziger Jahren brach er aus, ließ ein Inselchen in der Bai emporsteigen und bedeckte das Meer weithin mit einer dichten Bimssteinschicht. Der heiße Boden und heiße Wasserläufe in seiner Umgebung künden noch jetzt von der fortwährenden Arbeit im Erdenschoße. Möge diese freundliche deutsche Ansiedelung nie ein ähnliches Geschick wie St. Pierre auf Martinique erleiden!

Die innere Blanche-Bai in zwei Häfen teilend, liegt hier, mit schönem Ausblick auf die nahen, üppig bewaldeten Seitenwände ehemaliger Krater und auf die genannte Familie und die ins Land laufenden Bergzüge, die Insel Matupi, hinter der säulenartig zwei Felsgebilde, etwa

Die Fernheimsche Niederlassung in Ihalupi

wie Böcklin sie darzustellen liebte, die „Bienenkörbe" genannt, sich aus dem Wasser heben.

Das dann noch ziemlich weit ins Land sich windende, waldumschlossene Buchtende heißt die Simpson-Bai.

Ein Europäerhaus lugte an Backbord von der Anhöhe, dann verschwand es; wir bogen um ein mit Fischerhütten der Eingeborenen besetztes Landzünglein Matupis, indem wir dicht rechts die Vulkane hatten, und befanden uns nun in dem kleinen, aber recht tiefen, sicher umschlossenen Hafen.

Vor dem Palmenhintergrund zogen sich die Gebäude einer geräumigen Faktorei das Ufer hinan, an die sich zu beiden Seiten einige Wohnstätten der Insulaner schlossen. Davor ein Landungsplatz, „Wharf" oder Werft genannt, mit Anlegebrücken. Einige weiße Handelsschooner und sonstige kleine Fahrzeuge und Boote ankerten auf dem klaren Grün. Es war die Niederlassung der Firma Hernsheim und Co., die Südseehandel- und Plantagengeschäfte betreibt und außerdem eine Kohlenniederlage in besonderer Verpflichtung für die kaiserlichen Schiffe unterhält.

Auf dem Platze vor dem, den Mittelpunkt bildenden, erhöhten Verandenhaus, wo die Flagge an ihrem Maste geheißt war, herrschte bei unserer Ankunft sonntägliche Stille; endlich nahte sich ein Boot mit einem jungen Mann, der uns in Abwesenheit anderer Herren willkommen hieß. Im Laufe des Vormittags traf auch die „Stettin" ein und vertaute sich mit dem Heck an der Wharf. Herr W., der junge, derzeitige Stellvertreter, des nach Sydney gereisten Chefs, und andere Herren der Firma waren herbeigeeilt; ein freudiges Besuchen und Begrüßen entwickelte sich.

Wie immer beim Ankern, regte sich gleich der lebhafte Drang, an Land zu kommen. Herr W. nahm mehrere von uns mit sich. Zunächst machten wir einen Besuch auf der „Stettin", deren weißer 2000 Tons-Rumpf die kleine „Möwe" beträchtlich überragte.

Rückwärts von der Station schritten wir durch einen Kokospalmenhain zu dem Europäerhaus, das uns zuerst von der anderen Buchtseite begrüßt hatte: die Hernsheimsche Privatbesitzung Raule. Der Weg durch den Hain war breit und sehr gut gehalten; es säumten ihn Büschel des wohlriechenden Citronengrases. Zu den Seiten lagen Hütten der Eingeborenen, immer eine kleine Gruppe um einen reinlich gehaltenen Platz und hinter einem geflochtenen Zaun fast völlig versteckt. Hingestreckte, dunkelnackte, bärtige Männer, welkhäutige Alte, irgend eine cylinderbusige Schöne, mit gekalktem Wollhaar, die Pfeife im Munde, sahen uns träge nach. Alle prangten im leuchtenden Sonntags-Hüfttuche, der roten Lava-Lava.

Die Palmenwedel warfen durchbrochene Schatten über den Weg und über das Kautschgras, ein eingeführtes, bläulichgrünes, verästeltes und teppichdickes Gras. Oben unter den Kronen schimmerten die reifen, gelben Nüsse; darüber spannte sich der tiefblaue Himmel. — Wenn der Sturm durch die Palmen geht, stürzen die reifen Nüsse auch von selbst, und dann kann ein Mensch wohl von ihnen erschlagen werden.

Raule war ebenfalls ganz umfenzt. Innerhalb der Umfenzung sahen wir hübsche Rasenflächen, Gartenanlagen und außer den Palmen auch prächtige Laubbäume. Darunter standen vereinzelt die hellgestrichenen Gebäude; einige auf Pfählen, von Veranden umgeben: das Wohnhaus, das Billardhaus, das Logierhaus, das Gesinde-

und Babehaus. Alles aus Holz. Unter die nicht unmittel-
bar aufliegenden Dächer kann die Luft hineinstreichen.
Diese zerstreute, leichte Bauart empfiehlt sich der häufigen
Erdbeben und der Wärme halber.

Das Wohnhaus enthielt einen großen Salon mit
Instrument, erfreulich reichhaltigem Büchervorrat und
allerlei Bequemlichkeiten; dann ein schönes Schlafzimmer,
Speisezimmer und entsprechenden Wirtschaftsraum. Vom
Salon trat man auf eine breite Veranda und genoß
über ein Blumengärtchen und die Fischerhütten unten am
Strande weg eine reizende Aussicht über die weitblauende
Bai, die links von der vulkanischen Familie begrenzt wird,
während man rechts die ganze Küste der Blanche-Bai
bis nach Herbertshöhe verfolgen und alle die kleinen
Siedlungen mittels des großen auf der Veranda befindlichen Drehfernrohrs beobachten konnte.

Hier feierten wir einen sehr vergnügten Abend. Unter
der größeren Anzahl der Herren befand sich auch ein
Trader der Firma, Herr Str. Ich gebrauche die übliche
englische Bezeichnung anstatt des weniger bestimmten
„Händler". Herr Str., ein dunkler und vom Fieber ge-
zeichneter Badenser, der früher einmal daheim ein Vermögen verloren hatte, war ein Original, schweigsam und
tüchtig. Die Firma besaß die Station Kabaira am Weber-
hafen an der Nordseite der Gazellenhalbinsel, die früher
so unsicher war, daß dort zwölf oder dreizehn Trader
nacheinander von Eingeborenen erschlagen wurden und
man diese Station schon eingehen lassen wollte. Da er-
bot sich unser Badenser, sein Heil zu versuchen; durch
Tapferkeit und Klugheit gelang es ihm auch, den gefährlichen Posten zwei Jahre zu halten und ihn dadurch
dauernd zu sichern. Dann ward ihm ein besserer Platz

zugewiesen, wo er jetzt saß und mehrere Unter-Traber
beschäftigte. Bekanntlich sind unsere melanesischen
Archipel-Landsleute noch durch die Bank Liebhaber von
Menschenfleisch, und über Herrn Str. ward nun folgendes erzählt: Er sei eines Tages ganz niedergeschlagen
in das Hernsheimsche Kontor gekommen. „Na, Str.,
was fehlt Ihnen denn?" hieß es teilnehmend. „Ach was,"
sagte der wackere Traber und kratzte sich verdrießlich den
Kopf, „es ist nichts mehr mit dem Geschäft; jetzt haben
sie mir wieder meine besten Kunden weggefressen!"

Er bildete den denkbar größten Gegensatz zum Stabsarzt. Wenn dieser in seiner lebhaften Art sprach, sah
Herr Str. den Landsmann immer in schweigender Be-
wunderung von der Seite an.

So zu zweit konnte Herr Str. aber auch ganz unter-
haltsam sein; er erzählte mir von seinen Jagden mit
der Krokodils-Falle und von einem Kriegszug, den die
Europäer mit der Polizeitruppe erst kürzlich gegen feindliche Eingeborene gemacht hätten. Dabei habe ein halb-
wüchsiges Mädchen aus einem zerstörten Dorf hartnäckig
den Europäern sich angeschlossen, statt ihren Landsleuten,
und sei mitten im Feuer mit langen Sprüngen ihnen
stets zur Seite geblieben. Ihm wäre es nicht möglich
gewesen, das Geschöpfchen zu vertreiben, bis es dann ebenso
plötzlich wieder verschwunden gewesen sei.

Ein Teil der Gesellschaft begab sich ins Billardhaus
hinüber, wo eifrig der Ball gestoßen wurde. Eine auser-
lesene, wundervolle Sammlung von Südsee-Gegenständen
schmückte die Wände des luftigen Raums: herrliche Buka-
speere und Pfeile mit Widerhaken, Bogen, Keulen,
Tanzmasken, Holztrommeln, polierte Schildpattschalen,
Muschelstickereien, von Haifischzähnen besetzte Holzdolche,

mit denen eifersüchtige Weiber einander zu zerfleischen
pflegen, und eine Fülle sonstiger interessanter Dinge —
alles ausgesuchte Stücke.

In die nächsten Tage fiel ein Besuch der der Firma
gehörenden Farm, die, Matupi benachbart, auf der Halb=
insel lag, und ein Jagdausflug nach der Credner=Insel.
Die Farm erstreckte sich von der inneren Bai landein,
auf flachem, fruchtbarem Vorland. Pflanzungen, Haus
und Gartenanlagen waren gut gehalten; Mr. G., der eng=
lische Verwalter, schien ein tüchtiger Mann zu sein. Auch
sein reichliches, prächtig gedeihendes Federvieh machte Ein=
druck. Der zarte Mann hauste hier allein, und sah sehr
nach Fieberanfällen aus. Er nahm sie nicht so tragisch,
wie niemand dort, obwohl sie fast den täglichen Gesprächs=
gegenstand bilden. Das Neu=Guinea=Fieber sei viel bös=
artiger. Das mag stimmen; immerhin ist die Gleichgültig=
keit mit auf Gewöhnung und auf das erklärliche Bestreben
zurückzuführen, die Scholle, an die man sich gebunden,
sich und anderen als möglichst gesund einzubilden.

Manche blieben auch ziemlich frei, und überwiegend
fühlen sich die Europäer tatsächlich körperlich wohl.

In der Nähe der Farm befanden sich Abflüsse heißer
Schwefelquellen. Die Wassernähe bedingt Nachbarschaft
von Krokodilen. Herr G. erzählte, wie einer der Saurier
sich ein Ferkel geholt habe, das ihm aber durch einen
tapferen, kleinen Kanakenjungen wieder abgejagt sei. Der
Junge hätte mit einem kleinen Stecken so lange auf das
fliehende Untier losgehauen, bis es das Schweinchen richtig
aus dem Rachen fahren ließ.

Kutschieren im leichten Buggy und Reiten bilden die
Hauptgenüsse. Auf der Farm standen die Pferde der
Firma. Zum erstenmal probte auch ich hier wieder meine

8*

Reitkünste — wie wir wohl alle, nicht ohne Schmerzen und doch mit opferfreudigster Reiterlust. Große über Sydney eingeführte Australier und kleine über Singapore kommende Ponies werden auf der Insel benutzt und halten sich gut.

Nach der Credner-Insel — gebräuchlicherweise Pigeon-Island genannt — dampften der Kommandant und ich eines Morgens in aller Herrgottsfrühe, ohne in der Eile etwas Ordentliches in den Magen bekommen zu haben. Als Führer hatten wir „Moses" mitgenommen, einen alten, schwarzen Burschen, der sich mit derlei angenehmeren Arbeiten das bißchen verdiente, was er zum Leben brauchte. Bei hochgehender See mußten wir ziemlich weit in die große Bai hinausdampfen; die Pinaß schlingerte ganz hübsch. Es war noch unsichtig; wir verfehlten die Richtung, und erst als der Kommandant dem eine andere andeutenden Moses Glauben schenkte, kamen wir auf den richtigen Kurs. Die Eingeborenen kennen die deutschen Namen: Credner-Insel, Breusing-Insel u. s. w. noch gar nicht; sie behalten ihre eigenen Bezeichnungen. Die angesessenen Europäer — die Deutschen eingeschlossen — bedienen sich nach wie vor der englischen Namen: New-Britain statt Neu-Pommern, New-Ireland statt Neu-Mecklenburg. Die deutschen Bezeichnungen sind vielfach Namen von Marine-Offizieren, die zuerst hierherkamen. Die „Gazellen-Halbinsel" hat nichts mit Gazellen zu tun, die es hier nicht gibt; sondern S. M. Korvette „Gazelle" unter dem damaligen Kapitän z. S. von Schleinitz machte die ersten deutschen Forschungen im Archipel.

Wir landeten an einer flachen, sandigen Stelle; in der Nähe rollte die Brandung über ein Riff, das zu

einem Nachbar-Inselchen führte. Am Buschrande sah man
ein Kanoe und ein paar nackte Kerle, wie man sich
richtige Kannibalen denkt, mit Federn im Wollhaar; Der
eine zeichnete sich durch einen grotesken, langen, rötlich
gefärbten Ziegenbart aus. Zum erstenmal schlich ich „still
und wild" mit gespanntem Feuerrohr in den „Busch",
den Wald der Südsee, dessen Boden hier den Eindruck
machte, als ob er gelegentlich unter Hochwasser stünde.
Das Waldgewirr der recht ansehnlichen, durch Schlinggewächs verflochtenen Bäume und des wuchernden Unter-
holzes war ziemlich dicht; man konnte aber meist auf
schmalem Kanakenpfade gehen. Bald hörte man Tauben-
gurren, und im Jagdeifer kamen wir auseinander, wobei
einer der unbekannten wilden Burschen sich mir anschloß.

Die Taubenjagd ist schwierig und anstrengend. Die
Tiere besitzen die besonders für Amateur-Jäger verdrieß-
liche Eigenschaft, sich in die höchsten Wipfel zu verstecken.

Gurr! Gurr! Gurr! — Aha, dort! Den Finger
am Abzuge suche ich das Rohr der Fingerrichtung des
Kanaken anzupassen. Im Jagdfieber halte ich den Kolben
zu hoch. Bums! Der Schuß kracht; ich erhalte eine
mächtige Ohrfeige, und oben aus den Blättern entwischt
der flatternde Braten. Zum zweiten Male! Nun glaubte
ich den Vogel zu sehen, traue aber meiner Kurzsichtigkeit
nicht und hole das Doppelglas heraus. Richtig, da sitzt
er auf höchstem Ast und dreht spöttisch den Kopf. Gurr!
Gurr! — Das Gewehr an die Backe! Leider aber kann
ich nicht gleichzeitig das Opernglas gebrauchen. Donnerwetter, wo war die Stelle? Aha, dort bewegt er sich!
Der Finger zittert — bums! kracht der Schuß abermals,
und abermals entfleucht mein Braten, während von
anderer Stelle einige Blätter, deren Spielen im Winde

mich getäuscht hatte, durch die Äste rieseln. So ging es
verschiedene Male weiter. In der Ferne, immer weiter
ab, hörte ich den Büchsenknall meines von Moses begleiteten Gefährten; das machte mich erst recht nervös,
denn ich malte mir seinen Hohn und seine glänzende
Jagdbeute aus. Einmal hätte ich aber meinen Erfolg
beeidigen mögen, und der Kanake verschwand in dem Busch,
wie ich stolzklopfenden Herzens wähnte, um mir meine
Taube zu holen. In Wirklichkeit verschwand er aber überhaupt; wahrscheinlich war ihm die Sache langweilig geworden. Nun kam ich mir ganz verlassen vor, sah überhaupt keine Taube mehr und ärgerte mich schändlich. Zudem begannen Hunger und Durst zu nagen; ich suchte
also den Weg zum Boote zurück, fand auch die Stelle
glücklich, aber — leider kein Boot.

Im Waldesschatten vermochte ich mich nicht zu setzen,
weil der Boden nicht dafür geeignet war; am Strande
davor brannte die Sonne. Ich suchte mich halbwegs
ameisensicher auf die Korallen zu plazieren, das Gewehr
immer zur Hand, denn die speerbewaffneten wilden Kerle,
die ich vergeblich nach dem Verbleib des Bootes ausge-
forscht hatte, lagen nicht weit ab, und ich hatte meinen
Neulingskopf noch ziemlich voll von allen den Überfalls-
geschichten, die die Trader uns erzählt. Für einen etwaigen
Kampf auf Leben und Tod konnte ich nur noch ein paar
elende Schrotpatronen verwenden.

So saß ich denn, einem Odysseus gleichend, einsam
am Strande einer einsamen Insel im Weltmeer und schaute
verlangend nach dem fernen Neu-Pommern hinüber, wo
kein Mensch mich entdecken konnte. Alles war lautlos;
nur die Brandung rauschte, und gelegentlich stach ein Mos-
kito. Stunde auf Stunde verging; die Mittagssonne kam,

die Kanaken waren verschwunden. Ich hatte keinen Happen
für den leeren Magen, keinen Tropfen Wasser. Ein netter
Jagdausflug! Was meine fürsorgliche Frau wohl gesagt
haben würde, wenn sie mich in dieser Robinson-Situation
hätte erblicken können! Und was sich mein Gefährte wohl
eigentlich gedacht hatte? Daß er mich vollends verhungern
und verdursten lassen würde, war ja wohl nicht anzunehmen. — — Endlich, endlich! Da ist er — wie ich
wütend sehe, mit Beute beladen; auch hat er Kokosnüsse
erworben. Meine Jagdeifersucht beruhigt sich etwas durch
die Mitteilung, daß die nie fehlende Büchse von Moses
erheblich an dem Jagdglück beteiligt gewesen ist, und
ich erfahre, daß das Boot der Flutverhältnisse wegen
inzwischen nach einer anderen Liegestelle geschickt worden
war, die ich nicht entdeckt hatte.

Nun, jedenfalls war ich mit das Opfer meiner eigenen
Fehler, und schließlich fand ich es klüger, gute Miene
zu machen und kühle Kokosmilch statt weiteren Ärger
zu genießen.

Nachmittags dampfte ich auf der „Stettin" nach dem
etwa acht Seemeilen entfernten Herbertshöhe. Es lag
nun anmutig und sehr nahe vor mir; auf der Reede
befanden sich ziemlich viel kleine Fahrzeuge, darunter ein
größerer Dampfer und eine norwegische, Copra ladende
Bark. Man würde in Deutschland erstaunt sein, wenn
man diese freundlich bewohnte Küste sehen könnte und
gewiß nicht an den Zivilisationsmangel ringsum glauben.
Hier läßt es sich in der Tat besser wohnen, als irgendwo sonst in der Neu-Guinea-Sphäre. Schade, daß nur
offene Reede vorhanden ist! Man liegt hier viel kühler
als im eingeschlossenen Matupihafen und näher dem

Mittelpunkt der Geselligkeit. Ersteres wollten die Matupi-
leute freilich nicht recht zugeben.

In dem klaren Wasser unter dem Schiff entdeckte
man mancherlei Fische, die mit Angel oder Gewehr erlegt wurden.

Unter anderen Deutschen war Herr K. an Bord gekommen, der zweite oder dritte Gatte der „Queen Emma“,
die zuvor an einen Engländer Mr. F. verheiratet
gewesen war, der größten Privatbesitzerin im Archipel.
Freundlich lud er mich ein, auf ihrem Wohnsitz Gunantambu die Nacht zuzubringen. Jeder Europäer hat hier
natürlich sein Boot mit einer schwarzen Crew. Die gut
eingeschulten Boys ruderten uns rasch hinüber. Auf der
Reede ist ein durch Bake und Leuchtboje bezeichnetes Riff;
ebenso liegen der Küste vielfach Riffs vor, durch die es
dann „Passagen“ zu den Landungsplätzen gibt.

Vom Landungsplatze hatten wir ziemlich hoch auf
das Plateau zu steigen, auf dem das Wohnhaus sich
frei ausbreitet. Von einer geräumigen Veranda aus traten
wir in das große, beleuchtete Mittelzimmer, dem ein
Speisezimmer und noch einige Seitenräume sich anfügten.
Die Ausstattung ließ auf Wohlhabenheit schließen; an den
Wänden sah ich einige ganz herrlich polierte, etwa meter-
große Schildkrötenpanzer; auf dem Tische längst von mir
vermißte deutsche und englische Zeitschriften.

Mrs. K. erhob sich aus ihrem Schaukelstuhl und
begrüßte gastfreundlich den etwas späten und wohl uner-
warteten Gast. Sie war eine sehr starke, untersetzte, doch
gut konservierte Dame, deren samoanische Hautfarbe sich
dunkel von dem langen taillenlosen, weißen, samoanischen
Gewand abhob. Man kann sie als den vieljährigen Mittel-

punkt des Gesellschaftslebens an der Blanche-Bai bezeichnen, und überhaupt als eine bemerkenswerte Frau.
Von Samoa eingewandert, hatte sie unter manchen
Wechselfällen ihr großes Besitztum — zumal die Ralum-
Pflanzungen —, das jetzt durch die Firma E. E. Forsayth
repräsentiert wird, zusammengebracht. Dazu gehörten
auch Pflanzungen auf anderen Inselgruppen. Die Land-
käufe von den Häuptlingen mochten allerdings in etwas
ursprünglicher Weise zustande gekommen sein; neuerdings
geht das nicht mehr so, und manches Vorangegangene ward
der Revision durch das Gouvernement unterworfen. Die
„Queen" und ihre samoanische Verwandtschaft, „halfcasts", die mehr oder weniger Europäerblut in sich hatten,
saßen um die ganze Bai, und man konnte sagen, nicht
zum Nachteil der Entwicklung. Ich bekam den höchsten
Respekt vor der samoanischen Rasse, die turmhoch über
den Melanesiern und Papuas der westlichen Südsee
steht. Diese Familien hatten auch hier ihre Heimatscholle
gefunden, zu der sie mit Kind und Kindeskind gehören
wollen; während der Europäer die Südsee-Inseln doch
nur als Glücksetappe zur späteren Heimkehr in das
nordische Vaterland ansieht. Die Eingeborenen, soweit
sie sich im Pidchin-Englisch (business-english) auszu-
drücken vermochten, nannten Mrs. K. nicht die „Queen",
sondern „big fellow missis" und hegten große Scheu vor
ihr. — Inzwischen hat die Firma Forsayth Anstrengungen
gemacht, ihr Besitztum auf Neu-Pommern zu veräußern.
Ob es ihr gelungen ist, und zwar, wie man zum Nachteil
des Deutschtums befürchtete, an eine englisch-australische
Firma, vermag ich zur Zeit nicht zu sagen.

An jenem Abend gab es ein Essen ganz im europäischen Stil, an dem auch eine braune Nichte, die später

ebenfalls einen Deutschen geheiratet hat, teilnahm, ein liebenswürdiges und kluges Mädchen.

Wir fuhren dann noch nach dem nahgelegenen Billardhaus der Familie. Frau K. nahm mich in ihrem eleganten Buggy auf und kutschierte ungeachtet der Dunkelheit mit großer Schneidigkeit und Sicherheit über grasige Wege, die sich zwischen Hecken hinzogen.

Hier machte ich mehrere, z. T. eigenartige Bekanntschaften, so die des Sohnes Queen Emmas, des jungen Mr. F. mit seiner Gattin, ebenfalls Samoanerin und zwar einer von hoher, schlanker Figur. Sonst traf ich wieder die Schooner-Kapitäne, die sehr „eingeboren" aussehende, lebhafte Frau eines abwesenden Kapitäns, die erklärte, daß sie „Londonerin" sei, und einige deutsche und englische Angestellte der Firma und Offiziere der „Stettin". Die Herren gehen immer vom Kopf bis zu Fuß in Weiß. Das ist sehr bequem. In der Südsee geniert man sich nicht; die englische Kleidervorschrift hat hier keine Geltung. Übrigens sollen die Damen unter dem günstigen Samoaner-Obergewande es sich auch erheblich leichter machen, als es in Europa Stil ist.

Nach diesem unterhaltenden Abend, bei dem die Damen sich am Billardspiel beteiligten, kehrten wir ins Haupthaus zurück. Mein Bett ward einfach im Salon aufgeschlagen. Irgendwelche Umständlichkeiten schien man hier draußen gar nicht zu kennen; die Gastfreundschaft war fast als unbeschränkt zu bezeichnen. Mir wurde gesagt, ich solle nicht erschrecken, wenn ich in der Nacht ein Wälzen über mir höre. Dies verursachten ein paar große Python-Schlangen, die unter dem Dach ihr Heim hätten und nachts auf die Rattenjagd gingen. Ins Zimmer aber könnten die übrigens harmlosen Tiere nicht kommen, da die unter der Decke um die Wände laufenden Ventilationslöcher zu eng seien. Ich schlief also recht sanft, wenn ich gelegentlich auch in der Tat das einem Fallgeräusch ähnelnde Ringeln der schweren Körper oben vernahm.

„Gunantambu" (Tabu?) heißt soviel wie „Verbotener Ort", ein Name, der von der Familie in humoristischer Ironie gewählt wurde, weil die ehemalige Neu-Guinea-Gesellschaft der „Queen" hatte wehren wollen, an diesem Platze sich anzubauen. Wie überall vom Lande, war die Aussicht von dem Hause über die Bai mit deren grünen Buchten und Vorsprüngen und auf das jenseit mit hohen, langgestreckten Bergrücken im Fernduft blauende Neu-Mecklenburg ganz entzückend.

Am nächsten Morgen fanden Vorbereitungen zu einer Abendgesellschaft statt. Diese Vorbereitungen waren großartig. Ein Dutzend eingeborener Mädchen beschäftigte sich damit, die Holzpfeiler der Veranda mit Palmenzweigen und Blumen zu umwinden. Die Beobachtung des Schaltens dieser dunklen Hausmädchen macht viel Spaß; freilich weiß ich nicht, ob ich vom Standpunkte der europäischen Hausfrau aus es ebenfalls nur von der heiteren Seite auffassen würde. Da stehen z. B. zwei, eine auf der Leiter bindend, die andere ihr die Zweige reichend; beide schwatzen, lachen und haben unendlich viel Zeit übrig. Die eine zeigt einen kurz geschorenen „Tituskopf", allerdings etwas wulstigen Profils, die andere dickes, mit Muschelkalk gelbblond gefärbtes Wollhaar; diese trägt ein blaues Glasperlen-Halsband, jene eine Art Amulett, eine geschliffene Muschelschale um den Hals und von buntem Bast geflochtene Armbänder um den vollen Oberarm. In dem einen Armband steckt ein Tabakspfeifchen. Beide haben Betellippen; natürlich darf der rote Speichel nicht auf die Veranda gespritzt werden. Ein drittes Mädchen hat sich eine dunkelrote Hibiscusblüte hinter das Ohr gesteckt, was ihr einen niedlichen, koketten Anstrich gibt. Mittels eines stiellosen Piassavabesens, den sie gebückt in beiden Händen führt, kehrt sie die Blätter und Blumenreste weg, schmaucht dabei ihr Kalkpfeifchen und nimmt an dem Schwatzen teil, bis das Geräusch des nahenden Gewandes der Herrin sie zur phlegmatischen Fortsetzung der unterbrochenen Arbeit veranlaßt. — Hinten im Hof und in der Nähe des Küchenhauses geht es lebhafter zu. Geflügel, große Hunde und Kinder wimmeln da herum; die tüchtigen Damen des Hauses, der chinesische Koch und einige „Boys" und „Girls" sind fleißig beim Schlachten, Sengen, Rupfen, Schmoren und Braten.

Herr K. gab mir zu meiner Unterhaltung ein Reit= pferd. Wir gingen dabei über die grasigen Plätze zu den Ställen, Jungen= und Coprahäusern und der mit Wellblech gedeckten Fabrik, deren Dampfkraft die geerntete Baumwolle zum Versand präparierte. — Der starke Grau= schimmel warf sich zunächst, vielleicht weil der Boy zu scharf gesattelt hatte, auf den Boden und schlug mit allen Vieren um sich. — Das kann ja niedlich werden! dachte ich, indem ich mich todesmutig in den Sattel schwang. Vor jedem Palmenzweig oder Baumblatt im Wege scheute das Tier; sonst aber vertrugen wir uns recht gut.

Der ganze Küstenstrich bestand hier aus Kokos= Plantagen. Es reitet oder fährt sich wundervoll auf den breiten, weichen Wegen der schattigen und doch von vielen Lichtern durchhuschten, hallenartigen Palmenhaine, die sich über das stark wellige Terrain hinziehen. Höher hinauf gelangte ich an dunkeln Kaffeepflanzungen vorüber, aus benen Arbeiterköpfe hier und da auftauchten, in den Wald, der dünner oder dichter stand und manche prächtige Partien von berankten, mächtigen Baumriesen über einem dichten Unterholz aufwies. Außer großen, bunten Schmetterlingen, einigen Raben oder Kakadus sah ich wenig vom Tierleben. Schließlich ritt ich durch ein hübsches Tal, das mit den großen, gelben Blüten der regelmäßigen Baumwollenstauden prangte, wieder nach Gunantambu zurück.

Die Copra ist und wird das Hauptprodukt des Archipels vermutlich bleiben. Alles andere ist bisher nebensächlich; so auch die Baumwolle, die nur ein Drittel der Kosten der jungen Kokosanpflanzungen deckt. Neuerdings hat man in Neu-Pommern Züchtungsversuche mit Seidenraupen gemacht. Auf Neu-Mecklenburg sollen hoffnungsvolle Spuren von Steinkohle gefunden sein. —

Abends war also die große Gesellschaft; sie bestand aus den schon genannten Personen und vielen dazu: „Möwe"-Offizieren, dem stellvertretenden Gouverneur, dem Arzt und einigen Beamten der Neu-Guinea-Gesellschaft, Frau P., einer jüngeren Schwester der Queen, nebst ihren Töchtern und noch ein paar anderen. Ich hätte nicht gedacht, eine solche zahlreiche und amüsante Versammlung an der Blanche-Bai vorzufinden. Draußen stampften die Reitpferde den Rasen oder fuhren leichte Wägelchen vor; manche Besucher kamen auch zu Fuß vom nahen Herbertshöhe, andere von weiter her zu Wasser in Dampfpinassen oder Ruderbooten.

Es ging nicht anders her als bei uns zu Hause in derartigen Gesellschaften, nur um einige Grade ungezwungener. Die dunklere Färbung der meisten Damen, die samoanische Gewandung der älteren unter diesen,

brachte allein etwas Frembartiges in das Bild. Die
braunen, lebhaften Augen glänzten nicht minder als die
durchweg prächtigen Zähne. Als eigentümlich hätte man
noch den reizenden Blumenschmuck bezeichnen können, in
dem die im europäischen Stil gedeckte Tafel und auch
einzelne bevorzugte Herren prangten, denen Sträußchen
gewunden oder Kränze aufgesetzt worden waren. Zu
letzteren benutzt man die mit ihrem Duft halb an Jasmin,
halb an Tuberosen erinnernden weißen Blüten der Fran=
gipani, die dem Samoaner eine Freudenblume, nicht die
der Trauer zu sein scheint. Außer dem kleinen, bunt=
gekleideten Chinesen der Herrin warteten ein paar Boys
ernsten Gesichts auf, nur das rote Hüfttuch, die Lava=Lava
um die schöne, schwärzliche Haut, und mit etwas Hals=
und Armschmuck wie die Mädchen; dann mehrere dieser,
sehr herausgeputzt, doch mit bloßen Füßen.

Am meisten interessierte mich die Familie P. Die
älteren Töchter hatten eine Zeitlang eine deutsche Er=
ziehung gehabt, sonst aber ihre Hauptschulzeit in Sydney
durchgemacht; sie waren trotz des deutschen Vaters, eines
Nordschleswigers, zumal die Mutter in englischer Sprache
erzogen ist, mehr Engländerinnen geblieben. Sydney galt
gewissermaßen als Hauptstadt für den Archipel. Die Reise
dahin gleicht fast der von Europa nach Amerika, aber
es bleibt eben der nächste Ort, an dem alles beschafft
werden kann. Dies ist ein Übelstand für die Germani=
sierung unserer Besitzungen. Gegen die natürlichen Be=
dingungen läßt sich nun einmal nicht ankämpfen; wir
müssen nur allmählich, rücksichtsvoll aber stetig unsere
eigene Kultur wirken lassen. Lernen die Kinder von vorn=
herein Deutsch, wird ihnen von klein auf ein nationales
Interesse sympathisch gemacht, so wird die Umgangs=

sprache, jetzt noch überwiegend englisch, von selbst ins Deutsche hinübergleiten. Von einem Zusammenhang mit dem geistigen Leben Deutschlands war, wenn man von den verdienstlichen forschungswissenschaftlichen Bestrebungen des Herrn P. absah, noch kaum die Rede. Die Damen P. gehörten, der Mutter folgend, der katholischen Religion an. Frau P. genoß im ganzen Archipel ein besonderes Ansehen bei Weißen und Eingeborenen. Unähnlich der Queen, war sie von stattlicher Figur, die viele der Männer überragte. Dagegen besaß sie nicht den Herrscherzug, der ihrer Schwester deren Namen eintrug. Ihr dunkler samoanischer Typus zeigte noch heute viel Anziehendes; vor allem fesselte ihr kluges Auge und die sichere, ruhig-heitere Art ihres Wesens. Kurzum, sie imponierte, und wenn ich später von dem Wohnsitze der Ps. von Maulapau rede, habe ich noch einiges über sie zu sagen.

Ohne Gesang und Tanz ging es bei diesen Zusammenkünften nie ab. Auch Gesellschaftsspiele waren beliebt, und bei älteren Herrschaften ein Kartenspielchen, Whist oder dergleichen. Das jüngere Volk umstand, mit Kränzen geschmückt, das Klavier, an dem sich überwiegend Frau P. opferte, und sang im Chorus, unter allerlei Ausbrüchen des Übermuts, amerikanische, englische oder deutsche Lieblingskompositionen und deutsche Volkslieder. In der Musik triumphiert schließlich doch überall deutsches Tongebilde. Die jungen Damen rauchten wenig oder garnicht, die älteren zum Teil samoanische Zigaretten. — Bier, Wein, Bowle, Sekt, — alles ward reichlich geboten und dankbar genossen. Ungern trennte man sich; zu Wagen, zu Roß, zu Fuß, im Boot ging es wieder heim nach Herbertshöhe, nach Matupi, oder auf die Schiffe.

Was nicht nach Hause kam — bei Wasserwegen ereignete
sich dies öfter — wurde eben zwanglos einquartiert. —
Das war eine typische Gesellschaft, wie ich nachher noch
viele und eigentlich immer mit Vergnügen erleben sollte.

Diese Geselligkeit und Gastlichkeit, die natürlich bei
Anwesenheit eines Kriegsschiffes und der „Stettin"
ihren Höhepunkt erreichte, mußte viel Geld kosten; man
durfte also annehmen, daß Geld vorhanden war und die Lage
von Handel und Plantagenbau nicht die übelste sein
konnte. Außer der bedeutenden Pflanzung Ralum der
Firma Forsayth befanden sich auf Neu-Pommern noch
die der Neu-Guinea-Kompagnie, der Südsee- und Plan-
tagen-Gesellschaft, die eines Franzosen, dann die Kulturen der Brüder vom Herzen Jesu, und, im bescheidensten
Maße, die der Wesleyaner Mission in Betrieb. (Der
Franzose war der Sohn eines Mitgliedes der so grausig
geendeten, schwindelhaften Ansiedelungsexpedition des
Marquis de Rée, deren Schicksal vor Jahrzehnten allgemein empörte und ihren Urheber vor die Gerichte führte.)
Die ältere Firma Hernsheim und Co. in Matupi, die
Nachfolgerin Godeffroys, hatte früher mehr Wert auf Ausdehnung ihres Handels als ihrer Pflanzungen gelegt, wodurch die Queen an Boden gewann. Übrigens merkte
man im privaten Verkehr nichts von Geschäfts-Rivali-
täten.

Zu Ralum gehörten mehrere Stationen längs der
Küste, auf denen Verwandte der Queen saßen, namentlich
die Familie T. Diese samoanische Halfcast-Familie schien
sich mehr als amerikanische wie als englische zu betrachten.
Den deutschesten Zug hatten durch ihre Beziehungen noch
immer die Ps.

Ich fuhr an jenem Abend bei schwerer See und Regen in einer Dampfpinaß wieder mit nach Matupi zurück und tags darauf abermals nach Herbertshöhe, da es den Abschied der „Stettin" galt. Mancher Bekannte reiste mit, unter ihnen auch Herr Mencke und der stellvertretende Landeshauptmann der Neu-Guinea-Kompagnie, Herr Sc.

Herr B. Mencke hat dann bekanntlich später seine eigene Südsee-Expedition nach dem Bismarck-Archipel ausgerüstet, bei welcher er durch die Eingeborenen der St. Matthiasinsel seinen Tod fand. Dieser Totschlag ist mit Recht schwer bestraft worden, denn mag auch Schuld der Weißen vorliegen, so erfordert die Sicherheit der anderen Europäer dennoch das statuierte Beispiel. Es ist gerecht, auch die Wilden gegen Weiße zu schützen; andererseits darf man hierbei nicht in Sentimentalität verfallen. Nach heute allgemein auf der Erde notwendigen Ansprüchen verwirkt ein Volk, das nicht arbeiten mag, seine Bodenrechte. Der Richter, Assessor Dr. Sch., der übrigens erst von einem Strafzuge mit der Polizeitruppe zurückgekehrt war, hatte die Regierungsgeschäfte als stellvertretender Gouverneur übernommen. Später ist er dann auf den Karolinen und Samoa tätig gewesen. Er war mir mit seinem feinen Wesen, seiner umfassenden Bildung und wohlwollenden Art gegen Europäer und Eingeborene eine der angenehmsten Bekanntschaften, die ich draußen gemacht habe.

So ein „Stettin"-Abschied mutete außerordentlich charakteristisch an; so ziemlich alles erschien an Bord, was europäisch oder halbeuropäisch und abkömmlich war: Männlein, Weiblein und Kindlein. Der beliebte Kapitän Kr. hatte zahlreiche Händedrücke auszutauschen und gewiß

einen starken Ausgabenposten auf sein Privatkonto zu
übernehmen. Der Sekt floß reichlich, gelegentlich auch
ein Tränchen. Aber diese Anhänglichkeit und Teilnahme
war doch sehr hübsch. Ehe sich das große Schiff in Bewegung setzte, hielten sämtliche Boote, im Schlepp einer
Steamlaunch es umfahrend, unter allseitigem Tücher-
schwenken einen Korso ab; dann ein dreimaliges Hurra,
und langsam, wie fast immer mit starker Schlagseite,
d. h. seitwärts überliegend, glitt der weiße Landsmann
mit seiner flatternden Heckflagge, ferner und ferner zu-
sammenschrumpfend, zur Bai hinaus. Nun war ich acht
Wochen im Archipel festgenagelt; hier aber war es heimat-
lich; mir fehlte nur eines — Briefe!

Bei der Heimfahrt nach Matupi setzten wir uns in
der Dunkelheit auf ein Riff. Glücklicherweise stand keine
See, und nach und nach kamen wir durch die eigene
Maschinenkraft unseres Bootes wieder herunter. Auf dem
Wasser bemerkte man seltsam leuchtende Flecke, und in
der Luft ziemlich starken Geruch nach schwefliger Säure.
Beides rührte von dem arbeitenden Vulkan her.

Der nächste Tag, der 7. April, war ein großer Tag
für mich. Es handelte sich um den Antritt einer Rundfahrt auf einem Copra-Schiffe um ganz Neu-Mecklenburg. Mit Freuden hatte ich die Gelegenheit zu dieser
selbst noch vielen Archipelleuten unbekannten Reise ergriffen.

Ein ebenso schöner wie heißer und scharfer Ritt brachte
Herrn W., Leutnant K. von der „Möwe" und mich über
den Gebirgssattel von der Farm der Firma Hernsheim
nach der Trader-Station Kurakaul an der Nordküste.
Hier hauste Herr Str., der Badenser. Leider hatte er
gerade seinen Fiebertag. Kommt das Fieber, so legt

man sich allenfalls ins Bett und schwitzt und trinkt sein Püllchen Sekt — nota bene — wenn man es hat. Sonst sind einige Kognaks auch als Medizin geschätzt. Ich halte dies freilich mehr für Junggesellenkuren; das Hauptmittel bleibt immer: Chinin; nebst gelegentlicher Anwendung von „Castoroil" — Rizinusöl. — Der arme Str. ist auch, bald nachdem ich wieder in Europa war, der Malaria erlegen. In jüngeren Jahren hatte er in Deutschland ein eigenes Bankgeschäft gehabt, bis, wie schon erwähnt, das Unglück ihn verfolgte. Welches Schicksal dann, auf so traurige Weise als Südsee-Trader zu enden!

Zum Transport unserer relativ geringen Ausrüstung hatten wir, da alles auf der Schulter getragen werden mußte, etwa 30 Kanaken bedurft. Schmerzlicherweise fehlten schließlich einige Kerle mit der Sodawasserkiste und einem Deckstuhl. Warten durften wir aber nicht länger, denn die von Herbertshöhe aus vorangegangene „Archer" aus Sydney, ein ungefähr 700 Tons großer Dampfer, machte uns ungeduldige Signale mit der Dampfpfeife, daß wir uns beeilen möchten.

Also eingeschifft! Der junge Herr F. und Herr Sch. von Mioko befanden sich bereits an Bord. Der Kapitän, ein Mustertypus eines alten Seefahrers, war von der Kieler Föhrde gebürtig, aber längst zum Australier geworden, der kein Deutsch mehr verstand. Ein hebräisch aussehender Superkargo aus Melbourne machte die Honneurs bei Tisch und hatte überhaupt die Passage- und Ladungsangelegenheiten in der Hand. Der meist in aufgekrempelten Hemdsärmeln bedienende Steward war Elsässer, bezeichnete sich aber als Franzose. Dazu kam die Dienerschaft. Herr F., der ein Boot mitführte, hatte eine ganze Krew mit sich, darunter seinen Leibdiener Nante,

9*

einen ernsthaften, fast pechrabenschwarzen Bukajungen;
Herr W. den halbwüchsigen, ebenso ernsthaften Gambeggo
und seinen Waschjungen Domani; Herr Sch. den besonders ehrenwerten Hans, mit gelbgekalktem Wollhaar
und bravbürgerlichem Backenbart. Bis auf die rote Lava-
Lava — gewöhnlich sagt man hier Lava-Lap — besteht
die Livree dieser Herren Diener aus dem Adamskostüm.
Daran stoßen sich die Damen im Archipel auch nicht;
ihre Augen müssen zuweilen Ärgeres vertragen können.

Das erste Abendessen schmeckte ganz versprechend;
das tut es gewöhnlich immer an Bord; namentlich wenn
man den Koch noch nicht gesehen hat.

An Sauberkeit ließ die alte „Archer" überhaupt
allerlei zu wünschen übrig, wie man dies von einem
Lastdampfer, der nur nebenbei Passagiereinrichtung besitzt, nicht viel anders erwarten kann. Daß überall zwei
Zoll lange Kakerlaken, sonstiges Ungeziefer nicht gerechnet,
umherhuschten, war weiter keine auffallende Sache. Diese
Tierchen gehören ja, wie die Ratten, zum eisernen Be-
stande eines jeden Schiffes im Süden.

An ein Schlafen unter Deck war noch weniger als
auf der „Möwe" zu denken. In den Kabinen verging
einem selbst bei offenem Bulleye der Atem. Bei zu-
nehmender Copra-Ladung — Copra ist bekanntlich der
zerschnittene und getrocknete Kern der Kokosnuß, der
Haupthandelsartikel in der Südsee — erschien die Luft
sogar gefährlich. Nur in der ersten Nacht gelang es mir,
unten Schlummer zu finden. Kaum hatte ich mir nämlich
mein Lager an Deck möglichst behaglich eingerichtet, so
begann es wie aus Mulden zu gießen. Stark ange-
feuchtet, flüchtete ich mich nach unten, wo ich mir den noch
leeren Salontisch eroberte, auf dem ich mit Hilfe eines

Regenschirms leidlich trocken und luftig unter dem Skylight lag. Ein späterer Versuch aber endete mit starkem Kopfweh.

Am nächsten Tage gingen wir zwischen der niedrigen, grünen Nordwest-Küste Neu-Mecklenburgs und der Sandwich-Insel hindurch und am Kap Jäschke vorbei durch den Gazellen-Kanal, zwischen der Mausoleum-Insel und Baudissin-Insel nach der Station Nusaum.

Die Mausoleum-Insel zeichnet sich durch eine sarkophagähnliche Hügelgestaltung vor den umliegenden flachen Inseln aus. Die Wasserfärbungen zwischen diesen sind oft sehr schön, da auf den Korallen und Sandbänken das tiefblaue Wasser bis ins hellste Grün sich lichtet. Zwischen solchem farbigen Wasser liegt das ganz mit Kokospalmen bestandene Inselchen Nusaum. In zehn Minuten ist es umschritten. Man freut sich dabei über malerische Korallenklippen, die von der spritzenden, weißen Brandung mächtig übergossen werden. Gelegentlich bricht ein weißer Strandvogel vor uns auf; sonst gewahrt man bis auf die überall huschenden kleinen Eidechschen und den rings den Strand und seine Umgebung bekriechenden Einsiedlerkrebs zunächst wenig Tierleben. Der Einsiedlerkrebs ist ein merkwürdiger Geselle; er haust in Muscheln von allerlei Färbung und spiralförmiger Gestalt. Man kann ihn mit seinem weichen engerlingartigen Körper ganz herausholen und ihn laufen lassen, worauf er sofort seine oder eine andere leere Muschel zur Behausung wieder aufsucht.

Niemand denke, daß auf einer solchen Palmeninsel angenehmer Grasboden sei; im Gegenteil, alles erscheint sehr struppig und holprig. Man stößt sich an harten Korallen, stolpert über modrige Palmenzweige,

oder alte gelbbraune Nüsse, oder verwickelt sich in dies
oder jenes Gestrüpp.

Man marschiert schon lieber am weißen Sandstrand,
obwohl man einsinkt, leicht ermüdet und außerdem den
Sonnenstrahlen mehr ausgesetzt ist. Wo das Traderhaus am Ufer steht, zeigt sich der Boden glatter. Mehr
oder weniger eifrig betriebene Versuche zu Gartenanlagen sind gemacht, die manchmal zwischen sandbestreuten
Wegen und in einem dichten Rahmen aus Kautschgras
nicht schlecht aussehen. Dahinter steht das Traderhaus
auf kurzen Pfählen, mit einer Veranda, zu der eine Holz-
treppe hinaufführt. Das Haus enthält nur wenige
Räume; alles ist aus Holz oder Wellblech, aus letzterem
meist das Dach. Vor der Veranda springt noch oft
ein Schutzdach auf Trägern vor. Waren genügende Mittel
vorhanden, wurde das Wellblech nach innen verschalt;
manchmal aber sind auch nur Blätter der Sagopalme,
der Pandanus- oder der Kokospalme zum Decken benutzt. Beim europäischen oder Halfcast-Trader stehen gewöhnlich einer oder mehrere der beliebten Korb-Long-
chairs, auf denen man sichs in der Pyjama bequem macht,
auch wohl nachts darauf schläft, wenn die Moskitos dies
gestatten. Von der Veranda tritt man in ein Zimmer,
das in Ausstattung, Schmuck und der Fläschlein-Samm-
lung verschiedener angenehmer Alkohole unverkennbar nach
Junggesellenbude aussieht. Ein Ständer mit Gewehren verschiedener Konstruktion fehlt nie im Wohn-
oder Schlafzimmer. Der Trader muß immer einmal auf
einen Überfall gefaßt sein; auch darf er viele Handels-
fahrten nicht unternehmen, ohne sich und seine Boys
zu bewaffnen. Zu letzteren wählt er Jungen, die er auf
anderen Punkten anwirbt; dann halten sie meist zu ihm,

wenn die Nachbarschaft rebellisch wird. Als Boy — Junge — wird übrigens hier jeder Eingeborene bezeichnet, der dient und arbeitet.

Aus der „guten Stube" des Traders gelangt man in die Schlafstube, oft nur ein abgekleideter Raum, in dem das mit Moskitonetz umkleidete, eiserne Bett steht. Die Abkleidung besteht zuweilen aus den bräunlichen Rippen des Sagopalmenblattes; namentlich poliert, machen diese einen sehr sauberen Eindruck. Zuweilen logiert hier auch die zeitweilige eingeborene Gattin des Traders mit; beim europäischen Trader aber wohl nur auf der Matte am Fußboden.

Die kleine Bibliothek enthält in billigen Ausgaben moderne, leichte Sachen, schlechte Übersetzungen, Zola u. s. w.; aber auch wohl Klassiker, denn mancher der Trader, zumal solche, die noch andere Stationen unter sich haben, sind kaufmännisch geschulte Gentleman-Trader aus gebildeter Familie. Ihrer Nationalität nach findet man meist Deutsche, dann Engländer und Skandinavier sowie Halfcasts aus samoanischem Blute, die aber auch ganz manierliche Leute sein können. Auf kleinen Stationen hausen ehemalige Matrosen, Chinesen oder gar Eingeborene.

Küche und Badevorrichtung liegen in gesonderten Häuschen. Dazu treten Bootschuppen, Coprahäuser, Copratrockenschuppen u. s. w., so daß eine Traderstation einen ganzen Komplex von kleinen Gebäuden umfaßt, wozu noch die Hütten für die auf der Station beschäftigten Eingeborenen kommen. Das Wichtigste aber bleibt das Storehouse, das Magazin der Tauschwaren und zugleich Laden, das sich gewöhnlich dicht am Haupthause befindet. Hier lagern alle Artikel, die der Eingeborene gebraucht:

Rote Baumwollzeug-Ballen für Lava-Lavas, dunkler amerikanischer Stangentabak, Messer, Beile, Nadeln, Zwirn, Segeltuch (calico), Perlen und dergleichen.

Der Trader erhält seine Waren in der Regel auf Kredit von seiner Firma; er bezahlt sie mit Copra, die er durch die Tauschwaren von den Eingeborenen bezieht. Dabei muß er nun sein Geschäft machen, um existieren zu können. Über wachsende Konkurrenz und schlechte Geschäfte wird sehr geklagt; auf manchen kleinen Stationen mögen sie in der Tat viel zu wünschen übrig lassen.

Verdient der Trader, so führt er ein nie gefahrloses, aber freies Leben und erklärt oft, daß er es gegen kein anderes vertauschen möchte. Erwirbt er sich selbst eine kleine Insel mit Kokospalmen, so kann er gewiß gut existieren; doch dazu sollen es nicht viele bringen. Das Leben kostet auch hier Geld!

Vor dem Hause unterhalb des Riffs ankert der Kutter, der nicht nur zu Geschäftszwecken, sondern ebenfalls zu freundnachbarlichen Besuchen benutzt wird. Die Gastfreundschaft ist dann groß, und die Getränke schwinden schnell. Zeitweilig kommt wohl ein weitnachbarlicher „Erholungsausflug" nach Sydney, von hier aus eine noch umständlichere Reise, als von Deutschland nach Amerika, hinzu, wo einige tausend sauer verdiente Mark angenehm und rasch unterzubringen sind. Man kann dies aber dem Trader nicht verdenken, der manchmal jahraus jahrein keine andere Abwechselung hat als den im Zeitraum von Monaten wiederkehrenden Copra-Schoner!

Selten kommt es vor, daß ein Dampfer statt des Segelschoners erscheint. An einzelnen Punkten war die

„Archer" der erste Dampfer, der überhaupt dort an-
steuerte.

In Rusaum trafen wir Herrn R., den Trader und
Inseleigentümer nicht an; ohne weiteres wurde sein
verschlossenes Coprahaus geöffnet und mitgenommen, was
vorhanden war. Das erschien ganz in Ordnung; machte
mir aber klar, wie es Bully Hayes, dem letzten Seeräuber
und „modern buccaneer" der Südsee möglich gewesen ist,
seine berühmten oder berüchtigten Raubzüge verhältnismäßig leicht bewerkstelligen zu können. Zum ersten Male sah
ich hier die sich später stets wiederholende Tracht der
Weiber, die in nichts besteht, als in einer Bastschnur
um die Hüfte, von der vorn und hinten einige Fransen
herunterhängen. Manchmal sind es nur Blätter, manchmal einige rote Strähnen, welche die Bedeckung ausmachen.
Am wichtigsten ist die hintere, die öfter aus einem starken
schwanzartigen Büschel einer weißen Faserpflanze besteht,
der in Neu-Hannover verfertigt wird. Neu-Hannover
scheint überhaupt das Paris der schwarzen Damen dieser
Gegend zu sein, der Konfektionsmarkt, woher sie ihre
Toiletten beziehen. Zu letzterer gehört häufig noch ein
Basthelm, sowie ein Regenmantel aus demselben Stoff,
der etwa wie ein an einer Seite aufgeschnittener Sack
geformt ist. Tätowierungen sieht man bei Männern und
Weibern nur wenig, besonders keine farbigen, höchstens
einmal einige blaue Muster, meist im Gesicht; dagegen
sehr viele „Verzierungen" des Körpers durch knopfartige
Hauterhöhungen, die ebenfalls bestimmte Muster bilden. —

Nach eingenommener Copra-Ladung fuhren wir nach
der Nusa-Insel weiter. Der Station Nusa gegenüber
liegt auf Neu-Mecklenburg die Station Nouan. In der
Wasserstraße zwischen beiden ankerten wir. Flüchtig be-

sahen wir noch Nusa, wo der Trader, Herr D., ebenfalls nicht anwesend war. Dann kam die Nacht. Ich
versuchte noch einmal in der Kabine zu schlafen, aber
außer der Hitze vertrieb mich bald der Kopfweh verur-
sachende Geruch der Copra; an Deck hatte man freilich
den Genuß, die Eingeborenen an beiden Seiten die ganze
Nacht hindurch besonders deutlich trommeln und schreien
zu hören; wahrscheinlich feierten sie die Ankunft unseres
Schiffes und sangen schmeichelhafte Lieder auf uns.

Nusa, von der Firma Hernsheim und Co., führte
die deutsche Flagge; das der Firma Forsayth auf Neu-
Pommern gehörende, von einem Engländer geführte
Nouan hatte die englische Flagge gehißt.

Am nächsten Morgen ging ich mit ein paar Herren
bei Nouan in den Busch. Unter „Busch" versteht man
die mehr oder weniger verwickelte und verfilzte Vegetation, die auch hier die ganze Insel bedeckt; sie besteht
aus dichtem Urwald, oder aus einzelnen Bäumen aller
Art, oft von riesiger Höhe, oft niedrig, unterbrochen
durch hohes Alang-Alang-Gras, Mangrovensumpf rc.
Schmarotzer wuchern auf den Bäumen, Lianen ranken
sich, überall Fallstricke legend, und Dornen tragende Ge-
wächse drohen mit Verwundungen. Die Bäume sind teils
Palmen, teils wölben sich darüber die hohen Laubkronen
des Brotfruchtbaumes, der Banianen, des wilden Mangos,
des Kanari-Baumes, oder riesenhafter Individuen, deren
jedes aus einer Menge von Bäumen mit Luftwurzeln
zusammengesetzt zu sein scheint und das nichts ist als
ein von dem „Pflanzenwürger" überwucherter anderer
Baum. Im Busch kommt man nur auf den Kanaka-
pfaden vorwärts. (Das Wort Kanaka hat sich aus dem
Hawaiischen hier eingebürgert und heißt „Mensch".) Diese

Pfade sind oft trügerisch, laufen im Kreise, hören plötzlich auf oder verwirren sich sonstwie. Meist gelangt man
auf ihnen zu Dörfern oder „towns", die man erst im
letzten Augenblick zu sehen pflegt, wenn sie nicht gerade
hart am Strande liegen. Sanft zu begehen sind auch
diese Pfade nicht. Korallenblöcke und Wurzelwerk ragen
aus ihnen hervor; auf sumpfigen Strecken gibt es kaum
Steine, und über Bäche nichts von Überbrückung, als
höchstens einen gefallenen Baumstamm.

Von einem Tierleben bemerkt man wenig; ich habe
nie eine Schlange, ein Opossum oder ein Leguan erblickt.
Nur das Gurren der wilden Tauben hört man überall,
und gelegentlich sieht man einen Papagei flattern oder
irgend ein Raubzeug seine Luftkreise ziehen. Eidechsen,
Insekten, namentlich Moskitos, Ameisen, Sandflöhe, graue
Tausendfüßler, Schmetterlinge u. s. w. gibt es freilich
zum Beobachten oder unangenehmen Fühlen genug. Verhältnismäßig selten gewahrt man auch Blumen, am
meisten noch schöngefärbte Orchideen.

Gewöhnlich schlossen sich unseren Exkursionen in den
Busch dienstwillige Kanaken an, natürlich auch mit der
Absicht, belohnt zu werden. Manchmal machten sie einen
selbstlos hilfsbereiten, gutmütigen Eindruck. Jedoch darf
man sich nie über sie täuschen. Ein zuverlässiger Revolver in der Tasche bleibt immer wünschenswert. Dicht bei
der Nouan-Station stand ein Baum, der über und über
mit den Nestern des Webervogels bedeckt war.

Die Humusschicht des Bodens scheint nicht sehr tief
zu gehen; überall tritt die Koralle zu Tage. Im Innern mag es besser aussehen; dies besteht aus Urge-
steinen. Die Hüttendörfer landeinwärts im Busch sehen
meist recht sauber aus. Sie liegen unter Palmen- und

Bananenstauden auf freien, gut gehaltenen Plätzen, öfter
leicht abgezäunt und ringsum umgeben von nebenein-
andergelegten, keimenden Kokosnüssen, die wieder zum
Auspflanzen benutzt zu werden scheinen.

Für einige Tabakstangen konnte man leicht Schmucksachen, wie geschliffene Muscheln mit darauf befestigten
kammradähnlichen Verzierungen aus Schildpatt, Arm-
ringe aus Muscheln geschnitten, und dergleichen erlangen.
Speere und Keulen, sowie Tanzmasken waren schon
schwerer zu bekommen, da die Trader sie aufkaufen. Die
Leute, Melanesier von dunklerem oder hellerem Braun,
waren ganz zutraulich; die Weiber und Kinder liefen
zwar zuerst in den Busch, näherten sich aber wieder auf
Zureden der Männer; nur die jüngeren, hübscheren
Mädchen — hübsch nach Südseegeschmack — hielten sich
fast alle versteckt. Doch herrscht in Neu-Mecklenburg nicht
die absolute Zurückhaltung der Weiber dem fremden weißen
Mann gegenüber, wie auf der Gazellen-Halbinsel Neu-
Pommerns. Kichernd und sich anstoßend, etwa so ungeschickt wie bei uns Bauernmädchen, kommen die nackenden Gestalten aus dem Gebüsch, machen auch wohl be-
denkliche Anspielungen und wollen sich tot darüber lachen.
Weder die welken noch die strotzenden Busen sind reizvoll; die den roten Bettelsaft ausspeienden Münder mit
den schwarzen Zähnen sind es erst recht nicht. Dazu
treten noch die absichtlichen Entstellungen: die knopfartige Tätowierung, die schlingenartig herunterhängenden
Ohrläppchen, die Beschmierung mit Ruß zum Zeichen einer
Familientrauer u. s. w. Furchtbar erscheint die Ver-
heerung durch allerlei Krankheiten, darunter häufig die
durch den Ringwurm ringförmig zerfressene Haut. Das
Photographiertwerden scheinen sie an der Küste schon

etwas gewohnt zu sein. Sie stellen sich zur Verzweiflung der ausübenden Künstler stockfteif nebeneinander wie
Grenadiere, die Hände an der Stelle herunterhängend,
wo bei dem Soldaten der kleine Finger vorschriftsmäßig
an die Hosennaht gebracht werden muß. Die Kinder,
namentlich die Mädchen, suchen angstvoll hinter der Front
zu bleiben und erheben auch wohl ein Schreckensgeschrei.

Die Hütten sind meist sehr ärmlich mit Blättern gedeckt. Die Dächer gehen oft bis auf den Boden; manchmal sind die Wände mit Matten bekleidet. Häufig findet
man auf Neu-Mecklenburg einen vorderen und hinteren
Anbau an der Hütte. Später sahen wir auch polychrome
Verzierungen an den Außenwänden, Nachbildungen von
Kanoes, oder arabeskenartige Malerei.

Manchmal schlafen die Menschen auf der nackten Erde,
sonst auf einer Kokosblättermatte oder zuweilen auf niedrigen, pritschenartigen Bänken. Die lochartigen Ein-
gänge sind nur durch Matten zu verhängen. Der Rauch
der Feuerstelle zieht schwer ab, weshalb die Waffen, die
mit der Hand erreichbar, unter dem niederen Dachfirst
liegen, bisweilen stark eingeräuchert sind. Die Leute leben
besonders von Taro, Yams, Bananen, Kokosnüssen und
Fischen. Gelegentlich wird auch eines der schwarzborstigen
kleinen Schweine verzehrt. Salz kennen sie nicht; doch
wird, soweit nicht gebacken und geröstet wird, auch mit
Seewasser gekocht, und die Buschleute holen sich ein paarmal wöchentlich Seewasser von der Küste, wofür sie dem
Küstenstamme bezahlen müssen. Überhaupt verstehen sie
sich untereinander sehr gut aufs Geschäft und geben nichts
umsonst. Der reichste Mann ist der angesehenste und
meist Häuptling, zumal wenn er gut reden kann. Fürsten
gibt es nicht; das Verhältnis der Untertänigkeit zu

den Häuptlingen ist auch ein sehr loses. Dagegen werden
gewisse Sachen strenge durchgeführt, wie das „Tabu",
das von Häuptlingen oder von anderer Seite ver-
hängt wird. Was Tabu ist — übrigens wird auch das
Muschelgeld Tabu genannt —, darf nicht berührt werden;
eine Bastschnur um eine Pflanzung, Ringe von Blättern
um eine Kokospalme sind genügende Zeichen. Wer das
Tabu verletzt, wird totgeschlagen, kann auch wohl in ge-
ringeren Fällen mit einer Entschädigungszahlung davon-
kommen. Ich habe gesehen, wie die Leute ein Stück
Strand, dessen Abgrenzung durch Baststricke kaum an-
gedeutet war, sorgfältigst umgingen und durchs Wasser
schritten. Das Tabu hat oft den Sinn, Bäumen und
dergleichen eine Schonzeit angedeihen zu lassen; manchmal
mögen auch Gründe des Aberglaubens oder Übergriffe
gegen die Schwächeren dabei im Spiele sein. Ich glaube,
die Liebe zum Besitz ist die Triebfeder zur strengen Innehaltung solcher Sitten; ja, die meisten Sitten, vor allem
die   Unantastbarkeit der   verheirateten Weiber   und
damit die strenge Achtung vor der Ehe, die überwiegend
herrscht, läßt sich schließlich auf dieses Motiv zurückführen. Das untreue Weib wird ebenfalls einfach totgeschlagen; was sie dagegen vor der Ehe macht, ist einerlei.
Seltsam streng sind unter den Eingeborenen des Archipels
die Vorschriften über Blutsbande; keine Familie darf
unter sich heiraten, und oft darf im ganzen Stamm nicht
unter sich geheiratet werden. Die Familien- und Stamm-
benennung der Descendenz richtet sich, nebenbei bemerkt,
nach der Mutter. So kommt es denn vor, daß dem
Stamme heiratbare Weiber gelegentlich fehlen, und wenn
sie nicht durch Kauf von anderen Stämmen zu erlangen
sind, durch kriegerische Überfälle erworben werden müssen.

Auch aus Habsuchts- oder Nahrungsgründen mögen die fortwährenden Kämpfe der Stämme herrühren. Es sind immer „Dorfkeilereien", aber oft recht blutige. Kanibalismus ist in der Nähe der Stationen teilweise verschwunden, obwohl auch hier alte Eingeborene gar kein Hehl aus ihrer Liebhaberei machen. Sonst herrscht er noch in den meisten Distrikten. Sind reichlich Leichen vorhanden, werden sie, wie mir erzählt wurde, direkt auf den Markt gebracht und wie Schlachtvieh zerteilt, verkauft. Natürlich handelt es sich dabei nur um Erschlagene, und zwar aus anderem Stamm. Stammesgenossen verspeist man nicht. Auch Weiße sind nur ausnahmsweise gegessen worden — wie z. B. nach meiner Abreise ein Traderkapitän auf den Admiralitätsinseln —, da ihr Fleisch bekanntlich für zu salzig erklärt wird.

Eigentümlicherweise bestehen in Neu-Mecklenburg, wie auch auf anderen Inseln, auffallend starke Sprachverschiedenheiten; ein Stamm versteht oft den gar nicht sehr entfernt wohnenden Nachbarstamm nicht. Dies zeugt von großer Abgeschiedenheit und erklärt mir die stetigen Feindseligkeiten von Inseln oder von Stämmen auf derselben Insel untereinander. In den Küstendörfern, wo viele Eingeborene wohnen, die Arbeiter auf Plantagen waren, oder sonstwie mit Europäern in Berührung und Beziehung kamen, verständigt man sich in dem einfachen und oft höchst komischen Pidgin-Englisch der Südsee. Sogar die Eingeborenen verschiedener Stämme benutzen dies unter sich als ein besseres Verständigungsmittel als ihre eigenen Sprachen.

Eine Religion in unserem Sinne existiert nicht. Man glaubt vielfach an ein Herumspuken der Verstorbenen, und vor allem an „Tomboran", den Teufel, vor dem

nachts alles einen Heidenrespekt hat. Götzenbilder habe
ich nicht gesehen; die roh geschnitzten, bunten, gemalten
Figuren, die ich in besonders versteckten, an primitive
Tempel erinnernden, abgelegenen Hütten fand, sollen
Ahnenbilder sein. Vielleicht deckt sich das aber. Für
einige Stangen Tabak konnte man ohne Schwierigkeiten
einen „Ahnen" erwerben; die zuweilen römischen Helmen
ähnelnden Tanzmasken erforderten meist höhere Be-
zahlung.

Außer in Tauschartikeln ward mit Diwarra (Neu-
Pommern) oder Tapsoka (Neu-Mecklenburg) bezahlt. Dies
sind aufgereihte weiße und rote Muschelplättchen, der
Faden im Wert von 1,25 bis 1,50 Mark. Es
sollte Häuptlinge geben, die ihre Schatzkammer ganz mit
solchen Geldbündeln gefüllt hätten. Seit einiger Zeit ist
aber im Archipel allgemein, also auch im Verkehr mit
den Eingeborenen, das deutsche Geld eingeführt worden.
Dieser Fortschritt wird den Herren Muschelkapitalisten
außerordentlich gegen den Strich gehen.

Die zeitweilige Gattin des Traders pflegt eine
Häuptlingstochter zu sein, die ihrem Papa abgekauft
wurde. Sie erhält auch meist eine Monatsgage in Tabak
und Zeug; bei ihrem „Abgange" wird ihr ihr Verdienst
gewöhnlich in Summa ausgezahlt; natürlich ebenfalls in
Ware. Zuweilen erhielten einige als glänzende Besoldung
eine Nähmaschine, die nun inmitten aller Unkultur der
Buschhütte ihr modernes Schnurren ertönen ließ. Sie
diente dann zum Säumen der Lavas-Lavas und dergleichen „Herrenartikel", während die Weiber die Maschine
für sich weniger gebrauchen sollen, da sie sich bald wieder
ihrer als Tradergattin getragenen Garderobe, die auch
nicht viel über Jacke und Lava-Lava hinausging, ent-

wöhnen. Ich fürchte übrigens, daß die Maschinen im Busch nicht lange gebrauchsfähig bleiben.

Falls die Väter nicht väterlich beanlagt sind, wird die etwaige Nachkommenschaft vermutlich „verkanakern". Besonders, wenn sie noch klein der Mutter verbleibt. Es ist anzunehmen, daß diese Frage inzwischen ihre vernunftgemäße Regelung gefunden hat.

Wir logierten uns in der Nacht ganz ungeniert im Hause des abwesenden Traders ein. Die Gastfreundschaft, selbst in absentia des Wirts, ist eine grenzenlose. Sie erstreckt sich auf sein Bett, seine Leibwäsche, Pyjamas, Getränke, Mundvorräte, kurz alles, was sein ist. Nur die Damen und Mägde des Hauses sind zurückhaltend und werden strenger respektiert, als es beim Hereinbrechen einer übermütigen Schar zum Teil noch junger und sich als absolute Herren fühlender Männer in Kulturländern der Fall sein würde. Auch für sie macht sich das rigorose Eigentumsrecht der Eingeborenen geltend. Dies bleibt das Entscheidende, nicht die Moral.

Am nächsten Tage, es war ein sehr heißer, hatten sich die nicht zu Hause angetroffenen Trader bei uns eingefunden; beide ganz gebildete, sympathische Männer. Der eine, der mexikanisches Blut in sich hat, war der Sohn eines einst bedeutenden deutschen Südsee-Kaufmannes, der andere ein Berliner Kind voll guten Humors. Letzterer, der leider auch mittlerweile ein Opfer des Fiebers geworden ist, begleitete uns auf unserer ferneren Fahrt. Diese ging zunächst nach Kableman an der Nordküste Neu-Mecklenburgs. Hier hauste ein deutsch sprechender Schwede, der uns ebenfalls größte Gastfreundschaft erwies. Seine eingeborene Gattin kochte und briet mit ihren Gehilfinnen, was das Zeug halten wollte. Suppen pflegen

diese dunklen Damen ganz gut zu kochen, meist von Geflügel — auch Taro, Yams und sonstige Gemüse, an die
ich mich nie gewöhnt habe; aber das Fleisch war fast
immer hart und schlecht zubereitet. Als besondere Aus-
zeichnung wurde mir „Sack-Sack" vorgesetzt, ein ge-
backener, heißer Brei aus Sago und geriebener Kokosnuß.
Ich vermochte aber nur höflichkeitshalber der Gabe einigermaßen gerecht zu werden.

Am Abend hatten die Trader eine lange trinkfeste
Sitzung: natürlich sprechen sie dann über das, was ihr
Herz am meisten bewegt, also über Geschäft und Verdienst.
Das dritte Wort war: Copra.

Ich war seltsam gebettet, nämlich im ehelichen Schlaf-
gemach. Nur ein schmaler Gang trennte mein Bett von
dem Familienlager, in dem, der Quere nach, was bei
den breiten Betten sehr gut geht, die Frau mit zwei
Sprößlingen lag; später kam der Gatte dann noch hinzu.
Alle anderen Lagerstätten und Longchairs im Neben-
zimmer und auf der Veranda wurden ebenfalls nach und
nach besetzt. Bei dem lauten Gespräch war nicht an
Schlaf zu denken, und nach Mitternacht ging draußen
auf einmal das Tanztrommeln los. Solch eine Ein-
geborenentrommel, die in jedem Dorf wie ein Brunnen-
trog liegt, besteht aus einem an beiden Enden geschlossenen,
gehöhlten Holzstamme oder Kloß, der nur eine schmale
Längsspalte hat. Mit Stöcken wird dann im Takte auf
ihn losgestoßen. Tanzen können die Eingeborenen zu
jeder Zeit; nachts lassen sie darüber gern den Schlaf im
Stich. Ich ging barfuß hinaus in den kühlen Sand.
Der Tanz erschien dürftig. Eine Anzahl Kanaken,
Männer und Knaben, die Arme um den Nacken des
nächsten gelegt, oder Arm in Arm, hopsten, Lieder

singend, mühlenartig im Kreise herum. Die Lieder von einförmiger Melodie sollen improvisiert werden, etwa des Inhalts: Viele weiße Männer sind heute gekommen; wir haben noch nie so viele weiße Männer gesehen; wir haben sehr viel Tabak erhalten, u. s. w. Am heitersten wirkte einer der Trader, der die Gewohnheit besaß — sobald er sich seiner Ausdrucksweise nach „die Nase etwas begossen hatte" —, kameradschaftlich mitzutanzen und zu singen. Die Eingeborenen amüsierten sich offenbar köstlich über ihn.

Später legte ich mich wieder und beobachtete, wie einer der kleinen Sprößlinge des Traders schlaftrunken zum Bettrande kroch und dann, ehe es zu hindern war, vermöge seines dicken Köpfchens das Gleichgewicht verlor und auf den Boden stürzte. Es gab einen gewaltigen Knall und dementsprechendes Gebrüll. Der Trader, ein sehr zärtlicher Vater, kam herbeigestürzt und beruhigte seinen Ältesten, während Frau Tamu, die Mutter, das Ereignis viel weniger aufregend zu finden schien und sich kaum rührte.

In der Frühe begaben wir uns wieder auf unsere „Archer" zurück, wobei wir beim Durchfahren der Riff-Passage eine ansehnliche Sturzwelle ins Boot bekamen. Fast überall erstrecken sich nämlich Riff-Barrieren vor der Küste, durch die natürliche Passagen, oft nur von großer Enge, führen. Dahinter pflegt ruhiges Wasser zu sein, ein sicherer Hafen für die Stationsboote. Meist ist auch während stillen Wetters starke Brandung vorhanden, die bei auflandigem Winde zu lebensgefährlicher Wildheit anwachsen kann. Es gehört immer Übung dazu, die Passage in der scheinbar geschlossenen Brandung zu erkennen und dann die Boote sicher durch sie hindurch-

zusteuern. Ganz nahe rechts und links pflegt sich die
gewaltige Brandungswelle zu erheben und schäumend und
tosend zusammenzubrechen. Kräftig muß dann gerudert
werden, um von der gefährlichen Stelle frei zu kommen.
Kentert man außerhalb des Riffs, so hat man die Hai-
fische zu fürchten; wird man aber auf die scharf zerrissenen Korallen geschleudert, so kommt man ohne Ver-
letzung, oft schwerster Art, kaum davon. Unsere Boote,
flachgehende, extra für die Brandung gebaute, starke Fahrzeuge, wurden sehr gut gesteuert, obwohl die Zahl der
Coprasäcke sie oft bis zum Dollbord ins Wasser drückte.
Man brauchte dann Riemen statt des Steuerruders zum
Lenken. Ich sah nur einmal ein Eingeborenen-Kanoe in
der Brandung über Kopf gehen. Die gewandten Burschen
darin hatten es aber bald aufgerichtet und sich wieder
hineingeschwungen. Die Eingeborenen rudern fast nur
mit Paddeln oder Pagayen, kurzen Schaufeln von lanzett-
artiger Form, die zuweilen mit hübscher Malerei oder
Schnitzerei verziert sind. Man sieht hier meist Kanoes
mit einem Ausleger, sonst wohl auch mit einem Doppel-
Ausleger, der, über das Kanoe gehend, an jeder Seite
liegt. Es ist gewissermaßen ein Rahmen mit kufenartigen
Schwimmern, die das schmale Fahrzeug seitlich stützen.
Die Befestigung geschieht durch Bastbänder, nicht durch
Nägel. Die Kanoes selbst sind, wie üblich, ausgehöhlte
Stämme; auf das Gestell zwischen Kanoe und Auslege-
schwimmer werden Fischspeere, Waffen, Gerätschaften oder
allerlei Vorräte gelegt. Häufig können sie auch Segel
führen. Die Eingeborenen wagen zuweilen weite See-
fahrten auf ihnen. Es giebt auch Kanoes ohne Ausleger,
wie namentlich die großen Kriegskanoes, die aus Steven
und Spanten auf dem Kiel gebaut sind. Die Kriegs-

kanoes führen gern hohe Heck- und Bugverzierungen mit
flatternden Fransen; sie werden bisweilen zu einem
einzigen größeren Fahrzeug vereint aneinandergelegt; eine
solche Vereinigung von Kriegskanoes, mit ein paar hundert
Kriegern darauf und unter hohen Segeln, soll dann einen
imponierenden Anblick gewähren.

Landungsbrücken fehlen meist. Die letzten Schritte
beim Landen muß man sich tragen lassen. Führte man
nicht eigene Jungen von Bord mit, oder war nicht einer
der hellgelben, breitrückigen, großen Gilberts-Insulaner,
die wir als sehr brauchbare Matrosen an Bord hatten,
dazu verfügbar, so rief man einen der mehr oder weniger
willigen Kanaken heran, die sich neugierig bei jedem
Landen von Weißen am Ufer einfinden. Es ist nicht
angenehm, sich so einem mit Fett eingeriebenen, stark
ausdünstenden Rücken anzuvertrauen. Gewöhnlich belohnt
ein All right! diese Dienstleistung; ist man großmütig,
so opfert man eine Stange Tabak. Der Leser muß aber
nicht glauben, daß die Herren Wilden durch solche Groß-
mut sehr gerührt werden; auch diese nehmen sie ebenso
selbstverständlich hin wie karge Abspeisung.

Nun ging es weiter nach der Station Putput. Ein
großes Riff mit guter Einfahrt lag davor; an Land war
es sehr heiß. In Putput hauste nur ein Chinese.

Diese Küstenlandschaften sind immer dieselben, nur
daß auf unserer Fahrt von Nordwest nach Südost längs
der östlichen Küste die Gebirge ansehnlicher sich der See
nähern. Dichter Wald überdeckt alles; dazwischen sieht
man Hänge gelblich-grünen Alang-Alang-Grases; hier
und da den Rauch eines Feuers, das Anzeichen von Hütten
der Eingeborenen. Am Strande, namentlich in der Nähe
der Stationen, blickt die Kokospalme, sich hell vom dunkel-

grünen Busch abhebend, zum umbrandeten Riff hinaus. Mächtige Korallenfelsblöcke, die vom Wald aus in die See vorspringen, gefallen dem Naturfreund besser als dem Ansiedler, namentlich wenn jener im Halbdämmer der Zweige plötzlich als malerische Staffage einen speerbewaffneten, dunkelhäutigen Krieger über sich auf den Klippen stehen oder hocken sieht. In der Lagune hinter dem Riff fischen Weiber und Kinder allerlei Strandtiere, während am Riff selbst Männer mit erhobenem Fischspeer waten oder im Kanoe fahren, die im geeigneten Moment das selten sein Ziel verfehlende Werkzeug schleudern. Früher hatten sie nur Holzspeere, jetzt sieht man auch blanke Eisenspeere, die von Händlern gegen Schildpatt, Trepang oder sonstige Beute eingetauscht sind.

Wie überall, so gingen wir in Putput ebenfalls vertrauensvoll in den Busch und in die Dörfer, oft von Scharen von Eingeborenen auf verschlungenen Buschpfaden neugierig verfolgt. Natürlich hatten wir die Revolver stets in der Tasche und meist auch noch Gewehre bei uns zum Tauben- und Papageienschießen.

Die Eingeborenen waren mit Speeren oder Tomahawks oder sonst mit langen Buschmessern bewaffnet. Ich glaube nicht, daß sie an einen Überfall dachten. Andererseits kommen solche immer wieder vor, häufig veranlaßt durch die Vertrauensseligkeit der Weißen und die Gier der Wilden nach deren Schußwaffen. Sehr oft aber mögen Weiße auch durch Unkenntnis der Gebräuche der Eingeborenen, z. B. durch das Mißachten irgend einer Tabuvorschrift, oder durch Nachstellung fliehender Weiber diese Überfälle veranlaßt haben. Sicher sind dann auch oft Rachezüge gegen Eingeborene gemacht worden, während die ermordeten Weißen weit mehr schuldig waren als

die mit Recht empörten einheimischen Verteidiger ihrer
Ehre und ihrer Gesetze.

Namentlich im Eifer der Taubenjagd verlor man
sich oft ganz allein, ohne einen bekannten Boy, nur mit
Eingeborenen in den Busch; traf man, und jetzt hatte
ich mehr Glück, so freute der Kanake sich und holte den
wie Blei fallenden Vogel aus dem Busch herbei. Die
Tauben waren im Gefieder verschieden, oft sehr schön
gefärbte, große Tiere, doch schien mir ihr vielleicht zu
frisches Fleisch zu zähe zu sein.

Mehr oder weniger freiwillig tauschten die Kanaken
wohl ihre Waffen oder Schmucksachen gegen Tabakstangen
ein und führten uns zu Hütten, wo dergleichen zu haben
war. Auch junge Kokosnüsse erwarben wir so, um unseren
Durst zu löschen. Irgend ein Bursche erklimmt dann
gewandt einen der hohen, schlanken Stämme, nachdem er
die Fußknöchel mit Bast oder Gras zusammengebunden
hat. Es ist mehr ein Rutschen und Schieben als ein
Klettern nach unserer Art.

Von Putput dampften wir weiter nach Kapsu, wo
eine kleine Flußmündung zu sein schien. In Kapsu saß
ein Däne als Trader, der uns auch sehr freundlich empfing.
Er wohnte ziemlich einfach. Hier ging noch ein blonder
Skandinavier, ein ehemaliger Matrose, mit kreditierten
Tradewaren von Bord, um irgendwo in der Wildnis
eine Unterstation einzurichten. Eigentümliche Gefühle,
vornehmlich des Mitleids, beschleichen einen, wenn man
so einen Europäer in die Einsamkeit ausgesetzt werden
sieht, während das Schiff weiterdampft. Namentlich der
gebildete Mann, der Gentleman-Trader, muß auch sicher
erst schwere innere Kämpfe, abgesehen von den äußeren,
durchmachen, ehe er so ausgesöhnt mit seinem Lose sich

ausspricht, wie die weißen Herren, die wir trafen. Das
Gefühl der Freiheit, neben materiellem Gewinn, gibt
Entschädigung für Entbehrungen. Besonders erscheint
der halbblütige Trader für das Buschleben geeignet.

Einen solchen Händler trafen wir auf der nächsten
Station, Lauan. Er war Samoaner Halfcast und sprach
deutsch, da er von einem deutschen Vater stammte. Auch
er ward nach einer Heirat mit einer Eingeborenen glücklicher Vater und zufriedener Mann. Die Eingeborenen
der Umgebung schienen ihn vollständig als ihren Häuptling zu betrachten und er beherrschte sie, da er ihre Sprache
sprach. Er besaß einen Speer mit einem Menschenknochen
am Schaft; er sagte, er sei bei der Tötung des unglücklichen
Opfers zugegen gewesen. Solche Speere erblickte man
öfter, doch haben die verkäuflichen meist Kasuar- und nicht,
wie angegeben wird, Menschenbeinknochen.

Die Passage durch die Korallen nach Lauan ist eng
und gewunden. Die weitere Umgebung der Station galt
für unsicher. Den hinteren Abschluß der Landschaft bildet
das Schleiniß-Gebirge mit dem Nasenberg. Letztere Bezeichnung kommt häufiger, auch auf Neu-Guinea, vor. Die
isolierten vulkanischen Gipfel, durch seltsam überwucherte
Baumgruppen gekrönt, geben wiederholt Anlaß zu nasen-
artigen oder sonstigen auffallenden Umrissen.

Der sehr gastfreundliche Trader veranstaltete uns zu
Ehren abends ein großes „Sing-Sing", wie es im Pidgin-
Dialekt heißt, ein Tanzfest der Eingeborenen. Dieses gestaltete sich um so eigenartiger, als es im Dunkel bei
Fackelbeleuchtung stattfand. Zuerst tanzten die Frauen,
meist alte Weiber und unerwachsene Mädchen. Mit
krummen Knien tänzeln sie vor und zurück und machen
gleichmäßig sich drehende und sich dehnende Bewegungen

mit Armen und Fingern. Sie haben sich mit Blüten und Blumen geschmückt. Ein eigentlicher Tanz ist es nicht. Eine leise, näselnde Melodie in weichen Tönen wird dazu gesungen, die nicht unangenehm klingt und an den Diskant-Gesang im chinesischen Puppentheater erinnert. Bei der ewigen Wiederholung wird man aber der Vorführung bald überdrüssig. Interessanter ist der Männertanz. Männer und Frauen tanzen niemals zusammen. Das Beste brachte ein Speertanz. Der Traber hatte aber nur den ihm als zuverlässig bekannten Leuten die Speere gelassen, die übrigen mußten Stangen nehmen. Die Leute können bei solchen Tänzen aufgeregt werden, und wir waren im Halbdunkel nur ein paar unbewaffnete Weiße unter hundert und mehr Kriegern. Männer und Knaben sangen und tanzten. Sie spannten die Muskeln mächtig an, wiegten sich auf der Stelle vor- und rückwärts, das hintere Glied der Doppelaufstellung sprang durch die Lücken des vorderen vor und wieder zurück; dabei wurden die Speere taktmäßig geschwungen und geschüttelt. Die Gesichter hatten sie möglichst schreckenerregend bemalt und mit Federn und Blättern kriegerischen Schmuck hergestellt. Es war ein wildes, abenteuerliches Bild. Die Leute bekamen aber kein geistiges Getränk, nur hinterher zur Belohnung Tabak.

Noch ein anderer Tanz, mit sehr eigentümlichem Blätterschmuck um die Köpfe, erschien charakteristisch; er bedeutete eine Trauerkundgebung für einen Verstorbenen. Schließlich wurde auch ein obscöner Tanz ausgeführt, den weiße Männer selten zu sehen bekommen. Die Handlung stellte die Überraschung von Weibern beim Taropflanzen dar, die mit ihrem Raub endet. Einzelheiten zu schildern, ist unmöglich. Die sich dicht herbeidrängenden Frauen und Kinder amüsierten sich ebenso königlich darüber wie die Männer. Die Leutchen haben sicher eine Moral, nur ist es eine ganz andere, als die unsere.

Beinahe hätten wir noch einen unbeabsichtigten Effekt gehabt. Der Kapitän unseres Dampfers wollte nämlich durch Abbrennen einiger Raketen auch das Seinige zum Vergnügen beitragen; dabei brannten ein paar rückwärts ab und überschütteten das trockene Blätterdach des Copra-hauses mit Funken. Glücklicherweise gelang es ihm, die glimmenden Brandanfänge rasch zu löschen. Der alte, erschrockene Herr sprang dabei umher wie ein Wiesel.

Nachts noch ging es durch die weiß aus dem Dunkel leuchtende Brandung an Bord zurück.

Am nächsten Tage dampften wir von der Neu-Mecklenburgischen Küste zu der Gardener-Insel. Hier liegt die Station Soa, die einen kleinen, hübschen und zumal interessanten Hafen hat. Er schien vollständig durch ein langes, brandendes Riff verschlossen zu sein. Unser alter, erfahrener Südsee-Kapitän fand aber bald die schmale Passage und ging, ohne loten zu lassen, keck mit dem ziemlich tiefgehenden Schiff in den buschumschlossenen Hafen hinein. Dampfer können natürlich mehr wagen als Segelschiffe, die oft bei abgeflautem Winde den starken Stromversetzungen nicht widerstehen und rettungslos auf das Riff getrieben werden. Die Korallenbänke der Südsee haben aber auch schon zahlreichen Dampfern ein Ende bereitet; auf die Seekarten ist, wie schon gesagt, kein sicherer Verlaß; Leuchtfeuer und Seezeichen gibt es in den wilden Gegenden nicht. Am Tage bleibt das erfahrene Auge, das die Wasserfärbungen kennt, der beste Lotse, manchmal, z. B. wenn es gegen die Sonne geht, wird diesem die Orientierung schwer. Das Wetter freilich ist überwiegend schön, wennschon ganz unsichtige Regennächte vorkommen.

Vor uns lagen zwei Stationen, beide durch flache Riffelder weit vom Fahrwasser getrennt, über die unsere Besucher auf Flößen und Baumstämmen heranfuhren. Die Station rechts am Eingange zeigte die deutsche Flagge, während die links im Hintergrunde nur eine Art von roter Lava-Lava über den Palmen flattern ließ. Gerade mit ersterer aber wollten wir nichts zu tun haben. Sie war Eigentum des erwähnten Franzosen, der als Knabe mit der Marquis de Ré-Expedition heraus kam, während die letztere der Firma Forsayth gehörte. Die Trader äußerten sich über die französische Station besonders mißliebig, weil ihr ein entsprungener neukaledonischer Sträfling vorstand, der allerdings als „Kollege" eine unerfreuliche Erscheinung sein mochte. Seinerzeit sind zwei solcher Sträflinge im deutschen Schutzgebiet aufgenommen worden, indem sie sich zuerst als Philippinen-Flüchtlinge ausgaben. Soviel ich weiß, hat die französische Regierung später auf eine Auslieferung verzichtet. Genug, wir traten nur mit John Chinaman in Beziehung, zu dessen primitivem Hause wir im Boot durch eine lange Passage hinter dem Riff gelangten. Der Chinese hatte sich ebenfalls eine Kanakenfrau als Ehegespons erkoren; sie trug den Sprößling dieses Bundes nach Landessitte auf ihrer Hüfte. Es war ein etwas dunkler, aber sonst unverfälschter kleiner Zopfträger, worüber der Vater bedeutenden Stolz merken ließ.

Im Busch fanden wir ein umzäuntes Dorf mit geräumigem, sauberem, freiem Platz, wo eine große Zahl müßiger Krieger zusammenhockte. Auch auf den labentisch- oder plattformartigen Bänken, die wie schmale

Veranden unter den vorspringenden Hausdächern angebracht sind, lungerten viele Männer umher. Sie ließen
uns willig ihre Schmucksachen in die Hand nehmen und
ihre Speere, Keulen und Bogen betrachten. Einzelnes gaben
sie auch gegen Tabak her, ebenso wie sie uns dafür Kokosnüsse zur Erfrischung herunterholten. Die Schleuder
habe ich hier nicht gesehen; sie ist aber bestimmt eine
wichtige Waffe der Neu-Pommern-Insulaner gewesen,
die so treffsicher wie die Feuerwaffe den Feind niederstreckte.

Auch zu einem Heiligtum mit allerlei geschnitzten
Figuren und Ornamenten wurden wir geführt; es stand
unter einem malerischen Kalophyllbaum, und wir mußten
durch enge Zaunlöcher kriechen, um zu dem freien Platz
davor zu gelangen, wobei die Kerle uns wunderschön
hätten totschlagen können, wenn es ihnen darum zu tun
gewesen wäre.

Etwas Tauben- und Papageien-Jagd brachte nicht
viel ein; wir übten uns dann ungeschickt im Speerwerfen
und schossen den Eingeborenen etwas mit unseren Revolvern vor, womit wir ihnen mehr imponierten.

Als wir unsere Copra an Bord hatten, fuhren wir
zur gleichfalls ganz bewaldeten Bischer-Insel hinüber, wo
wir auf einem Inselchen den Busch nach Tauben durch-
streiften, um uns eine Abwechselung zum Abendbrot zu
verschaffen.

Es gab einen herrlichen Sonnenuntergang. Über
dem violetten Wasser brannte das Abendrot zwischen den
Wolken. Darunter lag das erste Mondviertel auf dem
Rücken; dann traten der große Bär oder der Wagen,
mit umgekehrter Deichsel, am Nordhimmel hervor, sowie
der Orion, und gegenüber das südliche Kreuz und der
hellstrahlende Jupiter. Heute schlief man regenlos und

herrlich an Deck. Nur ein tückisches Ventilatordrehen
wurde geübt. Der Achterdecksventilator führte nämlich zu
der hinteren Copraladung, der ein äußerst widerlich süßer
Geruch entströmte. Jeder trachtete, die große Höhlung
von sich abzudrehen. So kam es, daß in der Nacht heimlich diese oder jene nacheinander aufstanden und den Ven-
tilator Rundreisen machen ließen.

Bei der Insel Gerrit-Dennys-vorbei fuhren wir nach
Rahang auf Neu-Mecklenburg, erhielten jedoch keine
Copra. Hier ist eine Flußmündung. Der an Bord er-
schienene Traber erzählte, daß in der Nacht sein Hund
von einem Krokodil geholt worden sei. — An dieser
Stelle fällt mir noch eine Schlangengeschichte ein.

Die gewissen Orte pflegen auf der Station meist
weit ab vom Hause, am Buschrande oder am Strande
zu liegen. Die Frau Herrn Ls. in Kableman sagte, kurz
ehe wir hinkamen, eines Abends erregt zu ihrem Gebieter,
sie habe im Häuschen ein Rencontre mit einer Schlange
gehabt. Herr L. glaubte es nicht; am Morgen fand er
jedoch zwischen den Palmstäben der doppelten Wand eine
mehrere Meter lange Pythonschlange.

Die Küste wurde noch gebirgiger. Die Rosselberge
traten hervor. Breite Alang-Alang-Wiesen zeigten sich
zwischem dem Urwald. Wir gingen vor der Chinesen-
station Matatundo vor Anker.

Die letztgenannten Punkte liegen in der Gegend der
Elisabeth-Bai.

Ich ließ mich abermals vertrauensvoll von Eingeborenen auf die Taubenjagd begleiten, hatte auch einigermaßen Glück dabei; jedoch meine sämtlichen Patronen
waren verschossen, als ich mich bei einem ziemlich abgelegenen Dorfe befand. Da ich auch keinen Revolver

bei mir führte, machte ich Kehrt, worüber sich meine
Begleiter sehr zu wundern schienen, denn sie hatten mich
offenbar zu einem Platze geführt, wo die Tauben anfingen,
sich erst recht zahlreich einzustellen.

In der Nähe der Station befand sich unter Mangroven eine teichartige Wasseransammlung, und daraus
floß durch den Sand ein klarer, kleiner Bach. Hier gab
es abends und am nächsten Morgen lustige Szenen. Wir
badeten, und wer keinen Waschjungen sein eigen nannte,
wusch selbst sein Zeug. Die Kamera verewigte diese
Bachbilder.

Nun fuhren wir noch einmal zurück und zwar nach
So-on, zwischen Rahang und Matatundo. Mit zwei
Herren machte ich einen weiten Marsch ins Innere. Wir
kamen zuerst durch ein Dorf, an dem uns die polychrome
Bemalung verschiedener Hütten auffiel. Diese Bemalung,
meist in Rot, Schwarz und Weiß, stellte Kanoes, Sonnen
und allerlei Figuren nebst zum Teil recht hübschen Ornamenten dar. Letztere haben immer eine Bedeutung; sie
geben öfter Nachahmungen von in der Natur beobachteten
Vorgängen. Nach und nach kamen wir durch eine ganze
Reihe von Dörfern, deren Bewohner herbeieilten, auch
durch Rufe ihrer Landsleute herbeigelockt wurden. Nur
die jungen Mädchen hielten sich wieder zurück. Sie waren
scheu und trotz notdürftigster Bekleidung durch ein Büschel-
chen oder dergleichen, oder nur durch Beinstellung, vor den
Weißen immer dezent, während die Männer meist völlig
nackt gingen und selbst Krankheiten nicht verbargen. Der
Weg führte durch den Busch und sonnenheiße Felder des
Alang-Alang-Grases, das hier und da noch durch Feuer
schwarz angesengt war. Es ging hügelauf und hügelab;
trotz einiger Überblicke über Land und See hätten wir

ohne unsere einheimischen Freunde kaum wieder den rechten
Pfad finden können. Diese waren zum Teil von wirklich
rührender Liebenswürdigkeit, als wir zweimal ein
Flüßchen zu passieren hatten, das als Wasserfall über
ein natürliches Felsenwehr stürzte; übrigens ein aller-
liebster Punkt. Der Felsrand war so glatt, daß wir,
wenigstens im aufrechten Schreiten, kaum hinüber gekommen wären. Uns bei der Hand nehmend, geleiteten
uns die Kanaken hinüber, sorgfältig darauf bedacht, daß
wir nicht stürzten. Ihre nackten Füße fanden besseren
Halt als die unseren; wir wateten in Schuhen, da wir mit
bloßen Füßen erst recht nicht gehen konnten. Mit den
schönen Regeln, man müsse sich in den Tropen vor nassen
Füßen hüten und dergleichen, ist es im Busch überhaupt
nichts; da heißt es: entweder oder! Ich bin an diesem
Tage noch durch verschiedene Wasserfälle oder vielmehr
Stromschnellen gegangen, die unterhalb, nahe dem
Strande, ein ganzes Stufensystem prachtvoller, wald-
verdunkelter Becken bildeten. Wir nahmen ein wunderbar
erfrischendes Bad; aus Vorsicht einer nach dem anderen,
denn so ganz trauten wir unseren zuschauenden schwarzen
Freunden noch immer nicht. Es war herrlich, sich den
kalten, klaren Sturz über Kopf und Rücken fließen zu
lassen, der vollkommenste derartige Genuß, der uns auf
der Reise zuteil ward. Später hatten wir noch lange
am Strand auf ein Boot zu warten. Kokosnüsse stillten
Hunger und Durst. Ich amüsierte mich mit den im Kreise
mich umlagernden adamitischen Burschen, ließ sie durch
mein Doppelglas sehen, was sie mit mehr Vergnügen als
Erfolg taten; auch ließ ich sie Tabakstangen fangen, wobei
die Männer jedoch nie ihrer zurückhaltenden Würde vergaßen. Fast alle Insulaner, die ich in der Südsee sah,

haben eine gewisse Grandezza und scheinen sich bewußt
zu sein, daß sie sehr viel überflüssige Zeit haben. Die
Frauen schreiten, wie ich es auch bei den Malaiinnen der
Sulu-Inseln beobachtete, mit zurückgebogenen Schultern
und vorstehendem Leib, was der Bewegung etwas Auf-
rechtes, aber auch etwas Schiebendes gibt. Die Männer
umfassen mit Vorliebe auf dem Rücken den einen Unter-
arm mit der anderen Hand. Unter dem Oberarm eingeklemmt tragen sie ihr mittels einer Fischgräte zusammen-
gefügtes Täschchen aus Palmenblatt, in dem sich die Be-
standteile zum Betelkauen und zum Rauchen befinden.
Die Frauen haben dies übrigens auch. — Der Chinese
von Rahang kam hier mit einer Copra-Bootsladung an
Bord und erzählte u. a., daß die Eingeborenen ihm öfter
geröstetes Menschenfleisch brächten, was er natürlich nicht
annehme.

Nun führte unser Kurs weitab nach Osten, dem Atoll
von Nugaria zu. Es war Sonntag, als wir in die
interessante Passage einliefen und vor der Station Akani,
die auf einer kleinen Insel des Atolls liegt, zu Anker
gingen. Ein Atoll ist bekanntlich ein kreisförmiges Riff,
das einen Binnensee von zuweilen sehr großen Dimensionen bildet. Das Ganze sieht wie ein gesunkener Krater
aus, dessen Ränder teilweise inselartig, mit Wald, namentlich mit Kokospalmen bewachsen, nur wenig über den
Wasserspiegel ragen.

Nugaria oder Abgarris oder die Fead-Inseln bilden
einen weiten Kranz. Ringsum hinter der Verbindungs-
peripherie sieht man den Schaum der Brandung über das
Riff spritzen. Im Atoll ist stilles, grünliches Wasser.
Charakteristisch, wenn auch nicht schön, waren die vielen
kahlen Bäume auf einigen Inseln. Sie sind absichtlich

durch Feuer zerstört, damit sie absterben und der Palmen-
pflanzung Licht und Raum gewähren. Das Atoll war
ehemals sehr bevölkert; jetzt ist die Bevölkerung zusammen-
geschmolzen und der Rest fast durchweg syphilitisch.

Akani gewährt eins der hübschesten Bilder von Südsee-
stationen. Bewohnt und bewirtschaftet wird die Insel
von einer Samoaner Halfcast-Familie C. Es sind Verwandte der Familie F., mit der sie in gemeinsamer Firma
arbeiten.

Von der Werft, in deren Nähe, nebenbei bemerkt,
in einem in Salzwasser erbauten Behälter Schildkröten
lebend gehalten wurden, führte von den Copra- und
Bootshäusern eine hübsche Allee von Kasuarinen nach den
Wohnhäusern zu. Zwischen den Kasuarinen — feinen
dunklen Koniferen — stehen Pandanusbüsche mit hängen-
den, stachligen Blättern; dazwischen blühen auf Beeten
die weißen, stark duftenden Frangipani, die purpurnen
Blätter des Hibiskus und andere Blumen. Der Rasen
besteht aus dem gefiederten Kautschgrase. Hier und da
ruft uns ein zahmer Papagei oder Kakadu von den
Bäumen an. Unter den Kokospalmen sehen wir einen
gravitätischen Kasuar. Enten tummeln sich auf einem
kleinen Teich; Hühner und Schweinchen laufen überall
herum; Tauben umflattern das Haus; Hunde und Katzen
sowie ein Äffchen vervollständigen das Tierleben. Noch
überraschender war der Kinderreichtum, allerdings zum
Teil ein geliehener, — Kinder von Verwandten, von
lichter bis ganz dunkler Schattierung. Eines oder zwei
gehörten dem Bruder der jetzigen Hausfrau, der hier vor
einigen Jahren als Trader saß und erschlagen wurde. Die
Eingeborenen der großen Nachbarinsel im Atoll hatten
Verlangen nach seinen Waffen und sonstigem Eigentum

verspürt. Unter der Maske freundschaftlicher Beziehung hatten sie ihn veranlaßt, mit einigen Bootsjungen ohne Waffen zu ihnen herüber zu kommen und ihn dann nebst den Jungen ermordet. Darauf waren sie nach Alani hinübergefahren, hatten den Besitz ausgeraubt und die eingeborene Frau des Händlers nebst den Kindern mit sich in den Busch geschleppt. Nun verstanden sie das Märchen auszusprengen, der Trader sei mit seiner Familie auf seinem Schiffe fortgefahren und untergegangen. Lange Zeit fand dies im Archipel Glauben; Frau und Kinder sind über ein Jahr in Gefangenschaft gewesen. Durch irgend einen Zufall wurde dann den Weißen des Archipels der wahre Sachverhalt bekannt. Wie die Bestrafung erfolgt ist, weiß ich nicht; den heutigen friedlichen Verhältnissen nach zu urteilen, dürfte sie indessen recht empfindlich verlaufen sein. Die eingeborene Mutter ist zu ihrer Familie zurückgekehrt, während die Kinder bei der Familie C. zur Erziehung blieben. Von derartigen tragischen Geschichten hört man in der Südsee überall, und sie werden sich noch immer wieder ereignen, bis die Macht des weißen Mannes eine unbestrittene sein wird. Über die zivilisierende Tätigkeit der Missionen vernimmt man meist recht geringschätzige Urteile; namentlich über die nicht katholischen Missionen, die fast ganz mit Wesleyanern besetzt sind. Ja, es wird ihnen sogar schädigende Arbeit vorgeworfen. Immerhin scheint es, als ob Kannibalismus und wilde Feindseligkeiten an einigen Punkten durch sie nicht ohne Erfolg bekämpft werden, und das ist doch schon recht schätzenswert.

Außer in Bo an der Ostküste, wo wesleyanische Fidji-Lehrer zu wirken versuchen, war es freilich zur Zeit den Missionen noch nicht gelungen, auf Neu-Mecklenburg

Stationen zu eröffnen. Hier wirkte zunächst nur der
Trader für Erschließung des Landes; ob immer zum
Besten der Eingeborenen selbst, mag dahingestellt bleiben.
Die Frage, ob unsere Kultur den Eingeborenen mehr
schadet oder nützt, ist überhaupt eine heikle. Tatsache
scheint zu sein — falls die lokale Entstehung der Syphilis
ausgeschlossen wäre —, daß alle Stammfehden und
kannibalischen Gelüste die Eingeborenen nicht so bezimiert
haben, wie die Folgen der Bekanntschaft mit dem weißen
Mann. Allein der in diese naturwüchsige Welt ein-
greifende Egoismus stellt solche Fragen nicht; es ist
wenigstens ein Glück, daß, soweit unsere Flagge in der
Südsee weht, keine Alkoholvergiftung der Eingeborenen
stattfindet.

Doch nun zurück zum Nugaria-Atoll!

Das Wohnhaus der Akani-Station ist praktischer-
weise noch einmal mit Pandanus oder sonstigen Palmen-
blättern überdacht, sodaß gewissermaßen ein Haus über
das andere gebaut ist. Das gesellige Leben spielt sich
auf der vorderen Veranda ab; die hintere dient als Speise-
raum. Die paar Zimmer sind einfach europäisch, mit
einigen fremdartigen Ergänzungen, ausgestattet; das
Schönste sind wundervoll geflochtene Matten. Küche,
Baderäume, Vorratsräume u. s. w. befinden sich wie üblich
in Nebenhäusern. Das Leben in der Geflügel-Umzäunung
hätte jeder europäischen Hausfrau, die für dergleichen
Sinn besitzt, großen Spaß gemacht. Herr F. fing nachts
am Riff Langusten, jene scherenlosen, wohlschmeckenden
Hummern, die wir auch im Mittelländischen Meere besitzen, und sorgte dadurch für Hebung der Tafelgenüsse,
die ohnehin für uns „Archer"-Reisende recht erfreuliche
waren.

11*

Zu unserer Unterhaltung wurde am nächsten Tage ein kleines Sing-Sing veranstaltet. Einzelne Tänze unterschieden sich von den in Neu-Mecklenburg gesehenen. Recht hübsch war ein Speertanz, der zum Teil an Bajonettfechten erinnerte. Im Takte schlugen die Stangen, die die Speere markierten, zusammen; Nebenmann wendet sich gegen Nebenmann, dann gegen sein vis-à-vis. Der Takt wird einfach auf Bambusstäben geschlagen. Auf Neu-Mecklenburg und Neu-Pommern sah ich sonst auch hübsche Tanztrommeln, etwa wie die konischen Gläser der Sanduhren im großen gestaltet. Die beiden Öffnungen sind mit Leguanhaut verschlossen, und Finger und Hand bearbeiteten die Membranen dann mit großer Trommelgewandtheit.

Die Tänzer waren, wie üblich, mit bunten Kroton- und anderen Blättern geschmückt; in die Wollperücken hatten sie Blumen oder Federn gesteckt. Teils tanzten Boys in der Insel, teils Insulaner der Nachbarinsel, dunkle Melanesier. Ein sich sehr eifrig beteiligender Mann fiel dadurch auf, daß er sein ganzes Gesicht vollkommen zinnoberrot eingerieben hatte. Wie mir erklärt wurde, hatte der Mann „Trauer"; sein Kind war an dem Vormittage gestorben. Bezüglich der Leichenbestattung schienen auf Neu-Mecklenburg und sonst im Archipel sehr verschiedene Sitten zu bestehen. Man begräbt vor den Hütten, verbrennt die Leichen oder versenkt sie auch ins Meer. Auf Neu-Mecklenburg wurde uns ein geschlossenes Haus gezeigt, in dem der verstorbene Besitzer schon seit einiger Zeit, umgeben von seinen Schätzen und notwendigen Lebensmitteln für die Reise ins Jenseits, aufrecht sitzen sollte. Der Zutritt war aber „Tabu" für uns. Von Nugaria nahmen wir die halbe Zahl der verzeitigen, nur als Gäste anwesenden Hausbewohner mit nach Herbertshöhe zurück. Es waren dies Leutu (sprich Loto), eine Samoanerin und Großmutter einer ganzen Reihe von Familien im Archipel, eine höchst originelle alte Dame, zwei ihrer erwachsenen Enkelinnen, welche Mitglieder der jungen Damenwelt an der Blanche-Bai waren, sowie noch eine Anzahl verwandter und nicht verwandter Jungen und Mädchen. Der Affe und ein Papagei gehörten mit zur Begleitung, vor allem aber Frau Leutus große Spieldose. Da unter Deck nicht zu logieren war, so wurde ein Quartier für die Familie auf dem Großluk oberhalb der Copra aufgeschlagen, wo sie nicht nur den schönen Geruch aus erster Hand hatte, sondern auch die Tausende von Käfern, die mit der Ladung an Bord gekommen waren. Im übrigen teilte sie ihre Bordschicksale mit uns. Ritterlich wurde tagsüber auf mehrere Longchairs zu Gunsten der Damen verzichtet. Ein großer Teil der Eingeborenen kam noch einmal zum Abschiednehmen von der Familie an Bord, ganz nackte Burschen, nur — ja bekleidet kann man kaum sagen — mit einer schmalen Bastbinde, nebst sehr spärlichem Säckchen von demselben Material, um den Unterleib. Sie führten einen so wilden Tanz an Deck auf, daß man hätte glauben können, das Schiff sei in ihrer Gewalt. Ihr Abschied von den abreisenden Gästen war aber wirklich nett. Jeder nickte und winkte ihnen zutraulich mit der Hand zu, ehe er übers Fallreep ins Kanoe ging und sagte — wie mir übersetzt wurde: „Ihr reist weit — lebt wohl — kommt wieder!" und ähnliches.

Unser Kurs ging nun südlich nach der Nissam-Gruppe oder den Sir Charles Hardy-Inseln.

An Bord war es jetzt sehr amüsant; denn wo junge

Mädchen sind, da wird die Männerwelt, ob jung oder alt, mobil. Die allermobilste aber blieb Dame Leutu. Wenn sie nicht gerade, mit der Brille auf der Nase und Bast zum Hutflechten im Schoß, die Spieluhr neben sich, im Longchair lag, machte sie gern ein Solotänzchen, ein samoanisches oder seemännisches wie „pull boys, pull", wozu die Ziehharmonika gespielt oder wenigstens mit einem Stöckchen der Takt geschlagen wurde. Auf unserer Steuerbordseite — die Backbordseite war durch einen von Herrn F. dort deponierten großen Tisch zur Gentlemen-Seite geworden — befanden sich einige Dii minorum gentium, zu deutsch: Rauhbeine. Diese trachteten jetzt eifrig, sich mit uns zu verschmelzen, während sie früher einen zurückhaltenden Stolz bekundet hatten. Es gelang ihnen auch, die unsichtbaren Schranken zu Fall zu bringen, und Backbord und Steuerbord fluteten ineinander und wurden eins. — Unter jenen raueren Südseepassagieren befand sich ein alter, einäugiger Trader namens Bob, der über die halbe Erdkugel reiste, um sich in Sydney ein Glasauge einsetzen zu lassen. Mit ins Gesicht gedrücktem Schlapphut lief er den ganzen Tag barfuß, bolzengerade und händeschlenkernd auf und ab. Niemand von uns hatte je einen Ton von ihm gehört; der arme Mann schien stumm und tiefsinnig zu sein. Eines Tages aber hob er urplötzlich einen furchtbaren Schlachtgesang an. Dann verstummte er ebenso plötzlich und gab fortan keinen Laut mehr von sich.

Die Sir Charles Hardy-Islands machen den Eindruck eines älteren Atolls. Eine große zusammenhängende Insel umschließt das bedeutende Becken fast vollständig; in der Öffnung liegen dann noch mehrere kleinere Eilande. Die Einfahrt wird durch das Riff eng verschlossen. Die Bran-

dung leck zu dem streckenweise ziemlich hohen Korallen-
plateau empor. Die Vegetation ist dicht und üppig.; da
wir aber keine Copra erhielten, stoppten wir nur draußen
vor der Passage und gingen dann wieder weiter.

Einige große, hochgeschnäbelte, dichtbesetzte Kanoes,
deren Insassen einen recht wilden Eindruck machten und,
selbst ohne Gürtel und Säckchen, nackend auf den Ruder-
bänken hockten, kamen auf kurze Zeit längsseit.

Am 18. April näherten wir uns wieder der bergigen
Südostspitze Neu-Mecklenburgs und erreichten durch den
St. Georgs-Kanal am 19., nach zwölftägiger Fahrt, glück-
lich wieder die Reede von Herbertshöhe.

Wir empfanden die Genugtuung, durch den seltenen
Zufall der Dampfergelegenheit in diesen 11 Tagen mehr
gesehen zu haben, als es sonst auf den monatelangen
Inselfahrten mit den die Copra sammelnden Segel-
schonern möglich ist.

Sofort nach meiner Rückkehr erwartete mich eine
neue interessante Reise.

Auf Ansuchen des stellvertretenden Gouverneurs des
Bismarck-Archipels, verließ S. M. S. „Möwe" am
20. April nachmittags die Reede von Herbertshöhe, um
an verschiedenen Punkten des Archipels behülflich zu sein,
die gesetzliche Autorität geltend zu machen. Der Kommandant lud mich ein, der Expedition beizuwohnen, und
ich nahm diese Aufforderung natürlich mehr als gern an.

Mit dem Gouverneur hatten sich zwanzig ausgesuchte
Leute der Polizeitruppe eingeschifft, zum Teil Bukajungen,
zum Teil Neu-Mecklenburger. Die braunschwärzlichen
Jungen tragen mit hohem Stolz ihre rotumränderten
blauen Militärmützen mit dem geraden, schwarzen Schirm,
an denen die deutsche Reichskokarde prangt. Sonst sieht

man an den wollhaarigen, nicht großen, aber gut gebauten
Burschen wenig, was man als Uniform bezeichnen könnte,
höchstens die roten Lava-Lavas; sie sind nämlich, der
Landessitte und dem Klima völlig angemessen, ganz nackt.
Nur etwa eine blaue Perlenschnur um den Hals, ein Arm-
band um den Oberarm oder ein weißes Muschelscheibchen
um den Hals verschönern sie noch, wenn man nicht ein
Pfeischen dazu rechnen will, das entweder im Armband auf-
bewahrt wird, oder in dem einen schlingenartig lang vom
Ohre herabhängenden Ohrläppchen. Das heißt, für fest-
liche und sonst passende Gelegenheiten besaß die Truppe
eine wirkliche Uniform, bestehend aus graubrauner Kaliko-
Joppe und Hose; an letzterer eine rote Paspelierung der
Naht und an ersterer Hornknöpfe und halbe weiße Ärmel-
streifen, über welchen der Unteroffizier noch einen roten
führte. Die Stiefelkammer hat freilich keine Bedeutung
für sie, denn sie laufen stets barfuß. Selbstverständlich
verleihen ihnen die Waffen erst den wirklichen militäri-
schen Anstrich. Jeder Junge war mit dem Mauser-Ka-
vallerie-Karabiner Modell 71, Patronentasche und kurzem
Seitengewehr ausgerüstet. Die Leute behandeln die Waffen
ganz gut, haben vom Exerzitium etwas Ahnung, schießen
mäßig nach der Scheibe, aber unübertrefflich im Busch
und überall, wo es gilt, auf ein lebendes Ziel zu feuern.
Dann erwachen ihre wilden Instinkte, und die angeborene
Begabung steigert die Treffsicherheit zur Virtuosität. Ihr
Führer war zur Zeit Dr. Sch. gewöhnlich selbst. Außer
der Schutztruppe hatten wir den Buka-Jungen Kumare
an Bord, der das eigenartige Erlebnis genoß, beinahe
einmal aufgegessen zu sein. Kumare war überhaupt der
wichtigste Veranlasser unserer Expedition, deren Vor-
geschichte folgende ist:

Zwischen Bougainville und Choiseul liegt im Salomon-Archipel die Insel Shortland, daran ein Inselchen „Cocoanut-Island", das einem Mr. Tindal gehörte, der dort als Trader auf der Faisi genannten Station wohnte. Herr Tindal war in letzter Zeit von allerlei Mißgeschick heimgesucht worden. Im Mai des vergangenen Jahres verlor er seinen Kutter „Seaghost" durch einen Überfall von Bukas auf der Bougainville-Insel; darauf entflohen ihm mehrere Jungen mit einem neuen Hamburger Boot, und schließlich brannten die Kanaken sein Copra-Haus nieder. Kapitän der „Seaghost" war ein etwa dreißigjähriger Deutscher, der Steuermann Kolshorn. Dieser hatte zum Zurückbringen ausgedienter Arbeiter das Dorf Timbuz, einen Hafen bei Kap Laverbie an der Nordküste von Bougainville, angelaufen und wollte gerade wieder fortgehen, als noch eine Anzahl von Kanoes das Schiff umringte, die Taro und Bananen zum Verkauf, also zum Eintausch gegen Tabak und dergleichen anboten. Kolshorn stand mit den Eingeborenen auf bestem Fuß; er mißtraute ihnen nicht, obwohl er aus vielen Vorfällen wissen konnte, daß ihnen nie zu trauen ist und besonders die Bukas böse Gesellen sind, denen vor allem daran liegt, Schußwaffen der Weißen in die Hand zu bekommen. Seine Jungen, auch Bukas, merkten, daß ihre mittlerweile an Bord gekletterten Landsleute Böses im Schilde führten. Einer, namens Missibato, der noch im Boot war, zögerte, an Bord zu kommen und sagte: „Me afraid belong Kanaka", worauf Kolshorn vertrauensvoll rief: „He good fellow belong me." In demselben Augenblick wurde er von einem der Wilden, wahrscheinlich dem Häuptling Manabor von Timbuz, von rückwärts umfaßt; ein zweiter umschlang seine Beine, und ein dritter hieb ihn

mit dem Tomahawk nieder. Viele schlugen zu, darunter
auch Katjiji aus Timbuz. Der Boys bemächtigten sie sich
ebenfalls; einem, Mellem, der in die Kajüte gelaufen
war, um ein Gewehr zu holen, wurde, als er wieder
am Luk erschien, der Hals abgeschnitten. Somit fiel der
Kutter nebst Waren in ihre Gewalt, und was ihnen wohl
wichtiger erschien, zehn Gewehre und drei Revolver nebst
Munition! Die gefangenen Boys waren Kumare, Maro
und Missibato; sie wurden an Land gebracht, um als
Sklaven eine Zeitlang zu arbeiten und dann gelegentlich verzehrt zu werden. Die Leiche Mellems wurde als
Festbraten dem befreundeten Stamm auf der kleinen
Insel Jaup zugeschickt. Missibato gelang es zuerst, mit
einem Kanoe zu entfliehen; er gab später den Haupt-
zeugen in dem Prozeß ab. Kurz darauf entflohen auch
Kumare und Maro dem Lose, geschlachtet zu werden.
Mehrere Tage hielten sie sich im Busch verborgen und
wollten schon an ihrem Schicksal verzweifeln, als einer
von ihnen von einer hohen Palme aus das Segel eines
Hernsheimschen Traderschoners entdeckte. Darauf raub-
ten sie ein Kanoe, erreichten glücklich das Schiff und
wurden mit nach Neu-Pommern genommen. Kumare
fand auf Ralum bei Herrn P. Arbeit.

Eines Abends hörte Herr P. nun einen lebhaften
Streit unter seinen Bukas, und gleich darauf flüchtete
Kumare zu ihm auf die Veranda und bat um Schutz
gegen seine Landsleute, die ihn töten wollten. Zur Rede
gestellt, erklärten diese, Kumare sei ein verrückter Mensch
und mondsüchtig; er erzähle allerlei alberne Geschichten.
Herrn P. aber kam die Sache verdächtig vor. Er nahm
Kumare ins Gebet und erfuhr nun erst, daß dieser auf
der „Seaghost" gewesen war und einen anderen auf der

Plantage als Arbeiter angeworbenen Buka als einen der Mörder Kapitäns Kolshorn erkannt hatte. Hier sei noch nachgetragen, daß die grausamen Kerle den Kapitän, der immer gütig gegen sie gewesen war, von zahllosen Axthieben getroffen, vielleicht aber noch lebend, den ganzen Tag hatten in der glühenden Sonne liegen lassen, worauf er über Bord geworfen wurde. Auf den Salomon-Inseln fressen sie sonst gelegentlich auch die Weißen.

Kumare hatte wahrscheinlich gedroht gehabt, den Mörder anzuzeigen, und war darüber mit seinen Landsleuten in Streit geraten. Herr P. setzte sich gleich mit dem Gouverneur in Verbindung und der Mörder Katjiji ward verhaftet. Nach längerer gerichtlicher Untersuchung wurde er dann nach unserer Ankunft in Matupi hingerichtet. Eigentlich war das Hängen gesetzliche Vorschrift, da jedoch frühere Hängeprozeduren aus Mangel an geeigneten Vorrichtungen grausam und peinlich ausgefallen, ließ Dr. Sch. den armen Sünder durch die Polizeijungen erschießen. Vorher ward er auf Ersuchen des Missionsvorstehers katholisch getauft. Er war vor Angst schon halbtot, als man ihn zur Richtstätte führte; fünf Schüsse wurden gleichzeitig abgegeben und alle trafen tödlich.

Die weitere, lang aufgeschobene und im Archipel schmerzlich vermißte Sühne sollte nun durch die „Möwe" geschehen.

Es war ein wunderschöner Abend, als wir Herbertshöhe verließen. Die im weiten Bogen sich rundende, von grünen, niedrigen Bergen umgebene Blanche-Bai wich hinter uns zurück. Sie ist in der Tat sehr schön! Ich möchte jedem Deutschen dieses Bild zeigen; er würde sich herzlich darüber freuen. Selbst kolonialfeindliche Gemüter könnten sich dem starken Eindruck dieser Vereinigung von

Natur und Kultur nicht entziehen. Von den Stationen grüßten zum Abschied die schwarzweißroten Flaggen und wehten Taschentücher; ebenso grüßten der weiße Traber-Schoner und die „Archer", während eine Copra ladende norwegische Bark die übliche Höflichkeit versagte. Die Berge von Neu-Lauenburg traten zurück, Kap Gazelle ward passiert, näher rückten die reichgeformten Bergketten von Süd-Neu-Mecklenburg mit dem Kap St. Georg. Hinter der Gazellen-Halbinsel glühte das Feuer der sinkenden Sonne und warf violetten Glanz auf die schwarzblaue See. Wir nahmen zunächst nordöstlichen Kurs nach der schon von der „Archer" aus gesehenen Sir Charles Hardy-Gruppe. Die eigentlichen Nissam-Leute und die eingewanderten Buka-Leute kämpften viel miteinander, deshalb wollte der Gouverneur zur Sicherheit des dortigen Traders sich einmal mit seiner Polizeitruppe zeigen. Nissam bildet einen ungeheueren, wallartigen, bewaldeten Korallenring, der, an ein Atoll erinnernd, einen mächtigen Binnensee bildet. Die Durchfahrt durch die Korallenbänke ist schmal. Bei sehr starker Hitze, die, trotz des Tropenhutes, Kopfschmerzen machte, fuhren einige Herren mit der Truppe an Land. Wir gingen dort in Begleitung des mit Büchse und Revolver bewaffneten Traders durch Mangrovensumpf in den Busch, um ihn auf schmalen Kanalenpfaden zu durchkreuzen. Diese Pfade führen zu verstreuten Dörfern. Einem klugen, energischen Feinde gegenüber könnte sich hier keine europäische Truppe halten. Glücklicherweise ist das taktische Denken der Eingeborenen nur mangelhaft. Die Dörfer zeichneten sich durch eigentümliche kielartige Dächer aus; unter der vorspringenden Front lief, wie üblich, eine Bank wie ein Ladentisch, in der Mitte dahinter bildete eine kleine Öffnung die Tür. Zuerst erschien alles wie ausgestorben; nach und nach, als sie sahen, daß wir nichts Böses im Schilde führten, erschien eine Anzahl von Männern, darunter der (künstlich) rothaarige, alte Häuptling. Einige hatten aus Scheu vor dem Europäer eine unzulängliche Lava-Lava vorgebunden; die meisten blieben, wie sie Gott geschaffen hatte.

Eine Firma im deutschen Schutzgebiet wollte ganz Nissam gekauft haben, wie es hieß, für ein Tomahawk. Der Häuptling bestritt dies und erklärte, der Kauf betreffe nur ein einziges kleineres Grundstück. Nachdem diese Tatsache durch Pidchin-Englisch und Verdolmetschung des Kanaken-Dialekts mühsam festgestellt war, und wir einige Kokosnüsse sowie einige Schmucksachen und Waffen erhandelt hatten, fuhren wir wieder auf unser Schiff zurück. Von weitem paddelte ein sehr schönes, dicht besetztes Kriegskanoe an uns vorüber.

Wir nahmen nun Kurs nach Buka, der nördlichsten der Salomon-Inseln und trafen alle Vorbereitungen für eine heimliche Landung.

Um 1 Uhr in der Nacht wurde die Mannschaft geweckt; mit abgeblendeten Lichtern näherten wir uns an der im schwachen Mondlicht ungewiß sich abhebenden dunklen Bergküste von Bougainville Timpuz (Timbutz), dem Schauplatz der Mordtat. Der Kommandant hielt eine kurze Ansprache an die achteraus gerufene Landungs-Mannschaft, in welcher er ihr den Zweck der Landung mitteilte und ihr anbefahl, auf sich nicht verteidigende Eingeborene sowie auf Frauen und Kinder kein Feuer zu geben. Dann ging die Einschiffung des bewaffneten, dem Befehl des Ersten Offiziers unterstellten Landungskorps möglichst geräuschlos vor sich. Das war nach vier Uhr; vorher hatten

die Leute noch Frühstück bekommen. Eine genaue Karte
der Küste gab es nicht an Bord. Mr. G., der englische
Verwalter der Farm von Hernsheim & Co., hatte es unter-
nommen, beim Loten behilflich zu sein, und Mr. J.
hatte versucht, eine Skizze der Landungsstrecke anzu-
fertigen. Dieser einzige Anhaltspunkt aber trug zu miß-
verständlicher Auffassung bei, da er nur aus flüchtiger
Erinnerung geschaffen worden war; daraus konnte keinem
Teil ein Vorwurf erwachsen. Nach der Skizze mußte man
3 nebeneinander liegende Dörfer an wenig geschwungener
Küste erwarten und hart davor ein Riff, das überschritten
werden konnte. Der Plan ging nun dahin, sofort beim ersten
Tagesgrauen direkt gegen die Dörfer vorzugehen, die
Kanaken möglichst im Schlaf zu überraschen, während ein
Buschgefecht allein der Polizeitruppe überlassen bleiben
sollte.

Das Heck-Revolvergeschütz war in die eine Dampfpinaß gebracht worden, während die andere Dampfpinaß
die übrigen Boote, d. h. die beiden Jollen und die Gig
in Schlepp nahm. In der Gig befand sich der Stabsarzt
mit der Ambulanz, in der ersten Jolle Dr. Sch. mit seiner
Polizeitruppe; dieser hatte ich mich, mit Büchsflinte und
Revolver bewaffnet, angeschlossen; auch mein photogra-
phischer Apparat war nicht vergessen worden, da ich den
„Kriegsschauplatz" photographieren wollte. Leider kam es
anders.

Als wir abgesetzt hatten, machte die „Möwe" ihre
Geschütze klar zum Feuern und folgte uns langsam.
Wir fuhren freilich auch nur langsam vorwärts, weil
bei weiterer Annäherung an die Küste immer stärkeres
Brandungsgeräusch vernehmbar ward. Da es noch ziem-
lich finster war, wurde der Expeditionsführer besorgt, daß

den Booten etwas zustoßen könnte; zudem erkannten wir, glaube ich, anfangs auch nicht den Landungsplatz genau, denn später schwenkten wir stark nach Backbord. Über diese Schwenkung blieb wieder die Pinaß mit dem Geschütz zurück. Zweimal brach dann eine der Schlepptrossen. So geschah es, daß die Nacht vorzeitig wich und die Röte des Sonnenaufgangs uns überraschte. Man verwünschte diese Helle; anderseits aber tat sie auch ganz wohl, denn es war ein eigenes Gefühl, so stumm und todesfeierlich einem nachtschwarzen Busch entgegenzudampfen, dessen Schwierigkeiten ich schon kennen gelernt hatte und der, abgesehen von Kanakenspeeren und Pfeilen, ungeübten Mannschaften die schönste Gelegenheit bot, sich gegenseitig anzuschießen. Mit Volldampf sausten wir nun dem immer sichtbarer werdenden Waldufer zu. Man sagte: „Donnerwetter, nun ist es zu spät!" Und so war es auch. Vor uns lag ein flaches Riff, dahinter am Buschrand zeigten sich Hütten. Wegen des Riffes wurden die Schleppleinen der Boote ziemlich frühzeitig losgeworfen. Natürlich verursachte jetzt das Anrudern erhebliches Geräusch. Aus dem Busch vor uns ertönten Aufschreie — die Herrn Kanaken waren im Entwischen begriffen; auch zeigten sich einige am Ufer entlang eilende Gestalten. Wäre die Pinaß mit dem Bootsgeschütz jetzt schon zur Stelle gewesen, hätte sie noch viele Eingeborene töten können; vielleicht war es aber besser so, denn zweifellos hätten sich sonst Frauen und Kinder unter den Opfern befunden. Während nun die Marine-Mannschaften am flachen Riff landeten und watend das Ufer erreichten, um gegen Quarunitsch (auf der Karte Coaßnitz), jenes Dorf, vorzugehen, schwenkten wir mit dem Polizeiboot rechts ab, wo sich eine kleine, ziemlich tiefe und gänzlich unerwartete

Bucht öffnete. Sie lief nach rechts in einen Vorsprung
mit vorliegendem Riff und lebhafter Brandung aus. Diese
war es also, die wir im Dunkel gehört hatten. Wir
hielten uns in der Mitte der Bucht oder des kleinen
Hafens, während rechts, von uns ab, sich noch ein Dorf
zeigte, und ein zweites etwas nach der inneren Buchtseite
zu. Wir wollten nun innen landen und von innen nach
außen, d. h. von links nach rechts am Ufer gegen die Dörfer
vorgehen. Wiederholt zeigten sich am Ufer entlang eilende
Eingeborene. Die Polizeijungen waren ganz wild; die
nicht rudernden lagen im Anschlage. Einer konnte sich
nicht halten und feuerte. Der Gouverneur verbot aber
das Feuern. Währenddessen war die armierte Pinaß
von vorn her herbeigekommen und feuerte eine Reihe
von Schüssen in die Richtung der Dörfer ab, die ein großartiges Echo fanden. Jetzt verschwand auch der letzte
Kanake von der Bildfläche. Wir landeten nun in der Mitte
der Bucht, sprangen ins Wasser, da das Boot nicht ganz
heran konnte, und liefen mit schußfertigen Gewehren am
Ufer entlang, den Dörfern zu; ein Durchkreuzen des
Busches war eine Sache der Unmöglichkeit. Dieser trat
teilweise so dicht an die Bucht, daß die Polizeijungen die
Krümmung im Wasser laufend abschnitten. Lange wäre
ich nicht so mitgekommen, denn die treibhausartige Luft
allein ließ schon in allen Poren den Schweiß ausbrechen.
Dazu in tiefem, weichem Sand laufen, über Baumstämme
springen und durch knietiefes Wasser rennen, mit Waffen
und Patronen beschwert, das ist auf längere Zeit kein
Spaß! Die nackten Jungen aber sprangen wie die Hirsche
und ihre roten Lavas-Lavas entfernten sich mehr und
mehr. Der an das Klima schon gewöhntere und noch
jugendliche Dr. Sch. hielt ziemlich Schritt mit ihnen.

Leider war nun auch der mir zum Tragen der Kamera zugewiesene Junge im Eifer des Gefechts mitsamt dem Apparat durchgegangen, sodaß ich schließlich ganz froh war, als die wilde Jagd an dem äußersten Dorfe etwas Halt machte. Hier wurden einige Leute zurückgelassen, während das Gros den steilen Felspfad zum oberen Dorf erklomm. Ein Blick auf die Höhe — und ich verzichtete auf weitere Lorbeeren, deren Pflücken mir denn doch zu anstrengend war. Ich blieb also mit unten „Besatzung". Dann hörte ich jedoch oben schießen und erachtete es nun für angebracht, nachzurücken. Ich forderte die Herren Polizeijungen auf, mir wenigstens teilweise zu folgen und erkletterte die Höhe. Mit meiner Armierung flog ich aber nicht gerade wie im Fahrstuhl hinauf, sondern rutschte bei jedem Schritt aus, sodaß mir auf halbem Wege bereits der Atem völlig vergangen war. Da mir nun auch kein einziger Junge gefolgt war, wozu ja keiner Veranlassung besaß, weil ich ihnen nichts zu befehlen hatte, so beschloß ich erschöpft, mich der „Besatzung" abermals anzuschließen, und kletterte wieder abwärts. Glücklicherweise habe ich auch niemand damit im Stich gelassen, denn Gegenstand der Beschießung waren, wie ich nachher erfuhr, nur einige Dorfschweine gewesen.

Mittlerweile hatten die zurückgebliebenen Jungen ihr Zerstörungswerk schon eröffnet; ich fürchtete, daß sie auch ethnographisch wertvolle Sachen vernichten könnten, und begann, die Hütten mit zu durchsuchen. Das untere Dorf war ganz von einer Schutzfenz umgeben, die sich hier früher nicht befunden haben soll. Das gesamte Dorf war Timbuz, das eigentliche Ziel unserer Expedition und Sitz des Häuptlings, der den Mord geplant und sich einem Traber gegenüber später offen seiner Beteiligung gerühmt

hatte. „Man of war come here, me belong bush,"
hatte er spottend gesagt. Allerdings war diese höhnische
Zuversicht sonst berechtigt gewesen, dieses Mal aber doch
nicht ganz. Zunächst gestaltete sich der Eigentumsverlust
ziemlich groß; die Leute waren verhältnismäßig sehr wohl-
habend. In den Hütten befand sich eine Menge von Speise-
vorräten, Brennmaterial u. s. w. Das Frühstück, gebackene Taros, schmorte noch in der heißen Asche, ein
Beweis, wie eilig die Flucht vor sich gegangen. Unter
dem niedrigen Dachfirst lagen zahlreiche Waffen aufge-
speichert: lange Buka-Speere mit vielen Widerhaken,
ebensolche Pfeile, mächtige Bogen, Tomahawks, schön
verzierte Pabbeln (kurze Ruder) u. s. w. Die Polizeijungen interessierten sich mehr für Eßwaren und europäischen Tand, wie Spiegel, Zeug und dergleichen. Die
Kochtöpfe wurden zerstört, was den Eingeborenen immer
besonders schmerzlich sein soll; sie können sie nicht sobald wieder beschaffen, ebensowenig wie die Kanoes, die
sie sich erst wieder von einem anderen, industrielleren Insel-
stamm kaufen müssen. Sehr schnell wurden auch die stattlichen Hütten in Brand gesetzt, so daß man während des
Brennens retten mußte. Es gelang mir, noch manches
hübsche Stück herauszuholen. Inzwischen war ein Offizier mit ein paar Leuten hinzugekommen und Dr. Sch.
mit seinen Soldaten zurückgekehrt. Der Rest der Kanoes
ward zersplittert, die guten Fischnetze aus Brotfruchtfaser
aber wurden sorgfältig mitgenommen. Die „Möwe" befand sich jetzt dicht bei uns; sie dampfte mit großer Kühn-
heit und großem Geschick in dem kleinen unbekannten
Hafen umher und ging später auf 15 Meter Wasser zu
Anker. Eine Zeitlang blieben wir noch am Ufer und
versuchten die Buka-Bogen zu spannen, was uns aber

ebensowenig glückte, als seinerzeit den Freiern mit dem
Bogen des Odysseus. Wäre jetzt der Feind nicht so ein-
geschüchtert gewesen, hätte er günstige Gelegenheit gehabt,
uns aus dem Busch von oben herab mit Pfeilen zu be-
schießen, aber bei der gewaltigen Macht des „man of
war" getraute er sich keinen Vorstoß, zu dem die Salomon-
Insulaner einem nicht allzu starken Gegner gegenüber
sonst stets bereit sind. Auch das zweite Dorf Datoe (Dahri)
wurde vernichtet. Ebenso drang dichter Qualm von der
anderen Seite der Bucht von Quarunitsch herüber, wo
der Angriff der Marine-Mannschaften stattgefunden;
auch dort hatten nur einige Schweine daran glauben
müssen, und die mitgenommenen eingeborenen Träger
hatten ein paar armen Hunden den Garaus gemacht.
Eine reiche Waffenbeute war auch dort erlangt. Leider
konnte man die der „Seaghost" geraubten zehn Mauser-
Gewehre nirgend entdecken; sie waren also wohl recht-
zeitig mit in den Busch genommen worden; wenn sie
aber dem Zustande zweier gefundener Revolver ent-
sprachen, so konnten sie nicht mehr sehr gefährlich sein.
Munition ward dagegen gefunden, ebenso die Uhr des
ermordeten Kapitäns und sonstige Kleinigkeiten von der
„Seaghost"; diese selbst lag als Wrackrest bei Quarunitsch.

Am Mittag waren wir alle wieder ermüdet an Bord,
sämtlich heil und munter, was man am Morgen nicht
so unbedingt hatte erwarten können. Die Mannschaft
erhielt einen Schnaps.

Ein gewisses Ergebnis war erreicht worden, allein
eine genügende Bestrafung konnte es nicht sein. Deshalb
wurde es der Polizeitruppe, die ihre Kampflust schwer
zu bändigen vermochte, gestattet, noch einmal an Land
zu gehen, was für Europäer nach den Strapazen des

12*

Morgens eine Sache der Unmöglichkeit schien, wenn
man sich nicht Hitzschlag oder schwerem Fieber aussetzen
wollte. Die Jungen wurden von ihren Unteroffizieren
geführt, zwei famosen Burschen Malom und Quarter, der
eine ein Buka, der andere von der Sandwich-Insel bei
Neu-Mecklenburg. Quarter hatte unter anderem einmal
einen durch Speerwurf schwer verwundeten Weißen
aus den Händen der Eingeborenen gerettet, indem er ihn
zu sich ins Boot zog, dreien der Angreifer ihre Speere
entriß und drei damit durchbohrte, worauf die übrigen
in den Busch flohen. Nebenbei bemerkt, ist es auffällig,
daß Buka gegen Buka fechten. Der Gouverneur hatte
darüber zuvor seine Jungen befragt. Sie hatten aber erklärt, sie würden fechten; nur zwei aus der Nähe von
Timbuz hatten gemeint, sie würden lieber an der Expedition nicht teilnehmen, und so waren sie bei dem zu Hause
verbleibenden Rest der Truppe gelassen worden.

Während des Mittagessens erschien plötzlich eine
Anzahl Kanaken am Ufer; sie eilten an diesem, stolz ihre
Waffen tragend, ganz ohne Deckung entlang; offenbar
kannten sie noch kein Geschützfeuer und waren sicher, daß
eine Gewehrkugel sie nicht zu erreichen vermochte. Der
Kommandant ließ aus einem Revolvergeschütz auf 1500
Meter Feuer geben. Die Kugeln schlugen über ihnen in
die Blätter, worauf sie erschreckt stutzten und in gebückter
Haltung in den Busch stoben.

Gegen Abend gingen der Kommandant, Dr. Sch.
und ich an Land, um uns das Gelände anzusehen und
eventuell einige Tauben zu schießen. Wir trafen auf die
zurückkommenden Polizeijungen. Sie zeigten uns einen
im Sande zwischen Baumstämmen liegenden frisch abgeschnittenen Kanakenkopf, ihr erstes Opfer; den Körper

hatten sie weitab im Busch liegen lassen und nur dieses
Beweismittel ihres Erfolges mitgenommen. Es war der
Wollkopf eines jungen Kriegers mit geschlossenen Augen
und etwas entblößten, zusammengebissenen Zähnen.
Dr. Sch. verbot den Jungen strengstens, diesen in Buka
heimischen Barbarismus zu wiederholen, wie er ihnen
auch das Fällen von Fruchtbäumen untersagt hatte, wofür sie eine besondere Leidenschaft bekundeten. Als wir
bei der Rückkehr an dem Kopf vorbeikamen, vermied ich
es, ihn noch einmal anzusehen. Die gurrenden Tauben
hielten sich weitab, zudem ward es dunkel, und so gingen
wir bald wieder zurück. Im Busch knackte es fortwährend
verdächtig, und bis zum letzten Augenblicke deckten die
Unteroffiziere und ein paar Jungen, schußfertig in den
Busch spähend, unsere Einschiffung. Unterwegs wurde noch
an ein paar hochkreisenden Geiern vorbeigeschossen.

Beim Abendbrot drang plötzlich ein erschütterndes
Klagegeheul vom Ufer herüber; wahrscheinlich hatten
Stammesangehörige den Kopf gefunden. Später lagerten
wir „Badegäste" nebst den Offizieren bei Mondschein und
leiblich mit schmelzendem Salpeter gekühltem Bier auf der
Fallreepstreppe, wo es eine einigermaßen angenehme
Abendtemperatur gab. In solcher wilden Gegend gestattet
man sich das ausnahmsweise einmal; in kultivierten Häfen
nimmt man selbstverständlich wo anders Platz. Wir unter-
hielten uns über unser kriegerisches Abenteuer, während
der Flammenschein von Timbuz und Datoe vom dunklen
Busch noch immer herüberleuchtete und zeitweilig das
Klagegeheul der Weiber etwas an die Nerven griff. Dieses
Klagen, untermischt mit Hundegeheul, brach besonders
wieder bei Sonnenaufgang los.

Mittlerweile war noch eine Kriegslist vom Komman-

banten ausgeheckt worden. Diese wurde folgendermaßen
in Szene gesetzt: In der Dämmerung vor Sonnenaufgang landeten die Jungen heimlich abermals und versteckten sich im Busch, worauf die „Möwe" nach neun Uhr
den Hafen von Timbuz verließ, scheinbar also, um nach
vollstreckter Strafe abzufahren.

Wir hatten eine herrliche Landschaft zur Rechten;
das Kap Lavardie und die oben bewölkten, hochragenden
üppigen Berge Bougainvilles dahinter. Zwischen den un-
ermeßlichen Wäldern, welche Hänge und Schluchten bedecken, gab es strichweise ein ausgedehntes Gras-Plateau;
hier und da wirbelte der blaue Rauch von Feuern der Eingeborenen auf.

Merkwürdig war die Küstenbildung. Von See aus
schien sie geschlossen zu sein; dann war es, als ob sich
Häfen öffneten. Beim Näherdampfen sah man, daß sich
lauter Inseln, zwischen denen viele verzweigte Wasser-
arme führten, vorlagerten. Niedrig oder in Plateauform
ragte der Korallenfels aus der brandenden See, rings
von dichter Vegetation überwuchert; teils lagen auch Riffe
vor, und in der Ferne wallte überall der Dampf des
sich verflüchtigenden Brandungsgischtes. Nun bogen wir
in einen Hafen ein, der sich ziemlich tief landein erstreckte und immer neue Seitenarme entwickelte, die
wieder um Inseln herum führten; hier und da sah man
ein Kanoe in der Ferne, und an Backbord, an einer
Seitenstraße, ein Dorf mit malerischem Hintergrund und
eine größere Zahl Eingeborener. Es war das Dorf, dem
der Leichnam des bei dem Seaghost-Überfall durch Hals-
abschneiden ermordeten Jungen als Festbraten freund-
nachbarlich zugesendet worden war. Da aber gegen die
Leute „sonst nichts vorlag", hielten wir uns nicht bei

ihnen auf und dampften durch die Passage, die nahe am
Ufer um ein ziemlich den inneren Hafen abschließendes,
brandendes Riff führte, kühn in diesen hinein. Das Ende
schien sich in lauter Mangrovensumpf zu verlieren, aus dem
hier und da Kokos-Palmen und höheres Laubholz auf-
ragten. Der Strand war an einer kleinen Flußmündung
mit Treibholz bedeckt. Dies Treibholz ist für die Eingeborenen sehr wichtig zum Kanoebau, da frisches Holz aus
dem Busch sich hierfür schlecht eignet. Auf unseren Karten
war der Hafen nicht oder nur mangelhaft eingezeichnet
und nicht benannt. Dagegen sehe ich auf einer 1892 abgeschlossenen Karte aus Langhans' deutschem Kolonial-Atlas
Nr. 25 an dieser Stelle den Namen Ernst Günther-Hafen
vermerkt. Während das Schiff unter Dampf blieb, wurde
ein armiertes Boot unter einem Offizier zum Rekognos-
zieren an Land geschickt. Dr. Sch. und ich schlossen uns
an. Bei fürchterlicher Hitze suchten wir Kanakenpfade im
Busch auf und ließen das Boot uns draußen folgen.

Einige Lagerstätten für Fischer fanden sich, aber kein
Dorf; keine bewohnte Hütte oder gar Eingeborene wurden entdeckt. Schließlich kamen wir durch Mangrovensumpf, der so recht zum Ausbrüten einiger Fieberchen geeignet schien, was er in der Folge auch getan hat, und
gaben endlich das Suchen in dem scheinbar sehr wenig
bewohnten Küstenstrich auf, mit dem Gefühle, vielleicht
wieder die ersten Weißen gewesen zu sein, die ihren Fuß
hierher gesetzt hatten.

Nun dampften wir nach Timbuz zurück. Kaum waren
wir in den Hafen eingebogen, als die Polizeijungen mit
großem Geschrei aus dem Busch an den Strand stürmten
und dann fortwährend in den Busch zurückfeuerten. Ich
muß sagen; zuerst hielt ich das nur für Komödie, die

uns über einen Mißerfolg hinwegtäuschen sollte; das
war es benn doch nicht, wenn auch das Gefecht so rasch
wieder beendet war, daß der Befehl zur Klarmachung
eines bewaffneten Bootes und eines der Revolvergeschütze
an Bord gleich wieder zurückgezogen werden konnte. Der
Gouverneur fuhr allein an Land und holte seine Leute
wieder ab. Diese hatten erst im Augenblick des Erscheinens
der „Möwe" auf die aus dem Busch gekommenen Kanaken
feuern können oder wollen. Möglicherweise veranlaßten
wir durch unser Erscheinen die sofortige Flucht
der Eingeborenen, die, ohne diese gewaltige Übermacht,
vielleicht den Polizeijungen Stand gehalten haben würden, worauf sich ein größeres Gefecht hätte entwickeln
können. Immerhin waren sieben Kanaken gefallen, fünf
unten am Strande und zwei oben im Busch, sodaß die
Expedition sich schließlich doch noch erfolgreich erwies.
Im ganzen hatten damit neun Kanaken (einschließlich
des in Herbertshöhe Hingerichteten) die Ermordung Kapitän Kolshorns mit dem Leben bezahlen müssen; dazu
kam die Zerstörung und Fortnahme ihres Besitzes. Die
landeskundigen Leute nahmen an, daß diese Züchtigung
genügend wäre, auf lange hin das Leben weißer Männer
auf Bougainville zu schützen.

Am 23. April gingen wir durch die Bougainville-
Straße, südlich zwischen dieser Insel und Choiseul, ein
Gewirr von grünen Inseln und Inselchen passierend. Wir
dampften auf Shortland zu und zwar nach dem erwähnten
Faisi auf Cocoanut-Island, in Angelegenheiten Mr. Tin-
dals, des Eigentümers der zerstörten „Seaghost". Ihm
war zudem, wie vorhin schon gesagt, von Kanaken aus
Bougainville ein in Hamburg gebautes Boot gestohlen
worden, und benachbarte Eingeborene hatten sein Copra-

haus niedergebrannt. Zur Untersuchung des letzten Falles wünschte der Gouverneur Faisi anzulaufen.

Wie ein kleines Paradies mutete uns dieser weltverlorene Fleck an, auf dem eine weiße Familie mitten in der Wildnis unter Menschen hauste, die zwar friedlicherer Natur und keine Kannibalen sind, aber doch stets unberechenbare Gefahren über die paar weißen Menschen und deren Kinder bringen konnten.

Mr. Tindal kam gleich auf die „Möwe". Den einen ihm übergebenen verrosteten Revolver erkannte er als Eigentum seiner Frau, der dem Seaghost-Kapitän zu seiner Verteidigung mitgegeben worden war. Er warf ihn zornig über Bord, ehe jemand sich die Waffe als Andenken ausbitten konnte. Das in wunderschöner Umgebung liegende Inselchen war ganz mit Kokospalmen bestanden, doch hatte es steile, kleine Anhöhen mit Bananen, Brotfrucht- und anderen Bäumen, in denen viele grüne Papageien, Kakadus und wilde Tauben umherschwärmten. Wenn man ein Riff umrundet hatte, fand man eine „Wharf" mit ganz tiefem, spiegelklarem Wasser, in dem es wie in einem Aquarium aussah. Am Ufer, vor dem ein Kutter ankerte, befanden sich Bootsschuppen, Copra- und Vorratshäuser u. s. w. Eine vorzüglich gehaltene kleine Allee leitete auf das an einem Hange liegende Wohnhaus zu, vor dem ein Bowlinggreen, — mit blühenden Büschen und einem Signalmast, an dem die schwarzweißrote Flagge hing —, zum Strande führte; jenseit des Wassers erhob sich steiler Bergwald, wie ein Kap vorspringend, auf dessen halber Höhe sich ein werdendes Holzgebäude erhob, eine neue Missionsstation von der Herz Jesu-Gesellschaft. Im Meere sah man fern hohe Inseln, während der Hafen rückwärts mit gewundenen,

in Waldpartien sich verlierenden Wasserarmen abschloß,
Szenerien etwa, wie sie die Havelseen, selbstverständlich mit ganz anders gestalteter Vegetation, bieten. Dazwischen lag auf dem Wasser die kleine, weiße, zierliche
„Möwe" ganz stattlich zu Anker und schien ihre Kriegsflagge mit besonderem Stolz auswehen zu lassen.

Die europäischen Wohnhäuser der westlichen Südsee
haben ziemlich den gleichen Typus. In Faisi sah man
ganz ausgezeichnet geordnete Waffen-Arrangements; auch
befand sich dort ein sehr geräumiges Speisezimmer in
einem Anbau, und in der Veranda davor waren kleine
Kanoes als Behälter für Blattpflanzen und Blumen benutzt. Sehr dankbar als Blattschmuck erwiesen sich besonders die mannigfaltig gestalteten und gefärbten
Kroton-Arten, während die große rote Blume des Hibis-
cusstrauches, wie überall, ihren Purpur leuchten ließ.

So ein Haushalt mit einer weißen Frau mutete doch
ganz anders an als die vielen Trader-Heime, die ich hier
draußen gesehen habe, in denen nur eine Eingeborene
wirtschaftete. Mr. Tindal war der Sohn eines englischen
Admirals; auch seine Frau schien aus guter Familie zu
sein. Die Kinder — meist Mädchen — sahen sehr blutarm
aus. Ein alter Kapitän K. genoß im Hause sein Ruhe-
brot; er war einer jener häufiger vorkommenden Deutschen, die jede Beziehung zu ihrem Heimatlande, selbst
die Kenntnis ihrer Muttersprache verloren haben. Außerdem waren die zwei Pater vom heiligen Herzen Jesu
anwesend, von denen die erwähnte Station gegründet
ward.

Auf der Veranda genossen wir einen wundervollen
Mondscheinabend, während die kleine, bisher noch schüch-

tern im Verborgenen strebende Bordkapelle zum ersten Mal sich achtbar hören ließ.

Am nächsten Morgen nahmen unserer mehrere ein sehr scherzhaftes Bad unter einem sogenannten „Wasserfall", dessen fingerstarke Wassermasse jeder nur einzeln genießen konnte. Gegen das Seewasser an Bord oder das glühendheiße Kondensations-Süßwasser fiel der Genuß aber immerhin ins Gewicht.

Zu unserer Betrübnis erfuhren wir, daß die geplante Ausdehnung der Rundfahrt nach Choiseul wegen eines Manteldefekts an der Maschine aufgegeben und eine schleunige Rückkehr zur Ausbesserung in Herbertshöhe ins Auge gefaßt werden mußte. Wir hatten uns schon auf einen Zusammenstoß mit den „Kopfjägern" gefreut, wilden Stämmen, die lediglich nach Kopftrophäen trachten und, meist aus dem englischen Teil der Salomons kommend, auf benachbarten, damals deutschen Inseln ihre Opfer zu jagen pflegen. Zwischen der deutschen und englischen Regierung war über diesen Punkt schon verhandelt worden. Deutsch-englische Gegensätze kommen dabei gar nicht in Frage; die starken Häuptlinge suchten sich eben nur Operationsgebiete aus, in denen schwächere Stämme hausten. Seit dem deutsch-englischen Südsee-Vertrag bezüglich Samoas haben sich ja auch die Besitzverhältnisse auf den Salomon-Inseln verschoben. Bougainville nebst Buka ist aber in unserem Besitz verblieben.

An diesem zweiten Tage — ich war noch ein wenig auf die Tauben- und Papageien-Jagd gegangen — kam das Palaver zustande, um dessen willen der Gouverneur den Besuch machte. Im Laufe des Nachmittags hatten sich die Häuptlinge des Bezirks mit ihren Leuten eingefunden. Erwartungsvoll standen diese beim Bootsschuppen

und dem neuen Copra-Hause umher, ihre zahlreichen, hoch-
geschnäbelten Kanoes lagen beim Anlegeplatz; es war ein
malerischer Anblick. Das Verhör der drei Häuptlinge fand
allein im „Store", dem Ladenhause, statt. Die Häuptlinge kauerten am Boden nieder, der eine sehr langsam und zögernd. Der angesehenste unter ihnen führte
den gebildeten Namen Ferguson. Seine ganz originelle
Figur war außer durch lange Lava-Lava mit einer
weißen Jacke bekleidet. Auf einem fast zwergenhaften,
aber sehr fleischigen, starken Rumpf, den ein paar kurze
Beine, stämmig wie Eichenklötze trugen, saß ein riesenhafter
Kopf mit mächtiger Wollperücke. Das große, sehr dunkle
Gesicht war noch jung und klug, aus den mit rotgeadertem
Weiß umgebenen Augen und dem wulstigen, roten Betel-
Munde sprachen Energie, Sinnlichkeit und Grausamkeit.
Wenn ich nicht irre, war er es, der einen Harem von
fünfzig Weibern besaß, die in einem großen Hause nicht
weit von Faisi zusammenwohnen und in künstlicher Un-
fruchtbarkeit erhalten wurden. Diese Sitte schien hier auch
sonst zu bestehen, denn alle eingeborenen Kinder, welche
man in Faisi sah, waren, wie mir gesagt wurde, von anderwärts hergebracht. Die beiden anderen schwarzen Herren erschienen weniger beachtenswert. Das Palaver oder vielmehr
Verhör wurde in dem mit Eingeborenen-Worten vermengten
Südsee-Pidchin-Englisch nicht ohne Schwierigkeiten geführt; zuletzt mußte auch noch ein 11jähriges Töchterchen
des Mr. Tindal, die den Eingeborenen-Dialekt fertig
sprach, hinzugezogen werden. Sie entledigte sich ihrer
Aufgabe voller Geschick. Herr Tindal hatte schon unter
der Hand erfahren, wer die Brandstifter gewesen seien;
die Häuptlinge gaben zu, daß es diese wirklich getan hätten,
und nannten noch einen dritten. Als Grund gaben sie

Abneigung gegen Herrn Tindal an, der aber selbst meinte,
daß die ihm feindseligen Leute ihn durch Vermögens-
beschädigungen zwingen wollten, von seinem Besitz fort-
zuziehen.

Natürlich kauten die Häuptlinge dabei ihre Betel-
nüsse, sprißten den roten Speichel aber nicht ins Zimmer.
Nach Unterzeichnung des Protokolls mit ihrem Handkreuz
— einer konnte nur zu einem Strich bewogen werden
— drückten sie sich gern beiseite. Zwei der Täter befanden sich unter den gekommenen Begleitern und sollten
festgenommen werden. Doch wie wir unter die Eingeborenen traten, verschwand der eine, der andere wurde
von den Polizeijungen ergriffen und mußte den Speer
und seine kleinen Schmucksachen abgeben. In Angesicht
der bewaffneten Soldaten wurde selbstverständlich an
Parteinahme und Widerstand nicht gedacht. Ferguson versprach, den entwichenen Übeltäter an Herrn Tindal zu
übergeben und auf den nicht erschienenen zu fahnden.
Er kam später seinem Versprechen getreulich nach. Mit
staunenswerter Beredsamkeit hielt er eine lange Ansprache an seine Leute, die sichtlich wirkungsvoll war.
Auch Dr. Sch. sprach; er bezeichnete Ferguson als den
Mann, den die Regierung für den Ersten erkenne und
dem alle zu gehorchen hätten. Inzwischen drängte man
sich eines heftigen Regens wegen unter dem Bootsschuppen
zusammen. Es wurde noch lebhaft gehandelt, namentlich
erwarben wir einige schöne Speere. Mrs. Tindal saß mit
ihren Kindern, Tabak und Pfeifen zum Eintausch im
Schoß, am Boden, mitten unter den nackten, mit Federn
und Nasenringen geschmückten, bewaffneten Kerlen, als
ob ihnen nie etwas passieren könne; was in diesem Augenblick wenigstens zutraf.

Inzwischen war die „Möwe" ungeduldig bis hart an
den Landungsplatz gedampft, und wir mußten uns ein-
schiffen. Der Abschied der Angehörigen des Brandstifters,
der zur Aburteilung in Herbertshöhe mit an Bord genommen wurde, war in der Tat nicht ohne rührende
Züge. Die Tränen standen den Leuten im Auge.

Nachdem auch diese Mission in der Hauptsache erfolgreich gewesen, dampften wir an der Westküste Bougainvilles wieder nordwärts. In der ebenfalls wenig gekannten
Kaiserin-Augusta-Bucht gingen wir noch einmal zu Anker.
Mit einem Kanoe, dessen Insassen sehr furchtsam waren,
entwickelte sich ein eigentümliches nächtliches Palaver
wegen Anbordbringens von Früchten. Am nächsten Morgen
kamen auch einige Kanoes mit Fruchtladung heran. Inzwischen fuhr Dr. Sch. mit den Polizeijungen — Mr. G.
und ich begleiteten ihn — an Land, um eine freundschaft-
liche Verständigung mit den Eingeborenen zu suchen. Wir
gelangten an ein sandiges Ufer ohne vorliegendes Riff.
Hinter dem Sandstreifen kam ein etwa 30 Meter breites
Flüßchen aus dem Innern und ergoß sich, eine Barre
bildend, nicht weit von unserem Landungsort ins Meer.
Hinter dem Fluß erstreckte sich ein Dorf, und am jenseitigen Ufer lagen Kanoes, bei denen jetzt Eingeborene erschienen. Wir gaben ihnen zu verstehen, daß sie uns
hinüberholen sollten; statt dessen zogen sie aber ihre
Kanoes die Böschung hinauf in den Busch. Vermutlich sahen
sie die zu unserer Sicherheit mitgenommenen, wenn auch
beim Boot zurückgelassenen Polizeijungen, und hatten
sicher Furcht, daß wir „fighten" wollten. Wir zeigten
ihnen Tabak und warfen solchen in den Fluß. Nur einer
wagte es, sich etwas zu holen und ging dann gleich wieder
durch das ziemlich tiefe Wasser zurück. Ich ließ eine rote

Lava-Lava wehen, die offenbar auf die splitterfasernackten Naturburschen tiefen Eindruck machte, denn Schreie des unverkennbaren Entzückens wurden laut; aber trotzdem beharrten sie mißtrauisch und kampfbereit, mit ihren Waffen in der Hand, in ihrer abwehrenden Stellung. Was sollten wir machen? Unser Boot konnten wir nicht in den Fluß bringen und nur mit Zeitverlust eine Umgehung versuchen. Ein Vordringen wäre vielleicht mit Pfeilschüssen und Lanzenwerfen abgewehrt worden, wahrscheinlich aber wären die Kerle, mit oder ohne Kampf, ausgerissen. Da mußten wir also den Besuch des Dorfes aufgeben, um so mehr, als wir wußten, daß die „Möwe" nicht zu warten liebte. Schade, wie verlockend wäre es gewesen, dem Flußlauf etwas nachzuspüren!

Das Vorland war nicht durch die bisher überall erblickten Strandpalmen charakterisiert, sondern erinnerte an deutsche Uferlandschaften. Die weite Umrahmung der Bai mit hohen Bergzügen und malerischen Vulkankegeln ist sehr schön, wie überhaupt gerade die Westseite Bougainvilles uns ganz prachtvolle Landschaften mit einer Fülle von Plateaus, Abstürzen, Tälern, Einschnitten und gewaltigen Gipfeln zeigte, von denen der tätige Vulkan Mount Balbi bis zu zehntausend Fuß in die Wolken steigt. Leider sahen wir ihn zur Zeit weder rauchen, noch Feuer ausstoßen. Und alles ist grün, bis zum letzten, höchsten Fleck von wahrhaft gigantischen Waldmassen bedeckt! Allerdings erzeugt dies auch wieder eine Eintönigkeit, in die erst nach einer langen, langen Reihe von Jahren durch die umsichgreifende Kultur vielleicht eine Änderung hineingetragen werden wird. Den Gedanken, den Ort an dieser Küste aufzusuchen, nach dem, wie man wußte, das Mr. Tindal gestohlene Boot verschleppt worden war, ließen wir fallen, denn die Täter waren nicht mehr zu fassen, und selbst die Existenz des Bootes erschien sehr zweifelhaft. Zuweilen dampften wir aber so nahe an der Küste, daß wir die aus dem Busch gekommenen Kanaken deutlich erkennen konnten; einige Dörfer erschienen wiederum wie ausgestorben, weil die Bewohner sich aus Furcht vor dem vorüberziehenden Kriegsschiff versteckten. Fernab am flacheren Buka vorbei, das man vor nicht langer Zeit für einen Teil von Bougainville hielt, steuerten wir nordwestlichen Kurs auf den St. Georgs-Kanal zu. In der Küstennähe von Bougainville hatte die klare, tiefblaue Farbe der See zuweilen einem unsichtigen Graugrün Platz gemacht, was auf Flußmündungen deutet.

Am 26. April mittags liefen wir nach dieser einwöchigen Rundfahrt wieder in die reizende Blanche-Bai ein, nachdem wir beim Einfahren noch die unhöfliche, gerade absegelnde norwegische Coprabark gezwungen hatten, ihre Flagge zu zeigen.

Sofort nach dem Eintreffen vor Herbertshöhe ritt ich nach Maulaupau, um Frau P. zu bitten, mir einige Wochen am Lande Quartier zu gewähren, da ich beschlossen hatte, die „Möwe", obwohl sie mir so lieb geworden, doch endlich zu verlassen, und weil ein Hotel damals noch nicht existierte. In der üblichen Archipelgastfreundschaft verweigerte Frau P. die Festsetzung einer Pensionssumme, hieß mich zunächst willkommen und verwies im übrigen auf die Entscheidung ihres von Sydney zurückerwarteten Gatten.

Maulapau war als eines der Vorwerke der Ralumpflanzung zu betrachten. Es lag nebst anderen Siedelungen hoch an der Plateauküste bei Herbertshöhe, ein gutes Stück auf dem Wege nach Matupi, oder vielmehr nach dem

Wanlaupau bei Herbertshöhe

der Insel Matupi gegenüberliegenden Teile der Gazellen-Halbinsel. Aber dieser Weg existierte zur Zeit nur in großer Unvollkommenheit, namentlich nach Matupi zu wurde er durch die an das Ufer tretenden Felsen gänzlich unterbrochen.

Diese Sieblungen, unter Kokosnußhainen am Rande des Urwaldes, in der Nachbarschaft kriegerischer Kannibalen, ausgestattet mit so viel erwünschter Behaglichkeit, hatten doch etwas höchst Eigenartiges. Die Eingeborenen der Umgebung waren nun zahmer geworden, aber mir wurde von allerlei früheren Überfällen und Kämpfen berichtet, bei denen z. B. der junge F. um sein Leben gelaufen war, und Herr P. zu Pferde seinen und seiner Frau Rückzug durch den Busch mühsam mit seiner Büchse gedeckt hatte. Auch mußte Frau P. wohl, in Abwesenheit ihres Mannes, die Flinte in der Hand, mit Hülfe ihrer Boys zur Verteidigung von Heim und Kindern schreiten. Wenn man ihre hoch-gewachsene, stattliche Figur im langen, weißen Schlepp-gewande, mit dem breiten Strohhut auf dem stolz ge-tragenen Kopfe sah, konnte man sich vorstellen, wie sie sicher in dieser kriegerischen Rolle ein anfeuerndes Ele-ment abgegeben haben mußte. Aber auch auf die Boys, die Bukajungen, war nicht immer Verlaß gewesen. Ein Bösewicht unter ihnen hatte einst, als sie auch allein gewesen, unter nichtigem Vorwand die Arbeit verweigert und im Kreise der anderen Boys erklärt, er werde Frau P. töten, wenn sie ihm entgegentrete. Frau P. begab sich trotzdem, nur mit der Reitpeitsche in der Hand, aufs Feld. Der gefährliche Bursche schwang ein Beil, indem er rief, daß er sie augenblicklich töten werde, falls sie es wage, ihn anzurühren. Frau P. sah, daß sie bei geringstem Nach-geben verloren sein würde, und die Reitpeitsche sauste eins

über das andere nieder. Und der sonst nicht feige Buka
schlug nicht zu, sondern ließ sich züchtigen und gehorchte
wie ein Hund.

Das Wohnhaus von Maulapau war eines jener auf
kurzen Pfählen stehenden, einstöckig von einer Veranda umgebenen Holzbauten, wie ich sie schon mehrfach geschildert
habe. Lange nicht so luxuriös wie Gunamtambu, erschien
es doch recht behaglich. Ein prächtiges, nach Art gelber
Rosen blühendes Schlinggewächs, dessen Namen selbst
der sonst so kundige Hausvater mir nicht zu nennen vermochte, umrankte die vorderen Säulenpfosten und teilweise das Dach. Im Vordergrund führten breite Holzstufen zur Veranda; seitwärts stand ein großer Tank für
das aufgefangene Regenwasser, das der Süßwasserknapp-
heit halber sorglich gesammelt werden mußte. Diese oft
dumpfigen Wasserbehälter waren sicherlich geeignet,
Scharen von Moskitos anzuziehen. Natürliche Wasserläufe gab es nur weiter entfernt, und an verschiedenen
Stellen vor dem Ufer sprudelten nicht nutzbare Süßwasser-
quellen aus der See.

Bunte Krotonbüsche zierten den Verandafuß; ein
malerisches, etwas welliges Rasenplateau erstreckte sich vor
dem Hause, auf dem, außer einigen Palmen, die ernsten
Kasuarinen und einige schöne eingeführte Baumexemplare
sich erhoben oder am Rande sich über der Brandung
wiegten, die etwa 30 Meter tiefer den Sandstreifen des
schmalen Uferlandes bespülte. Rechts senkte sich gleich
eine üppig bewachsene Schlucht, aus der, wie überall,
einzelne Palmenstämme dem niedrigen Busch entragten
und sich im Hintergrunde den Kokosnuß-Wäldchen und
-Hainen angliederten, die landein über die Höhen und
Schluchten sattelten. Rechts an das Wohnhaus reihte sich

das Speisehaus, ein einziges geräumiges Zimmer; daran, abermals einen kleinen Rasenplatz begrenzend, das Waschhaus, vor dem die schwarzen Mägde, immer eifrig im Schwatzen, die viele Wäsche bearbeiteten. Rückwärts schlossen sich dann Küche, Vorratsraum, ein wohl eingefriedigter Kräutergarten, Ställe u. s. w., links das „Store" und Warenvorratshaus an. Hier in der Ecke, vor der Seitenveranda des Wohnhauses, fand der tägliche Handel mit den Eingeborenen statt.

Ringsherum rundeten dann wieder die Palmenhaine, zur „beach" niedersteigend, in denen das Wohnhaus für die Plantagenarbeiter sich am Hange abhob. Unten am Ufer zog sich die „Wharf", die lange hölzerne Landungsbrücke, weit in das rasch tief werdende kristallklare Grün; hier ankerte das Boot, erstreckten sich zwischen grünen Hecken die Schuppen zum Trocknen der Kopra. Auch die Rinderherde strich hier gelegentlich umher, und unentwegt stand Hans, das „Seepferd von Maulapau", ein alter Australier, der sein Gnadenbrot in ungebundenster Freiheit genoß, bis zu den Knien in der See und ließ so, gekühlt von der Seebrise, und wohl geschützt gegen Moskitos, die Tropensonne stundenlang auf sein braunes Fell glühen.

Wie oft bin ich hier, unter meinem Sonnenschirm, zwischen den grünen Hecken, wo die Malven und der Hibiscus blühte, große grüne oder buntschillernde Schmetterlinge gaukelten, hinunter oder mühsam hinaufgewandelt, begierig, jedes Eckchen von Baumschatten in der Schwüle auszunutzen! Oder auch nachts, wenn die Glühwürmchen zuckten und nur die Laterne in der Hand den Pfad dürftig erhellte.

Hier unten nämlich lag meine mir zugewiesene Wald-

Behausung, die „Villa Möwe". — Ehe man sie erreichte, weitete sich ein freierer Platz vor dem Kultur-Palmen-walde zu einem Rasenrondel, das von hohen Bäumen, namentlich einem stattlichen Brotfruchtbaum und Gebüsch gebildet und umstanden ward. Es war der Eingeborene-Markt, d. h. die Eingeborenen der Umgebung handelten hier ein paarmal wöchentlich unter sich. Ein nicht un-interessanter Anblick! Doch die Hitze stumpfte das Be-trachtungsverlangen ab; die ästhetischen Eindrücke waren nicht die günstigsten. Der Geruch der Hautausdünstung hielt sich zu lange zwischen den Bäumen; das zer-tretene Gras wurde durch den ausgespieenen Betelsaft wie von Blutflecken bedeckt. Die Ps. erzählten mir, daß sie noch regelrecht wie Schlachtvieh zerlegtes Menschen-fleisch zu Markte gebracht gesehen hätten.

Die Villa war nur ein einfaches, wellblechbedecktes Bretterhäuschen auf kurzen Pfählen. Durch die Ritzen der Fußbodenbretter sah man den stets feuchten, grasigen Erdboden. Sie enthielt drei Räume, die unter dem Dache nicht getrennt waren. Links wohnte Mr. O'M., ein Australier, ehemaliger Zeitungsbesitzer und jetzt Farm-Assistent, ein verträglicher junger Mann. Dann kam ein großer, speicherartiger Zwischenraum, das Laboratorium für Gelehrte, die hier dann und wann zu hausen pflegten. Vollgestopft war es mit alten Netzen, Schlangenkäfigen, Chemikalien, Gläsern, Büchsen u. s. w. — ein rechtes Paradies für Ratten! Daran schloß sich rechts noch ein pri-mitiver Wohnraum, von dem eine Tür sich nach hinten zur Weg- und Bergseite, eine zweite zu einer einfachen ge-meinsamen Veranda öffnete, die zwischen den Palmen durch den Blick auf die Blanche-Bai mit Mutter und Süd-Tochter und die Berge der fernen Inseln gestattete.

Meine Behausung! Ein rohrgedeckter Schuppen unterhalb der Veranda enthielt unser anspruchsloses Brausebad, während ein anderweitig nützliches Häuschen weit vom Hause lauschig im Grün, von blauen Winden überrankt, unter den Palmen, dicht am rauschenden Meere lag. Zahlreiche Eidechsen tummelten sich darin, wie ich vermutete, auch Ratten und Schlangen. Die Ratten pflegen die Palmen zum Benagen der Nüsse zu erklettern, und die Schlangen halten in den Wipfeln wiederum Rattenjagd ab.

In einer dieser Nächte — ich schlief gerade bei Dr. Sch. in Herbertshöhe — fühlte ich plötzlich, wie mein Bett stark erzitterte. Ein eigentümliches Geräusch hörend, merkte ich sofort ein ziemlich anhaltendes Erdbeben. Da sich jedoch niemand rührte, das Haus auch nicht bedroht erschien, so stand ich nicht auf, schlief auch bald wieder ein. Noch einmal erlebte ich oben im P.'schen Hause nachts ein Erdbeben, bei dem die Bäume schwankten. Wird es nicht schlimmer, so kümmern sich die Bewohner nicht um das gewohnte Naturereignis, sonst flüchten sie sich ins Freie. Soviel ich weiß, war der schlimmste den Europäern bekannte Ausbruch der bereits erwähnte, die Bulkan-Insel zu Tage fördernde, vom Jahre 1878 unterhalb der „Mutter". An der Nordwestseite Neu-Pommerns schwemmte damals gleichzeitig eine Flutwelle viele Dörfer nebst ihren Bewohnern fort, unglücklicherweise auch Mitglieder einer gerade gelandeten europäischen Forschungsexpedition.

An einem Tage spielte ich „Schulinspektor"; d. h. ich besuchte die von vielen Gebäuden bedeckte, weit ausgedehnte Missionsstation der Brüder vom Herzen Jesu, vom Sacré coeur. Da ich dem Kriegsschiff angehörte, wurde ich als Respektsperson behandelt, der alles eingehend gezeigt

warb. Die Erziehung dehnte sich zur Zeit auf ungefähr
80 Kanakenjungen und 100 Kanakenmädchen und einige
Halfcasts aus. Namentlich die Schwestern, mit der leiten-
den Mutter Hubertine an der Spitze, erschienen mir sehr
nett. Der Bischof war zur Zeit abwesend. Brüder und
Schwestern, meist Franzosen und Holländer, sprachen mehr
oder weniger deutsch und betonten ihre deutsche Schutz-
bürgerschaft stark. Der Bischof soll sogar den von ihm
eingeladenen Offizieren eines französischen Kriegsschiffes
von den Zöglingen die „Wacht am Rhein" haben vor-
tragen lassen. Der Unterricht fand in deutscher Sprache
und in neupommerschem Dialekt statt. Ich erstaunte über
die Vorzüglichkeit der mir ohne Auswahl vorgelegten
Schreibhefte. Gleichaltrige weiße Kinder schreiben nicht
besser. Der Gesang der Kinder hörte sich gut an, z. B.
das deutsch gesungene „Heil Dir im Siegerkranz". Sogar
die Handarbeiten ließ ich mir nicht entgehen; sie be-
wiesen bemerkenswertes Geschick. Am meisten Spaß bereiteten mir die kleinsten Mädchen von 6—7 Jahren, die
sich genau so verlegen-amüsiert benahmen, wie unsere
kleinen Mädel beim Besuch eines Herrn Inspizienten getan haben würden. Die Schulklasse erinnerte in ihrer
äußeren Erscheinung sonst stark an die exotischen Schilderungen der „Fliegenden Blätter".

Einen wie hohen Wert diese Kulturarbeit besitzt, wage
ich nicht zu bemessen. Sie bleibt aber schätzbare Kulturarbeit, auch wenn sie nicht aus rein-deutscher Quelle
kommt, auch wenn die Taufe an sich nicht schon als
Gewinn zu betrachten wäre, und wenn es auf
Wahrheit beruht, daß die meisten Zöglinge nach
ihrer Freilassung genau wieder so zu Buschniggern
werden, wie sie es vordem gewesen. Jeder Zoll

Kulturarbeit ist hier von Wert! Ob man die einheimischen Menschen damit glücklicher macht, weiß ich
nicht; bezweifele es sogar, selbst das Aufhören des Kannibalismus mit in Aufschlag gebracht. Und wenn das Ziel
aller Kultur nur auf Glücklichmachen beruht, so sollten wir
unsere Aufgabe darin sehen, den Kanaken keine Kultur
beizubringen. Allein, jede Kultur zwingt sich überall und
zu allen Zeiten der schwächeren auf, ohne viel nach Ziel
und Grund zu fragen. Wir gehorchen damit dem natürlichen Instinkt, der uns treibt; alles andere ist hinterher folgendes Tüfteln, Schematisieren, Phantasieren und
Schönfärberei. Es ist ja aber ganz erquicklich, wenn es
sich mit Idealismus verknüpft. Was ist recht? Was unrecht? Der Kampf zwischen Vorwärtsbringen und Beharren ist ein ewiger und kümmert sich um keinen Richter.
Die Südsee-Inseln werden sich einmal ähnlich so zur Kultur
entwickeln, wie andere Tropenländer es getan haben. Wir
— die europäischen Herren — haben zunächst einen Vor-
teil von dieser Entwickelung zu erwarten, also je stärker
wir unsere Kultur-Instinkte wirken lassen, desto nützlicher
ist es für uns. Unsere Befriedigung liegt im Schaffen selbst
und, sozusagen, in der Zwischennützung, denn möglicherweise wird unsere Kultur einst wieder von dem chinesischen Wesen, den wir für die Südsee-Entwickelung zu Hilfe
zu rufen gezwungen sind, fortgelehrt werden.

Es soll der Kongregation nicht gestattet sein, ihren
Grundbesitz stark zu vergrößern. Diese Maßnahme mag
ihre Berechtigung haben. Jede Kolonie will nach ihrer
Eigenart aufzufassen sein. Nur allgemein sei's gesagt: ich
glaube, die Stimmen, welche im Geiste unserer Verwal-
tungs- und Aufsichtspolitik eines der Hindernisse für Entwickelung deutscher Kolonien sehen, haben, trotz vielfach

verfehlter und übelwollender Kritik, nicht so unrecht. Nicht auf die Ordnung kommt es in erster Linie an, sondern darauf, daß überhaupt etwas da ist, um dessentwillen sich die Ordnung lohnt. Man sollte sich frei alles entwickeln lassen, was da will, ohne wegen dessen geargwöhnter Schädlichkeit allzu besorgt zu sein. Dem pedantischen deutschen Kastengeiste erscheint z. B. alles Mögliche „unmöglich", namentlich in sozialer Beziehung; die Bevormundungssucht spukt überall. Solange dieser Geist durch die deutschen Aufsichts- und Verwaltungsorgane, sei es auch in der besten Absicht, in die Kolonien getragen wird, wird die Entwickelung im Schneckengang beharren oder gar den Krebsgang einschlagen; und ich fürchte, daß er uns ganz bedauerlich tief im Blut steckt. — Im übrigen liegt die Langsamkeit der Entwickelung mit im natürlichen Verlauf der Dinge. Die Klimaschwierigkeiten sind einmal vorhanden, und da Zwangsarbeit auch in staatlich organisierter Form ausgeschlossen wird, so muß man eben mit winzigen Mitteln das Riesenwerk der Arbeiterbeschaffung bewältigen. Aus diesem Grunde wird vielleicht noch manches Jahrhundert über Südseewildnisse dahinrauschen. Deshalb bleibt der Besitz, wie ich schon vorhin nachzuweisen versuchte, aber doch ein wertvoller. Der Besitzer muß es nur — um einen trivialen Ausdruck zu gebrauchen — wie ein Grundstücksspekulant „aushalten" können. —

Meine erste Einrichtung in „Villa Möwe" enttäuschte mich etwas. Die Lampe brannte schlecht, das Moskitonetz war nicht in Ordnung u. s. w. Tags darauf, nach dem Bade und nachdem ich meine Sachen ausgeräumt und das Zimmer eingeräumt hatte, besserte die Stimmung sich etwas. Meine ganze Habe zeigte sich ziemlich feucht,

vieles verschimmelt, stockig und rostig. Ich war zu stumpf
gewesen, um das Lüften regelmäßig zu betreiben.
Mrs. P. teilte mir einen netten kleinen 12jährigen Boy
zu, der Tometteran hieß. Mit dessen Hilfe und der des
schwarzen Hausmädchens war ich bald leidlich eingerichtet.

An der Speicherholzwand stand mein Bett mit Moskitonetz. In einem einfachen Schreibtische lagen meine
Sachen. Glücklicherweise schlossen die noch nicht durch-
genagten Schubladen überall, was bei dem Schreibtische
Mr. O'Ms. nicht der Fall war. Infolgedessen hausten
die Ratten in dem seinigen und fraßen alle Papiere mit
Stumpf und Stiel. Die Fenster blieben nachts weit auf,
auch die Türen, falls es sich nicht genug abkühlte. Mensch
und Tier konnten frei hereinkommen. Gestohlen ward
nichts, obwohl dann und wann ein schlimmer Boy den
Store des Vorratshauses zu erbrechen suchte. Die Eingeborenen dürfen ohne Erlaubnis das Haus eines Weißen
nicht betreten, und wie es schien, wagten sie im allgemeinen auch nicht, es zu tun. Nur die Ratten tosten
lebhaft umher und respektierten unter Umständen selbst
das Bett nicht. Die Moskitos waren neben der Hitze
die ärgsten Feinde meiner Schreibtischarbeit. Tometteran
mußte sich, so viel es ging, hinter mir mit einem
Fächer aufstellen. Sonst lebte ich unten höchst ungeniert
und hätte ruhig in der Lava-Lava umherlaufen können.
Die Mahlzeiten waren reichlich und schmackhaft; ich nahm
sie oben gemeinsam mit der Familie ein. Die erwachsenen
Schwestern halfen der Mutter im „Traden", um mit
Tauschwaren den täglichen großen für Herrschaft und
Gesinde nötigen Küchenbedarf von den Eingeborenen ein-
zuhandeln.

Nach seiner Heimkehr brachte der stets zum Ge-

schichtenerzählen aufgelegte Hausherr mehr geistiges Leben
in den Familienkreis. Er hat sich durch seine Sammlungen
und Südseestudien einen Namen in weiteren Kreisen
gemacht. Vielleicht war er ein Autodidakt von gelegentlich
lebhafter Phantasie, dabei aber ein anregender und hilfs-
bereiter Mann. Ich kann seiner nur mit freundlichen
Gefühlen gedenken.

Wenn die Moskitoplage bei sich erhebendem Abend-
winde nachgelassen hatte, saß ich gern beim Schreiben
in der „Villa Möwe“. Es gab des öfteren herrliche Farbeneffekte zu beobachten. Da glitzerte die See wohl, ein drohen-
der Wolkenturm lagerte über dem Kegel der Mutter, Neu-
Mecklenburg hüllte sich in weiße Wolkenschleier, davor
streckten sich in dunklen Strichen die Credner-Inseln und
Neu-Lauenburg. Durch den Regen segelten Fischer-Kanoes.
Bei Sonnenuntergang malte Purpur und Violett Himmel
und See. Küsten und Inseln erschienen tiefblau. Mattsilber-
grau bog sich das Zweiggefieder über weiße Palmenstämme; gelbliche Früchte leuchteten darunter und zwischen den Kronen düsterten die Schatten. Dumpf aus
der Ferne tönendes Trommeln der Eingeborenen unterbrach die Stille, oder der kreischende Schrei des Leder-
kopfes.

Sehr belebend wirkte die Morgenfrische. Wenn der
große Vogel Lederkopf mißtönig sein mich störendes Früh-
lied anhob, sprang ich gelegentlich vom Lager, griff nach
der Büchse und pirschte, noch in der Nacht-Pyjama, mit
bloßen Füßen, in die Nähe der Palme, auf welcher der
Schreihals saß. Der aber war schlau; ein lautes Flattern
— und schon ertönte sein Hohngeschrei weitab von einem
anderen hohen Baum. Dann und wann hatte ich aber
doch die große Genugtuung, nach dem krachenden Schuß

das Opfer vernichtet auf den Grasboden stürzen zu sehen. Tometteran pflegte mir voll gespannten Interesses zu folgen; er bekam die für Europäer ungenießbare Beute geschenkt. Auch Mr. O'M. steuerte wohl manchmal einen erlegten Raben bei. Ps. liebten dies Abschießen, besonders der Raben, nicht, da sie sie für nützliche Insektensammler hielten. Tometteran aber erzählte rühmend den anderen Boys: plenty Kaikai (Essen) now — every day pigeons!

Eines Tages veranstaltete der Gouverneur ein großes Sing-Sing (Malangene) an der Nordküste. Am nächsten Morgen ritten wir — d. h. „Möwe"-Offiziere und eine Reihe von Gästen — dorthin über den herrlichen Gebirgssattel, von dem man sowohl nach Matupi zurück, wie nach der Nordseite wundervolle Aussicht genießt. Der heiße Ritt dauerte etwa zwei Stunden. Seit kurzem war der Weg vortrefflich ausgebessert. Auf der Nordseite ging es durch Dörfer und auf schmalem Pfade durch ausgedehnte Bananenhaine. Wir waren Gäste der großen und ausgezeichnet gehaltenen Station Kokopo vom Sacré coeur. Der Vorsteher, Pater B., machte gastlich die Honneurs. Es gab ein verhältnismäßig recht üppiges Mahl, bei dem ein gebratenes Ferkel in voller Figur auf der Tafel prangte. Die auf Eingeborenenart geräucherten Bananen wollten mir weniger munden. Ich neckte den Pater mit der Bemerkung, daß es schien, als ob das Wort „unter dem Krummstabe lasse sich gut wohnen", auch auf seine Station passe. Er zeigte eine etwas besorgte Miene und meinte, ich solle aber nicht glauben, daß es alle Tage so hoch herginge.

Hunderte von Männern, Weibern und Kindern waren zu den Tänzen versammelt worden. Man sah die Gruppen sich da und dort einzeln, im Walde oder an dem Strande ordnen und dann im Blumen- und Federschmuck stolz heranziehen. Die Tänzer hatten sich zudem mit bunten Farben beschmiert, die auch sonst Verwendung fanden; so sah ich eine rote Mutter mit einem blauen Baby. Ein Häuptling führte sein federgeschmücktes Söhnchen an der Hand, genau wie ein ehrbarer deutscher Familienvater. — Die verschiedenen Tanzplätze befanden sich auf rasigem Boden, zwischen Hecken und Bäumen, unter Palmen und Fruchtbäumen.

Zuerst tanzten die Weiber — wie gewöhnlich — ziemlich langweilig, dann die Männer. Ein Tomahawk-Tanz, bei dem bemalte Holztomahawks kriegerisch in verschiedenster Weise geschwungen wurden, würde auch in Berlin Sensation gemacht haben. Ein Häuptling kommandierte ihn. Jede Bewegung ward unter lautem Schlachtruf rhythmisch, fehlerlos gleichmäßig und mit imponierender Energie ausgeführt. Der wilde und malerische Schmuck von Pandanusblättern, die seltsame Bemalung erhöhten den Eindruck. Die Musik bestand nur im Trommeln auf Bambusrohr. Es war die schönste, kriegerischste und originellste Vorführung dieser Art, welche ich sah. Die meisten Tänze sind übrigens nicht einheimische; sie werden besonders von christlichen Fiji-Insulanern, die das Missionswerk betreiben, den Zöglingen beigebracht. Wie es scheint, ist dies der Kirche angenehm, und wahrscheinlich tut sie klug daran.

Später entwickelte sich ein Treiben genau wie auf europäischen Volksfesten, sonderlich auch was die Mischung der Gerüche betrifft. Die Eingeborenen hatten sich ihre Lebensmittel mitgebracht; familienweise lagerten sie sich zum leckeren Mahle. Dazwischen nahm das sonstige Vergnügen seinen Verlauf.

Die Hauptsehenswürdigkeit bildeten wir selbst. So viele Weiße und Pferde hat man im Busch nicht oft auf einmal zur Augenweide.

Nach scharfem Ritt — man reitet hier gewöhnlich in Schuhen ohne Sporen — gelangten wir nach Matupi zurück, wo Mrs. P. inzwischen ziemlich unerwarteterweise eines kleinen Söhnchens genesen war. Diese glücklichen, ursprünglichen Frauennaturen! Unmittelbar vor dem Geburtsakt hatten wir fortreitende Herren, ohne ihr etwas anzumerken, der Mutter einen Besuch gemacht gehabt! Dann war es gleich losgegangen. Ein noch anwesender Herr ward mit der jüngeren Tochter fortgeschickt, doch schon nach zehn Minuten zurückgeholt. Der Junge war bereits da! Zufälligerweise befand sich gerade eine Schwester von Mrs. P. zur Stelle, sonst hätte sie nur ihre ältere Tochter als Beistand gehabt. Von Hebamme oder gar Arzt keine Rede! Das war am 30. April. Am 2. Mai kehrten wir wieder nach Maulapau zurück und fanden Mutter und Kind wohlauf, trotzdem Mrs. P. erklärte, ihr Kind sei mit Fieber behaftet geboren worden. Da Frau P. einer der besten Fieberkenner des Archipels war, konnte man ihr wohl Glauben schenken. Für den medizinischen Vertreter der Moskito-Theorie wäre dies jedenfalls eine interessante Behauptung. Schon am 3. Mai kam allerlei Besuch zu Wagen und zu Roß an, der ausnahmslos angenommen ward.

Einer der öfter ausgeführten Reitausflüge galt Kabakaul, das an der Matupi entgegengesetzten Seite von Herbertshöhe lag. Dort saß auf einfacher, doch niedlicher Farm jene hilfreiche Schwester der Mrs. P., also

auch eine Schwester der Queen. Die Damen jagten immer
wie rasend hügelauf, hügelab über Stock und Stein; wohl
oder übel mußte man als Herr der Schöpfung, um sich
nicht zu blamieren, eben mit, obwohl man mit vollem
Recht dieses Abjagen der Pferde für Unsinn erklärte.
Frau Wolff, eine junge Berlinerin, die später nebst
ihrem Kinde auf schreckliche Weise von Eingeborenen
ermordet ward, blieb als schwere Reiterin manchmal
etwas zurück; so stand ich ihr einmal bei, als ihr Pferd
die eine steile Böschung zu einem Bach hinabspringen
mußte und an dem anderen ebenso steilen Ufer durchaus
nicht hinaufspringen wollte.

Ein junger Gelehrter, Dr. Th. aus Straßburg, war
inzwischen von einer Archipelrundreise wieder in Matupi
eingetroffen; er hatte einige Häuptlinge von den Ad-
miralitäts-Inseln mitgebracht, die uns mit außerordent-
licher Virtuosität ein Trommelkonzert bereiteten. Ferner
machten wir eine Fahrt mit dem neuen, elektrisch be-
triebenen Auxiliar-Schoner „Mascotte", der auf einer
späteren Reise von einer Explosion betroffen ward.

An einem schönen Maitage brachen wir bei 33 Grad
Celsius in großer Kavalkade von zwölf Herren und Damen
nach dem Varzin auf. Die unfriedlichen Stämme am
Varzin hatten sich wieder einmal bekriegt, weshalb
Dr. Sch. es für nötig hielt, die Schutztruppe zu unserer
Sicherheit mitzunehmen; vielleicht aber sollte die Schutztruppe sich zeigen, und wir benutzten diese Gelegenheit
zu dem interessanten längeren Ausfluge. Wir ritten auf
meist gutem Wege 3—4 Stunden durch hübsche Gegend,
einige ganz manierliche Dörfer und schattige Waldungen.
In den Bergen um den Varzin wird die Landschaft sogar
großartig. Man schaute über die vulkanisch abwechslungs-

reich gestalteten Berge, sowohl rechts wie links, auf das
Meer, in dessen tiefem Blau die fernen Inseln träumten.
Dichtes, reichschattiertes Grün deckte alle Höhen und
Täler. Umhockt von Eingeborenen mit aufgesperrten
Augen und Mäulern — ein paar Häuptlinge befanden
sich im Besitz von alten Flinten — lagerten wir uns auf
einem Sattel an halber Bergeshöhe zu einem Picknick.
Zuvor hatten wir noch einer, trotz Wetter und Einge-
borenenkämpfe wohlerhaltenen Holztafel daneben einen
ehrfurchtsvollen Besuch abgestattet, dem gutgemeinten
Bismarckdenkmal des Archipels, das hoffentlich, der Absicht und dem Bemühen der Archipelbewohner gemäß, inzwischen durch ein dauerndes in Stein ersetzt worden ist.

Die meisten erklommen sodann den dichtbewaldeten,
steilen Kegel des Barzingipfels. Bei glühender Sonne
und zuletzt durch dichten Busch mit allen seinen Schikanen
an Schlinggewächsen und Stechpflanzen war das kein
Spaß. Auf dem Gipfel ward zugleich eine dienstliche
Handlung vollzogen. Die mitgebrachten Leute mußten
eine Lichtung hauen, in welcher eine weit über See sicht-
bare Vermessungsmarke errichtet ward. Der Abstieg ge-
gestaltete sich fast noch mühseliger als der Anstieg. Zum
Überfluß verliefen Dr. Sch. und ich uns noch in den eine
wahre Gluthitze ausströmenden Alang-Alangfeldern.
Gründlich erschöpft langte ich wieder auf unserem Lager-
platz an. Dr. N. von der „Möwe" musterte mich kritisch
und meinte, er habe mich noch nie so schlecht aussehend
gefunden.

Ungünstigerweise brach nun ein tropischer Regen
heftigster Art los. Ein Guß folgte dem anderen;
das Schuhwerk ward so schwammig, als ob man darin ge-
watet habe. Man jagte immer durch das spritzende Wasser;

an besonders steilen, lehmigen Hängen mußte man freilich
vorsichtiger sein, da die Pferde glitschten und fast sitzend
abrutschen mußten.   Einige Reitgenossen „trennten sich"
gelegentlich von ihren Rossen, so die junge Frau F., eine
verwegene Reiterin, die bei der Karriere um eine scharfe
Ecke aus dem Sattel flog und auf ein Haar noch über-
ritten worden wäre.   Sie kam ohne Beschädigung davon.
In „Villa Möwe" angelangt, badete ich sofort und
genoß, in Ermangelung von Sekt, einen Kognak.   Ich
glaubte, so auch ohne prophylaktische Chinindosis dem
Fieber ein Paroli geboten zu haben.   Der Regen hörte
jetzt selten auf.   Es war, nebenher bemerkt, um die Zeit
des mysteriösen Duck-Duck-Festes der Eingeborenen.   Sie
sahen fast wie Kreisel aus in dem Duck-Ducktänzer-Kostüm,
das den Oberkörper nebst Kopf durch eine spitze Tüte
verdeckt, während um die Hüften ein kurzer Gras- oder
Blätterrock hängt.   So erblickte man sie an der Beach
umherschleichend und in Kanoes zum heimlichen Sammel-
platz davonrudernd.   Um sie nicht zu erregen, spürt der
Europäer ihnen nicht nach.

Sechs Tage nach dem Varzinritt saß ich eines Nachmittags gegen Sonnenuntergang mit Mr. P. unter den
Palmen auf rasigem Plateaurande und trank ein Glas
Bier.   Zum Kuckuck, es schmeckte und bekam nicht recht!
Vor Hitze und Moskitos flüchteten wir in die Veranda.
Auf einmal überfällt mich ein Schüttelfrost.   Ich wußte
sofort, was es war, und sagte melancholisch lächelnd zu
Herrn P.: „Es hat mich!" — Mit 38 Grad Fiebertempe-
ratur ward ich zu Bett gebracht und hatte eine hunds-
elende Nacht.   Herr P. verordnete zunächst castor-oil.   Da
die Geschichte eines solchen Malaria-Anfalls vielleicht für
Ärzte Interesse haben kann, so seien hier damalige Tage-

buchnotierungen, die ich zum Teil kurz hinterher nach-
trug, wiedergegeben:

17. Mai: Sehr krank. Chininnehmen wegen Fieber-
höhe unmöglich. Konnte nicht schwitzen. Erhielt Anti-
pyrin. Nutzlos. Fieber über 39°. Schlechte Nacht.

18. Mai: Noch kränker. Über 40°. Nachmittags
kam der Stabsarzt. Hatte inzwischen 42°. Fast be-
sinnungslos. Wurde naß eingepackt. Erhielt Abwa-
schungen, kaltes Klystier u. s. w. Temperatur ging etwas
zurück. Ruhigere Nacht.

19. Mai: Etwas besser. Fieber hielt sich aber immer
über 39°, sodaß ich noch kein Chinin erhalten konnte.
Herr und Frau P. rührend freundlich. Alle die Tage
nichts gegessen und keinen Schlaf. Schlechte Nacht. Bei
vollem Bewußtsein verstrichen mir die Minuten qualvoll.
Ich lag meist allein, da alle zu tun hatten. Daß der
Boy mich fast gar nicht verstand, war jetzt natürlich ein
doppelt übeler Umstand.

20. Mai: Mit äußerster Anstrengung (in Decken-
verpackung) etwas geschwitzt. Wunderbares Gefühl, als ob
ich in einen Wald voll rauschender Bäche käme: der erste
Schweißtropfen! Wurde wieder sehr schlecht. Fieber stieg.
Solange die Kraft reichte, blieb ich zum Schwitzen unter
der Decke. Doch die Temperatur stieg immer mehr. Bis
41,2° konnte ich messen; wie hoch es dann noch kam, weiß
ich nicht. Wie mir später mitgeteilt wurde, war es
zwischen 42° und 43°; die Skala des Fieberthermometers
ward überstiegen! Warf die Decken von mir, da mir alles
gleichgültig ward. Seltsame Fähigkeit, Figuren und Bilder
zu sehen (Fratzen und abgeschnittene Köpfe). Vermengung
von Wirklichem und Eingebildetem. Ganz tolle Fieber-
nacht vollster Qualen. Erhielt Opium eingeflößt. Ich

mußte immer reiten, ohne absteigen zu können; dann
machte ich mir in meiner Phantasie eine wilde Geschichte
zurecht; das Fieber sei mir eingeredet worden, und der Arzt
wäre mit im Komplott u. s. w. In der Meinung, ich
hätte nie Fieber gehabt, schleuderte ich gegen Morgen alles
von mir, machte die Tür nach der kalten Bergseite auf,
lief im Hemde umher und trank immerfort Wasser mit
Rotwein. Dann warf ich mich — oder fiel ins Bett
und schlief ein. Das war der Höhepunkt gewesen.

21. Mai (Pfingstsonntag): Das Fieber war gebrochen. Ich konnte bei ungefähr 38⁰ Chinin bekommen.
Fieber ging langsam zurück. Noch appetitlos und ganz
schwach. Fürchte mich, länger in „Villa Möwe" zu bleiben.
Tägliche mächtige Regengüsse machen die schimmelige Luft
noch feuchter.

Am nächsten Tage ward ich in das Wohnhaus oben
auf das Plateau getragen. Ich hatte mir vorgenommen,
nicht fern der Heimat sterben zu wollen, und es war mir
geglückt. Ich selbst bestand energisch auf meinem Wohn-
wechsel, da ich in der „Villa Möwe" an keine Genesung
glaubte und der Anblick der Palmen mir unerträglich
geworden war. Am 24. konnte ich zum ersten Male
etwas gehen, blieb aber noch wochenlang ziemlich schwach.
Die geringer werdenden Chinindosen nahm ich weiter.
Ein Anfall stellte sich nicht mehr ein. Allein ich war
es doch ganz zufrieden, den mir einstweilen etwas unbehag-
lich gewordenen Archipelboden mit der nächsten „Stettin"
wieder verlassen zu können, um zur Erholung ins javanische Gebirge zu reisen. Am 28. Mai feierten wir die
Taufe des Babys bei Sekt und ganz hervorragend schönem
Kasuarbraten, und am 29. lief endlich die „Stettin" ein,

die mir die ersten Nachrichten von meiner Familie seit
dem 16. Januar brachte. Das war ein Festtag!

Mehrfach kamen in dieser Zeit Eingeborene von der
Küste und aus den Bergen und erbaten von Frau P. Rat
und Hülfe. Es machte einen eigentümlichen Eindruck, so
manchen, mit Speer bewaffneten, notorischen Kannibalen
gütig lächelnd neben den spielenden Kindern hocken zu
sehen. Einmal handelte es sich darum, die Unschuld eines
Dorfgenossen zu bezeugen, der sich Ausschreitungen gegen
die Frau eines Bukajungen erlaubt haben sollte. Ein
andermal beschwerten sie sich über einen europäischen wes-
leyanischen Missionar, der in der Nähe seines Hauses
zum Duck-Duck-Feste sich musikalisch Einübende ohne
weiteres mit seinen Leuten überfallen haben sollte.

Am 1. Juni kühlte sich die Temperatur bei Regen
angenehmerweise auf 22 Grad C. ab. Bis dahin hatten
wir stets 31 bis 32° C. im Schatten gehabt, auch wohl
höher, aber nicht niedriger. Nun, beim Abschied, brach
die angenehme Zeit des SO-Passats an. Ich hatte just
die schlimmste Jahreszeit zwischen NW- und SO-Wind
im Archipel zugebracht. Am 2. Juni nahm ich Abschied
von der mir lieb gewordenen „Möwe"-Messe. Der Kommandant lud mich zwar ein, wieder an Bord zu ziehen
und später mit nach Sydney zu fahren, doch hielt ich
es für richtiger, jetzt über Java und Siam nach China
zu gehen. — Mein Kammernachfolger auf der „Möwe",
der neu hinauskommende Zahlmeister, ist nachher in Herbertshöhe, als er beim Kartenspiel auf einer Veranda
saß, von einem Melanesier erschossen worden. Ob die
Kugel wirklich ihm oder einem anderen gegolten, scheint
nicht recht aufgeklärt worden zu sein.

Am 3. Juni gegen Dunkelheit verließ ich auf der
14*

„Stettin" die Reede von Herbertshöhe. Es waren viele Abschiednehmende, und dementsprechend kam außer dem „Möwe"-Stabe fast die ganze Europäerschaft nebst Kind und Kegel von der Gazellen-Halbinsel, und was zu ihr Beziehungen unterhielt, an Bord. Es wurde wieder viel Sekt getrunken, mancher aufrichtige Händedruck und Wiedersehenswunsch ausgetauscht. Zum letzten Male sah ich die Kegel von „Mutter" und „Südtochter" in den düsteren Himmel ragen; dahinter stand noch das Abend-rot zwischen lichtlosen Wolken.

Es war — abgesehen vom Fieber — doch ein reizender Aufenthalt mit einer Fülle von eigenartigen Eindrücken im Archipel gewesen! In meinen jüngeren Jahren hätte ich mich ganz gern hier als Pionier der Zivilisation und des Deutschtums ansiedeln mögen. —

IV. Auf der „Stettin" über Neu-Guinea nach Batavia.

Malariakranke an Bord. — Schwester Auguste. — Erinnerung an den „Cormoran". — In der Astrolabe-Bai. — Flußfahrt nach der Jomba-Pflanzung. — Vor der Ramu-Mündung. — Das hübsche Berlinhafen. — Durch die Pittstraße. — Von Makassar nach Java.

Die frische Seebrise tat mir unendlich wohl. Dazu hatte ich durch die Liebenswürdigkeit des Kapitäns Kr. eine ausgezeichnete Kabine bekommen. Ich war übrigens nicht der einzige Fieberkranke am Bord; im Gegenteil, die kleine Zahl der Kajütspassagiere bestand überwiegend aus Malaria-Kranken oder Erholungsbedürftigen. Von der „Möwe" gingen noch Oberleutnant Sch. und Leutnant K. zurück, beide in recht elendem Zustande. Ferner befand sich unser oft vor Fieber klappernder Freund W. von der Firma Hernsheim & Co. auf der Heimreise, sodann der ebenfalls angekränkelte Dr. Th., sowie der letzte stellvertretende Landeshauptmann der Neu-Guinea-Kompagnie, Herr Sc., einer der allerkränksten. Auch der Chef der Firma Hernsheim, der nebst seiner Gemahlin eine Zeitlang wieder draußen nach dem Rechten gesehen, fuhr mit heim. Die junge, so kräftig erscheinende Frau hat diese Reise kaum ein paar Jahre überlebt. Schwester Auguste H., die ich schon früher erwähnte, benutzte die „Stettin" zu einer ozeanischen Erholungsreise. Aber sie wollte wieder mit der „nächsten Stettin" nach Herbertshöhe zurück, wo sie sich mittlerweile, nachdem sie ihrem Schwesternberuf entsagt, angekauft hatte. Sie schien gänz-

lich mit Europa gebrochen zu haben. Sie sagte mir, es
zögen sie keine Bande mehr dorthin, sie gedenke, ihre
Tage im Archipel zu beschließen. Die interessante und
originelle Dame, die übrigens noch keineswegs so sehr
alt war, haust seitdem, nur von Eingeborenen bedient,
ziemlich einsam, aber, wie es scheint, ganz zufrieden als
Landwirtin in „Palaupai", ihrem Holzhäuschen an der
Blanche=Bai.

Wir dampften nördlich um die Gazellen=Halbinsel
herum, Neu=Pommern südlich lassend, und steuerten zu=
nächst die bergigen und bewaldeten Deslac=Inseln an.
Bei schönem Sonnenuntergang tauchten die drei Kegel
der Insel Merite auf. Die höchste Spitze beträgt 685 m.
Ein an Bord kommender Händler teilte uns mit, es
seien bei ihm sechs Kisten mit Patronen vom „Cormoran",
etwa einen Meter unter der Oberfläche schwimmend, an=
getrieben und geborgen worden.

Dann erblickten wir das von weißem Gewölk um=
mantelte, stolze Finisterre=Gebirge wieder und ankerten vor
Erima in der Astrolabe=Bai. Die Weiterfahrt führte zu=
nächst nach Friedrich Wilhelmshafen, wo wir unter
anderem, wenn auch nur in wenig Blöcken, herrliches
Kalophyllholz (sogenanntes Neuguinea=Rosenholz) über=
nahmen, das schwimmend längsseit gebracht ward.
Wir vermieden es, über Nacht zu ankern. Da
tagsüber keine Gefahr bestehen soll, konnte ich der
Versuchung nicht widerstehen, noch einmal an Land zu
gehen. Einen Fieberanfall hatte ich nicht mehr gehabt,
nur erheblich unter Magenschmerzen gelitten. Der Ober=
maschinist und ich erhielten ein von schwarzen Jungen ge=
rudertes Boot geliehen, in welchem wir den kleinen Jomba=
fluß hinauf in den Busch zu der wieder eröffneten Tabak=

plantage Jomba fuhren. Dieser Weg führt zuerst durch
landsee- oder sumpfartiges, breites Gewässer, in dem das
verkommende Wrack eines großen Fahrzeugs lag. Dann
geht es in den schmalen Flußlauf hinein. Dichter Busch,
Baummangroven, Sago- und Niepapalmen, direkt aus
dem bräunlichen Wasser strebend, ringsum. Ins Fahrwasser gestürzte Bäume bereiteten mir beim Steuern
Schwierigkeiten. Endlich verboten sie dem Boot tieferes
Eindringen. Wir setzten die Fahrt im Kanoe eines
Chinesen fort, der, wohl als Fährmann, in armseligster
Hütte hier mitten im fieberschwangeren Sumpf hauste.
Später hatten wir noch ein Stück zu der, auf umfang-
reicher Rodung in etwas höherem Waldterrain gelegenen
Pflanzung zu wandern. Viel zu schauen gab es dort
noch nicht. Zahlreiche javanische Zimmerleute arbeiteten
erst an den neuen Stationsgebäuden. Als wir die schmale,
starkgewundene Strömung wieder hinabglitten, gestaltete
sich das Fortkommen über die Hindernisse noch schwieriger
So landschaftlich bezaubernd dieser tropische Wasserwald
auch erschien, ich hätte keine Stunde außerhalb des Bootes
in ihm verweilen mögen. — Später war ich noch einmal
an Land, um mir auf der Poststation Marken abstempeln
zu lassen, was die freundliche deutsche Postmeistersfrau
besorgte. Nur im Hembhöschen standen ihre zwei niedlichen 6—7 jährigen Töchterchen dabei. Ich freute mich
für die vor Blutarmut wachsbleich aussehenden kleinen
Dinger, daß ihnen die baldige Rückkehr nach Europa winkte.
    Unser nächstes Ziel war die Mündung des Ramu-
oder Ottilien-Flusses. Einer der Leiter der aus verschiedenen Gründen nie sehr erfolgreich gewesenen Ramu-
Expeditionen befand sich bei uns an Bord. Die Landschaft
um die Ramu-Mündung ist flach, nur in der Ferne ge-

wahrt man niedrige Berge. Die Mündung selbst entzog
sich von unserem Ankerplatz aus den Blicken. Das grüne,
in größerer Ufernähe gelbgraue Wasser opalisierte fast
bei auffallendem Lichte. Brandung machte sich nicht be-
merkbar. Rings in See erhoben sich Kegel-Inseln.
Als vorübergehenden Gast hatten wir einen „Sprech-
häuptling“ oder Kakam des Dorfes Margitsch von der
Venusspitze am Ramu am Bord. Er war ein alter, dunkel-
häutiger kleiner Affe, der mit blauer Bemalung unter
den Augen und rotem Anstrich von Nasenrücken und
Augenbrauen sowie häßlichen Zotteln im Bart ebenso
komisch wie unangenehm aussah, sich aber unablässig im
Kajütenspiegel bewunderte.

Von der Ramu-Mündung ab trat die niedrige Küste
noch weiter zurück; das Wasser ward noch gelblicher. Wir
befanden uns in der Mündungsnähe des Kaiserin Augusta-
Flusses. Fern in See ragte die Vulkaninsel auf. Hinter
den Schouten-Inseln fielen die Abendschatten der hohen
Wolken auf die Wasserfläche. Dann berührten wir einen
recht anziehenden Küstenpunkt: Berlinhafen bei der Insel
Seleo. Gegenüber liegt die Insel Ali, auf der die „Möwe“
früher einmal ein Gefecht zu liefern hatte. Nun kommt
die Insel Angailo, zwischen der und dem Festland von
Neu-Guinea die Babelsbergstraße hindurchführt. Es war
eine eigentümlich schöne Gegend. Bergkulissen, im Hintergrund von ansehnlicher Höhe, zogen sich um das grüne
Vorland. Auf der Insel Seleo machten wir einen höchst
unterhaltenden Spaziergang. Hier unterhielt die Neu-
Guinea-Gesellschaft eine hübsche Station, deren Leiter,
Herr L., ein übrigens auch von Malaria behafteter Herr,
mit uns in die Heimat ging. Er kam mit chinesischen
und malaiischen Tradern, die Kopra brachten, auf das

Schiff. Wir löschten dafür von Amboina hergeschafftes Dachmaterial aus dem Holz der Sagopalme. Nebenbei bemerkt: die Holländer verfrachteten sehr gern mit der „Stettin"; die holländischen Schiffe sollen weniger pünktlich sein. — Das, wie üblich, breit aufgetreppte Stations= haus lag an einem gut gehaltenen Vorgarten, in dem u. a. eine eigentümliche Blume wuchs, die mir als entarteter Heliotrop bezeichnet wurde. Eine schattige, breite Allee von herrlichen, mächtigen Kalophyllbäumen zog sich male= risch durch den Busch in der Ufernähe. Handgroße Schmetterlinge übergaukelten den Weg. Wir nahmen ein Dorf in Augenschein, dessen interessantes Zauberhaus jenen bekannten, nach oben spitz aufgebogenen Dachstil der Kultusstätten der westlichen Südsee zeigte. Zutunliche Papuas mit ungeheuren Wollperücken, dabei einige schon recht große Mädchen ohne jegliche Bekleidung, begleiteten uns.

Einen kurzen Besuch, den letzten in Neu=Guinea, stat= tete die „Stettin" dann noch dem nahen festländischen Tamara ab. Unter den Eingeborenen, die aufs Schiff kamen, befanden sich ein junger Häuptling und seine junge Schwester. Er arbeitete nichts; die Schwester soll ihn gänzlich erhalten. Die gutmütige Frau H. beschenkte das recht niedliche Mädchen überreich mit Putz. Dieses ließ sich dann nur schwer bewegen, sich voller Scheu zum erstenmal in ihrem Leben in einem Spiegel zu betrachten.

Immer zwischen Festland und Inseln fahrend, nahmen wir nun Kurs nach dem ziemlich bedeutenden holländischen Handelsplatz Makassar auf dem südlichen Ende von Celebes. Dabei passierten wir nach achttägiger Reise wieder die Pittstraße zwischen Battanta und Sal= wathi, die wir bereits mit der „Möwe" durchmessen. Steile

5—600 Meter hohe, dichtbewaldete Ufer zogen sich zu beiden Seiten der starken Strömung hin; das tiefblaue Meerkolorit war wieder dem Grün gewichen. Hier und da gewahrte man am Buschrande Eingeborenenhütten, die ganz verlassen schienen; doch sah man zuweilen wandernde Eingeborene; sie hielten sich also nicht alle versteckt. Häufig trieben Palmen und andere entwurzelte Bäume auf der spiegelglatten Oberfläche. Dann schwand die letzte Spitze des Insel=Kontinents Neu=Guinea im Fernnebel achteraus.

Segelnde Dhows kündeten die Nähe malaiischen Landes. Schöne Küstenlandschaften, wie die der Inseln Boeroe, Wangi=Wangi und Boeton, mit mäßig hohen Bergen, Kegeln und Plateaus folgten. Rauchartiges Gehänge lag bei Sonnenuntergang über hellen Wolkenflächen; der Reflex des roten Gewölks färbte die See an Steuerbord rot, während sie an Backbord tief blau schimmerte. Wir dampften das bißchen Wind gänzlich aus, sodaß es schwül an Bord ward. Es war hier, am 13. Juni, als mich das Fieber noch einmal, aber auch zum letztenmal packte. Bei 39,4° verbrachte ich eine recht elende Nacht. Am 14. liefen wir in Makassar ein, und am nächsten Tage fuhr ich nach besserer Nacht an Land, da ich mir Geld von der Bank holen wollte. Trotzdem ich zum Ausgange bei glühender Sonne gezwungen ward, kam ich gut davon.

Makassar ist eine ziemlich große, hübsche, echt holländische Tropenstadt. Einzelne Straßen wurden von herrlichen Tamarinden=Alleen durchzogen. Im Hafen fesselten eigentümliche Schiffssegel und Scharen von Fregattenvögeln den Blick. Von Makassar nahmen wir eine holländische Redakteursfamilie mit. Die blonde Kinderschar lief selbst bei kühlem Wind und Regen immer als ganz kurz geschürzte Hemdenmätzchen an Bord umher, die Frau nach niederländischer Tropensitte im Nacht-anzuge (freilich wird bei Tage ein frisches Exemplar ge-tragen), d. h. in dunkelgemustertem Sarong, einer spitzen-besetzten Nachtjackenart, und in der Kabaya, dem ge-musterten Kattunrock. Darunter soll nichts der Rede Wertes an Bekleidung mehr vorhanden sein. Die nackten Füße stecken in Strohpantöffelchen. Zu den Mahlzeiten erschien sie dann in grande toilette.

Bei der wundervollen Kühle, die jetzt auf See herrschte, erholte ich mich rasch und gründlich. Am 18. Juni tauchten bei herrlichem Wetter die ersehnten Berge Javas auf und bald darauf liefen wir in Tandjung Priuk, dem Hafen von Batavia, ein.

V. Erholungszeit in den Bergen Javas.

Allgemeine Erinnerungen an Java und seine Bewohner. — Herr Sc. und ich verlassen die „Stettin". — Reisegäste. — Der Hafen von Tandjung Priuk. — Gegend bis Batavia. — Batavia und die Batavier. — In Weltevreden. — Buitenzorg und sein botanischer Garten. — Wegeindrücke in West-Java. — Auf Eisenbahnen. — Das ehemalige Militärbad Sindanglaya. — Der Berggarten am Tjibodas und der Wasserfall von Tjiboreum. — In der Stadt Bandong. — Das Hochtal und Bad Garoet. — Auf den Papandajan. — Nach dem Telega-Bodas. — Maos in Mittel-Java. — Ein interessanter Sumpf. — In der Sultanstadt Djokjakarta. — Die Tempelruine von Boro-Boedoer. — Über Soera-Karta nach Soerabaya. — Eindrücke in Soerabaya und Ost-Java. — Das Tengger mit der Gesundheitsstation Tosari. — Holländische Badegäste. — Ritt nach dem Sandsee. — Besteigung des Bromo und Widodaren. — Javanische Pferde. — Nochmals nach Batavia. — Ein niederländischer Postdampfer. Singapore.

Welche bunte Reihe von Bildern ist an mir vor=
übergezogen! Nüchtern manchmal im Erleben, wie
eine Landschaft ohne abtönenden Schatten, im grellen
Mittagslicht; aber doch sehr wunderbar, doch jenen Nach=
genuß bietend, der den Beweis liefert, wie tief die unbe=
wußte Aufnahme der Eindrücke gewesen ist.

Ich sehe mich mitten nach Java hineinversetzt, nach
Djokjakarta, dem alten Sultanssitz, mitten in die über=
wucherten, gewaltigen Trümmer der Wasserburg. Dort
im Schatten hoher Mauern plätschert ein Brunnen,
Treppenstufen steigen zu einem stillen Bassin hinab, das
über und über begrünt ist; hier und da blinkt der braune
Spiegel hindurch. Lachende dunkelbraune Kinder tum=
meln sich in diesem Märchenteich, einst gewiß der Lieb=
lingsaufenthalt schöner Sultaninnen. Das Wasser glitzert
auf ihrer nackten Haut oder im schwarzen Haar, das
Knaben sowohl wie Mädchen lang herabhängend tragen,
sodaß sie kaum voneinander zu unterscheiden sind. Ihre
weißen Zähne und dunklen Augen glänzen, während sie

mir fröhlich zulachen. Es sind Kinder von Urbewohnern,
von Hindus, die einst Java bevölkerten und jetzt nur
noch verstreut vorkommen wie ihre Tempelruinen.

Dieses Bild tritt mir zuerst entgegen, wenn ich
Javas gedenke, da es der Phantasie lieb wurde, nicht
etwa, weil es bestimmend wäre. Nein, das Bestimmende
liegt nicht im Romantischen, sondern in der Lieblichkeit,
der Ordnung, wenn auch Seltsames nicht ausgeschlossen
ist. Und wie das Romantische, so fehlt auch Gewaltiges,
Wuchtiges; wenigstens zu normaler Zeit. Naturereignisse
mögen gelegentlich Wechsel schaffen; denn das Feuer tobt
dicht unter der Erdrinde, und das Schicksal Martiniques
erscheint auch hier wohl niemals ganz ausgeschlossen.

Java ist die schönste Kolonie des Ostens. Mir, der
ich direkt aus der Wildnis kam, machte das Geschaffene
einen starken Eindruck, und als ich mit der Bahn den
dschungelartigen Sumpf durchfuhr, der unmittelbar an
das kultivierte Batavia grenzt, einen Sumpf, wie er uns
in Neu-Guinea als unüberwindlich für die Anlage von
lebensfähigen Orten erscheint, da sagte ich mir: Was der
Holländer konnte, wird der Deutsche auch vermögen!

Freilich hat der Holländer, indem er sich obendrein
gegen die Engländer in schweren Kämpfen zu wehren
hatte, viel vermocht; aber doch nicht soviel, wie es land-
läufig erzählt wird. Man gebe uns ein Land in der
Nähe großer Schiffahrtsstraßen, von günstiger Bodengestaltung, ohne zu viel Sumpf, ohne unübersteigliche
Bergschranken, mit reichbewässerten Ebenen und Tälern,
und vor allem mit einem alten, fügsamen Kulturvolk, das
arbeitet oder zur Arbeit gebracht werden kann — und
wir werden wahrscheinlich noch mehr leisten!

Kakaobohnen-Sammlerinnen in Java

Das ist für ein um soviel größeres Mutterland, wie es Deutschland gewesen wäre, keine Überhebung, zumal deutscher Fleiß und deutsche Intelligenz gerade auf Java mitgearbeitet haben und noch heute mitarbeiten in Kontoren, Pflanzungen und Fabriken, oder indirekt durch die Erzeugnisse unserer Industrie. Der indische Holländer ist im Durchschnitt indolenter und, wie mir scheint, noch weniger wirtschaftlich in seinen Privatbedürfnissen als der auch schon zu Ausgaben geneigte Deutsche des Auslandes. Seine hohen Beamten werden hoch, die niedrigen schlecht bezahlt; Bestechungen sollen nicht selten sein.

Es ist früher auch Raubbau, schlimmer vielleicht als von den Engländern in Indien, getrieben worden; Unsummen wurden aus dem Lande gezogen und in der europäischen Heimat aufgebraucht. Das wunderbare Land hat dies alles ertragen; ein anderes wäre daran zu Grunde gegangen. Heute ist das nicht mehr so; man kann nicht mehr aus dem Vollen wirtschaften und arbeitet daher verständiger und gerechter; Pessimisten aber behaupten, es sei schon zu spät. Es soll also den Holländern viel Tüchtiges in ihren indischen Leistungen nicht abgesprochen werden; der Zustand der Eingeborenen, die Bewirtschaftung des Bodens, die Bewässerungsanlagen u. s. w. legen dafür Zeugnis ab; nur das maßlose Bewundern, das die Javabesucher verkünden, kommt ihnen nicht zu. Sie bewundern uns auch nicht, wenigstens nicht laut. Sie leben noch immer in der geheimen Furcht, mitsamt ihren Kolonien von uns verschluckt zu werden, und finden uns in vieler Hinsicht höchst unsympathisch. Es herrscht etwas wie nachbarlicher Dorfhaß gegen uns, also die unbegründetste und zäheste der Abneigungsformen, wie wir sie ja auch anderwärts antreffen. Natürlich ist

15*

dies im allgemeinen gesagt. Spinnt sich der Privatverkehr
auch nicht immer so ganz leicht für uns an, so macht er
doch nach und nach eine Menge vortrefflicher und liebenswürdiger Leute offenbar, unter denen gerade der Deutsche
zuverlässige Freunde findet.

Java macht Hollands Bedeutung im Osten aus. Aber
nun ist auch Sumatra kräftig angebrochen worden und
befindet sich in steigernder Entwickelung. Auch Borneo
entwickelt sich, und Celebes soll energischer geöffnet werden.
Notabene, in dem deutschen Geographie-Unterricht lernen
wir diese Namen häufig mit falscher Betonung; es heißt:
Sumátra, Celébes, Bórneo.

Man staunt jetzt schon über die vielen Bahnen, Hotels
und Dampferlinien in allen Teilen dieser Länder, die wir
als wilde zu bezeichnen pflegen. Dazu kommen die ko-
lonisatorisch älteren Kulturstätten auf kleinen Inseln, wie
auf den Molukken. Andererseits liegen noch riesige Gebiete jungfräulich da.

Java selbst ist ein Damenland. Das will sagen,
Damen können mit absoluter Sicherheit und unter denselben Bequemlichkeiten wie zu Hause das Land bereisen,
und dieses ist durch das Überwiegen lieblicher Landschaften
geeignet, gerade das weibliche Gemüt zu befriedigen.
Bis auf die höchsten Vulkane reitet man bis oben hinauf,
oder kann sich hinauftragen lassen; irgendwelche um-
ständliche Vorbereitungen sind ziemlich überall unnötig.
Daneben gibt es, vor allem im vielbereisten Preanger-
Distrikt in West-Java, Gegenden, wo der wilde Büffel,
das Rhinozeros und der Tiger hausen; sie halten sich im
dichten Dschungel verborgen, und der Mensch, der nicht
unter großen Mühen zu ihnen hineindringt, ist so sicher
vor ihnen, wie unser Publikum zu Haus vor den Tieren

im Zoologischen Garten. Die zahlreichen Reptilien
fliehen den Menschen gleichfalls. Die Wahrscheinlichkeit,
von einer Schlange gebissen zu werden, dürfte kaum
größer sein, als etwa in ostpreußischen Wäldern sich einen
Kreuzotterbiß zuzuziehen. Bei dem lebhaften und stets
auch aus Deutschland zunehmenden Fremdenverkehr auf
der Insel ist es erstaunlich, daß unsere bewährten Reise-
handbücher sich dieser Gegend noch nicht bemächtigt haben.
Ein ausreichendes holländisches Reisehandbuch existiert
bis jetzt nicht.

Ungern scheidet man von der schönen Insel. Wer
je Gelegenheit hat, etwa in Singapore, in ihre Nähe
zu kommen, sollte nicht aus geringen Bedenken den Besuch
unterlassen. Namentlich der Deutsche, der für Deutschlands überseeische Entwickelung ein warmes Herz besitzt,
kann hier viel lernen. Er kann lernen an den Fehlern
und Vorzügen der Holländer und wird gerade hier in
seiner Ansicht befestigt werden, daß es ein kurzsichtiges
Unterfangen war, welches sich in einer jetzt wohl endgültig abgeschlossenen Epoche jahrelang bemühte, dem
deutschen Volke einzureden, der Nutzen von Kolonien sei
ein überwundener Standpunkt. Wir sind emsig dabei,
unsere Verkehrsbeziehungen nach der Inselwelt Ostasiens
zu erweitern, und wir tun recht daran. Es gibt noch viel
dort zu schaffen. Die Mitwirkung der deutschen Flagge,
so sehr sie manchem Holländer ein Dorn im Auge sein
mag, wird wiederum, wie ich schon andeutete, von den
niederländischen Geschäftsleuten ihrer Zuverlässigkeit
halber sehr geschätzt. Die den Verkehr zwischen Singapore
und Neu-Guinea vermittelnde Reichspostlinie könnte noch
viel mehr holländische Zwischenfracht haben, als ihr ohnehin anvertraut wird, wenn sie nicht in erster Linie andere

Aufgaben zu erfüllen hätte. Vielleicht liegt der Nutzen
Neu-Guineas für uns nicht in letzter Linie darin, daß
wir wieder aufmerksamer auf die holländisch-indische Ko-
lonialwelt geworden und in nachbarliche Beziehungen zu
ihr getreten sind. Die Holländer brauchen nicht zu be-
fürchten, daß wir Annexionsgelüste hegen. Wir achten
fremden Besitz, und wenn wir nicht so täten, würden andere
es hindern, gleichwie wir eine Vergewaltigung Hollands
nicht dulden könnten. Aber ein friedliches Zusammen-
arbeiten liegt sowohl in unserem, wie im niederländischen
Interesse, denn wir brauchen Absatzgebiete, ebenso wie
die Niederländer des deutschen Hinterlandes benötigen.

Doch nun wieder zu den fortlaufenden Ereignissen!

Das Scheiden von den „Stettinern" fiel nicht leicht.
Einer von ihnen, Herr Sc., schiffte sich mit mir in
Batavia aus. Wir waren im ganzen während der nächsten
Wochen zwei treue Reisegefährten. Sehr angenehm erschien es mir, daß er gern und gut rechnete. So über-
nahm er denn den täglichen Finanzetat, wodurch mir
mancher Augenblick zum ungestörten Beobachten frei ward,
den er der Buchführung widmete. Außerdem verfügte
er über einige Kenntnisse des Malaiischen, was uns hier
und da zu statten kam. Wir mußten uns vor Antritt
der Reise Pässe besorgen, und freuten uns dann in den
Zeitungen lesen zu können: „Onder de gebruikelijke voor-
waarden is aan de heeren H. S...en J. W... voor den tijd
van zes maanden vergunning verleend tot reizen door
Nederlandsch-Indië."

Der Hafen von Tandjung Priuk gewährt in einer
gewissen Entfernung von See aus einen sehr hübschen
Anblick; man sieht auf dem flachen, begrünten Lande
zwar nicht viele Gebäude, auch keinen Mastenwald davor,

aber in der Ferne erheben die Berge und Vulkane West-
Javas ihre wolkenumgürteten Häupter und spannen
die Erwartung. Dann verschwinden sie; aus dem längst
grau-grün gewordenen Wasser laufen wir in das gelbliche, zwischen zwei langen Molen, die, sich einander zu-
biegend, eine genügend breite Einfahrt lassen und den
eigentlichen, weit hingestreckten Hafen bilden. Ein paar
kleinere holländische Kreuzer, ein italienisches Kriegsschiff, etwa ein Dutzend Dampfer und einige Segelschiffe
lagen verstreut hintereinander zu Anker, dann gewahrten
wir einige Werft- und schwache Befestigungsanlagen und
ein Schwimmdock, im ganzen kein sehr lebhaftes Bild für
einen weltberühmten Port, für ein Werk, dessen Bau viele
Millionen Gulden und Tausende von Menschenleben ver-
schlang. Der Hafen hat aber dennoch seine große Bedeutung gehabt und besitzt sie noch, wennschon der Handel
von Soerabaya den von Batavia überflügelte. An den
Quais mit ihren bedeutenden Lager- und Kohlenschuppen
liegt noch ein halbes Dutzend Dampfer von der „Konink-
ligen Paketvaart-Maatschappij", der „Messageries mari-
times" und einigen anderen Linien. Es gehen vielleicht
soviele große Schiffe im Jahre aus und ein wie in
Hamburg in einem Monat.

Das Erste, was mir auffiel, war der Bahnhof von
Tandjung Priuk. Ganz wie bei uns, nur, daß jenseit der
Geleise die Palmen stehen; das zweite war der ungeheure
Sumpf, den man auf der ungefähr zwanzig Minuten langen
Eisenbahnfahrt nach Batavia passiert. Da wucherte der
Busch mit Sagopalmen, Alang-Alang und Sumpf-
pflanzen in wildester Fülle; dazwischen blinkt bräunliches
Wasser. Wie gesagt, das reine Neu-Guinea! Welch hoff-
nungsvolle Perspektive entwickelte sich! Warum soll man

dort nicht auch einmal in den bequemen Coupés erster
Klasse ein solches Schlangen- und Eidechsenparadies durch-
fliegen? Ich erwartete jeden Augenblick einen Tigerkopf zu
sehen, der uns sehnsüchtig aus dem Dschungel nachblinzelte.
Das einzig Gebildete in dieser Gegend bestand in einem
Kanal, auf dem Lastkähne zivilisiert getreidelt wurden,
sowie in einer von zweiräderigen Karren befahrenen Land-
straße. Zuweilen steckten auch Hütten im Sumpf, und
nahe der Stadt Lagerhäuser mit dicken, weißen, ange-
grünten Mauern, die förmlich Fieberluft auszuströmen
schienen. Die Schatten abgeschiedener holländischer Kommis,
die bis zu ihrem frühen Ende hier gewaltet hatten, tauchten in meiner Phantasie auf.

Nicht von vornherein hat dieser Sumpf bestanden.
Vorzugsweise ward er erst am Ende des 17. Jahrhunderts
durch einen Vulkanausbruch erzeugt, der die Mündung
des Batavia durchfließenden Tjiliwung verschüttete. Auch
die Fleete und Kanäle der damaligen Stadt, die volks-
reicher war als die heutige, der prächtigen „Königin des
Ostens", versumpften durch das stagnierende Wasser. Sie
ward ein berüchtigter Platz, bis einsichtsvolle Gouver-
neure die Fleete teilweise zuschütteten, eine neue, höher
gelegene Wohnstadt anlegten und später die modernen
Hafen- und Kanalisationsarbeiten vornehmen ließen. Die
schönsten Teile der neuen Stadt sind Weltevreden und
Reijswijk, die mit der Altstadt durch einen mehrere Kilometer langen Stadtteil verbunden sind. Auch oberhalb
Weltevredens haben sich wieder Stadtteile gebildet, mit
Außenposten von Eingeborenenorten. Überall ziehen sich
Wasserläufe hindurch, nur nicht so weit verzweigte, wie
in der alten, malerischen Unterstadt.

Im unteren Batavia nahm „John Chinaman" so-

fort alle Sinne in Beschlag: jenes Treiben vor niedrigen
Häusern, mit einem Gewölbe an dem anderen, wo alles
Erdenkliche gehandelt, gegessen und gerochen wird; dazwischen schmutzige Kanäle, baufällige Häuser daran,
schreiende Leute auf Kähnen und braune, badende und
waschende, nackte Menschen mitten im Wasser.

Die Verbindung mit der oberen Stadt ist sehr entwickelt; Eisenbahn, Dampfbahn und ein Heer von Wagen
vermitteln den Verkehr, letztere überwiegend zweiräderige
Kabrioletts, in denen man, mit dem Rücken gegen den
Kutscher gewendet, seinen Körper nach hinten zu so angenehm unterzubringen sucht, wie es das Fußbrett zuläßt.
Kürzere Beine sind dabei immer vorteilhafter, als längere.
Den Erschütterungen und ihren schleudernden Folgen begegnet man am besten durch Anklammern an eine Eisenstange des Daches. Erst wenn man viele Meilen über
eine frisch mit Steinen beschüttete Straße auf solchem
Fahrzeug zurückgelegt hat, weiß man seine Eigentümlichkeiten voll zu würdigen! Feiner steht es natürlich dem
Europäer, einen zweispännigen Wagen zu nehmen, als
eine solche Karrete nebst einem mehr oder weniger hundeartigen, aber immerhin recht flinken Pferdchen. Die
Wagentaxe ist nicht billig. Auch außerdem gibt es auf
Java wenig Billiges; man muß mindestens rechnen, mit
einem holländischen Gulden zu bezahlen, was zu Hause
eine Mark kostet. Für viele Dinge stellt sich das Verhältnis noch ungünstiger.

Von starker Steigung auf der Fahrt nach Weltevreden
merkt man nichts; die Höhendifferenz ist nicht sehr beträchtlich. Oben haben wir keine geschlossene Stadt und
keine Chinesen mehr, wenigstens nicht in den guten Teilen.
Mancher Chinese besitzt ein großes Vermögen, bewohnt

prächtige Häuser und fährt nur in der eigenen eleganten
Equipage, aber wohnen darf er nicht im Europäerteil.
Einzig in der alles nivellierenden Tram- und Eisenbahn
schlägt der Geldstandpunkt durch; der wohlhabende Chinese
und Javaner fährt nicht in der Abteilung für „Inländer“,
sondern zweiter oder gar erster Klasse, während mancher
ärmere Europäer sich mit dem Inländer zusammenhocken
muß, mit dem er außerdem nie in Berührung kommt. Das
kontrastiert etwas mit dem sonstigen Bestreben, die Aristo-
kratie des weißen Mannes aufrecht zu halten.

Wenn man den Osten kennen lernt, sieht man,
daß die „gelbe Gefahr“ keine eingebildete ist. Batavia
besitzt unter seinen 120 000 Bewohnern nicht einmal ein
Zehntel Europäer, aber über ein Drittel an Chinesen. Fast
nirgends mehr wird man ohne den Chinesen fertig; vom
tiefsten Süden bis zum höchsten Norden nistet er sich
ein und manövriert alles aus. Europa kann vielleicht
über chinesischen Boden herrschen, hüten wir uns aber,
daß der chinesische Geldsack nicht einmal über Europäer
herrschen wird!

Java ist mit Chinesentum schon ganz durchsetzt; die
Holländer sind schwach dagegen, und mir scheint, die Eng-
länder noch mehr. Die Fähigkeit, Kaufmann im großen
Stil zu sein, wird dem Chinesen allerdings bestritten.
Er könnte sie aber erwerben.

Weltevreden und die angrenzenden Teile bis Meester
Cornelis sind ganz allerliebste Ortschaften. Poesie hat der
materielle Niederländer doch, das beweist sein Heimat-
land, das beweist die Anlage seiner indischen Städte. Der
europäische Teil macht immer den Eindruck einer Villen-
und Gartenstadt. Die Häuser, wie ich sie schon früher bei
den Molukken beschrieb, sind niedrig, mit breitem, vorn

ausladendem Pfannendach, unter dem sich die loggienartige Veranda befindet; sie liegen zurück im Garten,
im Schatten schöner Bäume, an der Front oft mit einer
großen Zahl glasierter Vasen oder Kübel versehen, in
denen Topfgewächse blühen. Auch die Hotels und selbst
die Geschäftshäuser mit ihren Läden sind in dieser Villenart an den Straßen erbaut. Diese werden meist durch
wundervolle Alleen von Tamarinden oder Kanaribäumen
beschattet; dazwischen stehen da und dort die sogenannten
Tulpenbäume, die Flamborians, mit Kronen, aus denen
große brennendrote, kelchartige Blüten hervorleuchten.
Dann gibt es auch schöne Anlagen und weite, grüne, von
Bäumen eingefaßte Plätze, auf denen die holländischen
Soldaten in ihren bunklen Uniformen eifrig exerzieren.

Von den Denkmälern will ich lieber schweigen.

Unter den Gebäuden fallen gewöhnlich die Gouverneur= und Residenten-Sitze sowie die „Societeits“, die
Klubgebäude, durch Stattlichkeit und ihre Gärten auf.
Abends kann man häufig von der Straße aus durch die
Zimmerflucht der Klubs und besseren Häuser hindurchsehen. Man gewahrt dort herrliche Marmorvestibüle, elegante, dem Klima angemessene, reichbeleuchtete Räume,
Damen und Herren in hellen Toiletten, die außer Salon=
Plauderei und Ruhen in Schaukel= und anderen bequemen
Stühlen offenbar nicht viel zu tun haben. An den Stufen
lungern eingeborene Boys in rotbesetzter, weißer Tracht.
Dieselbe Gesellschaft hält vorher Korso ab in eleganten
Equipagen, mit livreegeschmückten, aber barfüßigen
Dienern, die hintenauf stehen.

Tagsüber arbeiten die Herrn meist in ihren Comptoiren; ich glaube, die Damen arbeiten überhaupt nicht,
sie haben ja für jede Spezialleistung einen besonderen

Boy, dem sie auf malaiisch ihre Befehle erteilen. Dazu machen sie sich's in der Toilette bequem. Das der Eingeborenentracht gleichende Negligé wird sogar in den Häusern und Hotels bei der Reistafel, dem täglichen Lunch, getragen und für die Nachmittags-Siesta bis zum Ausfahren oder Diner wieder angelegt.

Die Reistafel zwingt dem Neuling ein erstauntes Lächeln und dann fortgesetzt lächelndes Erstaunen ab. Es ist Reis mit Curry, aber noch mit etwa sechs bis sechsunddreißig anderen Zutaten, da man, was sonst noch auf den Tisch kommt, hineinschneidet und durcheinander mengt: Geflügel, Frikandellen, Fisch, Fleisch, Eier, Gemüse, rohe Gurke, Ingwer — kurz alles, was da trocken und naß, süß, sauer, oder salzig ist. Hamburger Aalsuppe mag sich mit ihrer Ärmlichkeit an Ingredienzien dagegen verstecken! Dies Gemisch wird mit Löffel und Gabel verzehrt.

Selbst die Damen sind dabei von einer unheimlichen Leistungsfähigkeit. Mir saß einmal mehrere Tage ein blondzöpfiger Backfisch von vierzehn bis fünfzehn Jahren gegenüber, der, ohne Übertreibung, regelmäßig das Drei- bis Vierfache von dem, was ich zu bewältigen vermochte, verschwinden ließ. Nach der Reistafel gibt es noch einen Fleischgang, Pudding, Früchte u. s. w.

Die Diners zwischen 8 und 9 Uhr sind womöglich noch ausgiebiger.

Man kann sich nicht wundern, daß diese Lebensweise so viele korpulente, vielleicht aber blutarme Frauen zeitigt.

Die Kinder, die das Genossene durch Herumspringen gut verdauen, sehen überwiegend prächtig aus. In der häuslichen Toilette wird ihnen gar kein Zwang angetan; sie tragen wenig mehr, als das, was ihnen der Schöpfer

Wohnhaus eines holländischen Residenten

mitgab. Mit zunehmenden Jahren vermehrt sich dies ein bißchen, aber man kann Kinder herumlaufen sehen, die unverhüllt Gliedmaßen zeigen, die bei uns Erwachsenen Ehre machen würden.

Gegen den Fremden sind die Holländer steif, auch oft noch nach der Vorstellung, im Gegensatze zum Engländer. Fast alle verstehen mehr oder weniger deutsch, aber gering ist, wie gesagt, die Vorliebe für die Deutschen. Manchmal mag deutsches Wesen, das nicht immer mit dem holländischen übereinstimmt, schuld daran tragen.

Der Franzose dagegen wird nach wie vor geliebt und bewundert. Es liegt ja auch heute noch in französischer Art viel Bestechendes; aber sonst fragt man vergebens nach der Ursache dieser allgemeinen Erscheinung. Die guten Leute kennen eben fast niemals ihre Geschichte, oder verkennen sie.

Der durchschnittliche tägliche Preis für Wohnen und Speisen beträgt in ganz Java 5—6 Gulden, das ist für das Gebotene nach Landespreisen nicht zu viel. Wir fanden uns im Weltevredener Hotel recht gut untergebracht. Man haust besonders parterre in Hofzimmern, die sich zellenartig um das Hauptgebäude gruppieren. Die Veranden laufen ringsum. Vor jeder Zelle stehen bequeme Liege- oder Lungerstühle. Das gemeinschaftliche Hotelleben spielt sich also meist, bei aller Abschließung, doch ziemlich öffentlich ab. In manchen Badeorten ist das Pavillon-System beliebt. Die Gäste bewohnen hier für sich abgeschlossene, in Gärten liegende Pavillons. Nur die Mahlzeiten bleiben gemeinschaftlich. Vor den Mahlzeiten pflegt man ein „Peitje" zu sich zu nehmen, frei zur Benutzung stehender Schnaps von ungeheurer Schärfe. Da man zuerst die

nötige Wasserverdünnung noch nicht kennt, so verbrennt
man sich an ihm leicht die Kehle.

Unser unterhaltender Konsul, Herr v. S., war recht
liebenswürdig gegen uns; wir speisten oft zusammen,
wobei ich manche wertvolle Aufschlüsse von ihm empfing.

Das Spazierengehen oder Spazierenfahren in den
schönen, schattigen Straßen Weltevredens bereitet immer
neuen Genuß. Sowohl das elegante Leben und Treiben
der Europäer vor den Kaffeehäusern und Konditoreien
abends ist amüsant, wie das der Eingeborenen am Tage.

Die Bildungsanstalten Batavias sind zahlreich, die
Benutzung zeigt ganz europäischen Charakter. Erwähnens=
wert ist außer den Anlagen um die Citadelle das Museum,
das am Koningsplein, einem der weiten, von Alleen ein=
gefaßten Plätze liegt. Die Sammlungen altjavanischer
Schätze und Ethnographica darin sind wertvoll, originell
und gut geordnet.

Wir durchdampften nun den größten Teil Javas
zweimal. Diese Strecke — von Batavia bis Soerabaya
— beträgt ca. 960 Kilometer und wird, mit Unterbrechung
in der Nacht, in zwei Tagen zurückgelegt. Da wir uns
unterwegs erheblich aufhielten, gebrauchten wir ein paar
Wochen dazu.

Zuerst wurde nach bequemer, einstündiger Eisenbahn=
fahrt über die allmählich steigende, wohlkultivierte Ebene
Buitenzorg besucht. Die ansehnliche Stadt ist der Haupt=
sitz des Generalgouverneurs. Jetzt war gerade ein neuer
gekommen, ein aus dem Genie=Korps hervorgegangener
Soldat. Dem Herrn geht es äußerlich sehr gut; er be=
zieht ein enormes Gehalt und bewohnt die herrlichsten
Residenzen. Sein villenartiges, weißes Schloß in Buiten=
zorg ist gleichsam ein Teil des Botanischen Gartens.

Ein ganz reizender Aufenthaltsort, dieses „Sorgen-
los" der indischen Niederländer! Nur der Regen spielt
zu gewissen Zeiten den beständigen Gast. — Der weltbe-
rühmte, noch immer im Wachsen begriffene und auch durch
deutsche Tätigkeit mitgeschaffene Botanische Garten ist das
Ideal jedes Hortikulturisten. Ich habe ihn nur als Natur-
bewunderer durchpilgert und mich namentlich über die
herrlichen Abschlüsse gefreut, die die umliegenden Berge
der wechselnden Bodengestaltung geben, sodaß man hinter
Palmen-, Laub- oder Nadelholzgruppen, hinter lotos-
bedeckten Teichen und Blumenterrassen immer die imposanten Rückkulissen ins Blau oder in die niederwallenden
Wolken sich erheben sieht. Blumen sind freilich in der
Minderzahl. Die Bedeutung liegt in der Vollständigkeit,
Schönheit und systematischen Anordnung der Blattpflanzen. Hervorragend schön ist eine von Schlinggewächs
berankte, gewaltige Kanarinuß-Allee, die erst kürzlich einem
geschätzten deutschen Landschafter als dankbarer Gegenstand für seinen Pinsel gedient hatte. — Die vortrefflich
schmeckende Nuß müßte eigentlich ein guter Importartikel
aus unseren Südseekolonien sein. Doch erinnere ich mich
nicht, sie je in Europa erblickt zu haben.

Unmittelbar an diese weitgedehnte Schöpfung der
Wissenschaft und Gartenkunst schließt sich das stattliche
und doch wieder einfache Palais des Generalgouverneurs,
hinter dem sich ein Park erstreckt, der uns durch seine
von ausgesucht schönen Bäumen geschmückten großen
Rasenflächen, auf denen Hunderte von Hirschen und
Rehen weiden, im Geiste weit von der Tropeninsel fort
nach den Herrensitzen Altenglands versetzt.

In der Nähe erblickt man auch einen ernsten Bambus-
Hain, der in seinen dunklen Eingängen uns in ein

tiefes Geheimnis zu locken scheint. Es ist auch ein Ge=
heimnis: das des Todes. Wir schreiten geräuschlos die
beschatteten, völlig von Moos übergrünten Pfade entlang
und sehen uns plötzlich vor einer Reihe durch Alter und
Feuchtigkeit ebenfalls bemooster Grabstätten; wie die In=
schriften zeigen, die letzten Ruheplätze hervorragender
Familien. Ich habe selten so etwas Stimmungsvolles ge=
sehen, wie diesen versteckten Tropenfriedhof, der mich an
die Gräber der Familien v. Humboldt und v. Bülow in
Tegel bei Berlin gemahnte. Aber die Vergänglichkeit,
der Hauch der Verwesung bedrückte hier in der Tropen=
schwüle bei weitem mehr.

Auch die Umgebung Buitenzorgs ist so lieblich! Man
schaut in enge, von einer üppigen Vegetation überwucherte
Flußtäler, in deren Tiefe man das gelbliche Wasser da=
hinschäumen sieht und hört; man erblickt als Abschlüsse
der landschaftlichen Einzelbilder die stolz gestalteten, über=
wölkten Bergmassen des Salak und des Gedeh. Von
unserem Zimmerbalkon im Hotel blickten wir in das
rauschende Tal des Dani, in dem Dörfer unter Palmen
das laubige Ufer säumten, und das stets von badenden
Gestalten belebt war.

Dieses Treiben im Wasser ist höchst originell und
malerisch; man findet es durch ganz Batavia=Weltevreden
in dem durch die Hauptstraßenzüge eilenden, kanalisierten
Fluß; man sieht es in Soerabaya und in fast allen Ge=
wässern, Tümpeln und Gräben des reichbewässerten Landes.
Man hört dies Plätschern der Leute im Dunkeln und sieht,
frostschaudernd, morgens in aller Frühe und Kälte schon
die nackenden Gestalten tauchen. Das Wasser scheint nie
sehr tief zu sein, oft aber stark strömend und immer von
dem roten Tonboden gelblich gefärbt. Weiber, Männer

Der Bantifluß bei Buitenjorg

und Kinder baden durcheinander, die Männer oft, die Weiber immer im Sarong. Häufig haben diese einen Sarong über dem anderen, oder benutzen ein ringförmig genähtes Tuch, den Slebang; sie werden niemals ein Kleidungsstück gleiten lassen, ohne sich inzwischen mit einem anderen bedeckt zu haben. Der Oberkörper wird wohl entblößt, gewöhnlich aber bleibt der Sarong über dem Busen befestigt. Sie lösen ihn dann nur im Wasser, um sich zu waschen; Kinder lassen Luft hineintreten und benutzen den geblähten Kattun wohl scherzweise als Schwimmblase. Das kleinste „Kroppzeug" ist nackt. Die kleinen Mädchen tragen häufig ein blattförmiges Schildchen an einem Kettlein um die Hüfte. Diese Schildchen aus Silber vererben sich bei den Generationen einer Familie. Man sieht sie auch anderswo im Osten. Außer dem dem Koran wohlgefälligen Baden ergibt man sich an allen Treppenstufen der Quais dem Zeugwaschen und reinigt das Eßgeschirr. Solch lebhafter Trieb zum Reinigen und Erfrischen wäre natürlich sehr sympathisch, wenn nicht gleichzeitig in aller Harmlosigkeit dabei allerlei geschähe, was einem Europäer nicht gerade appetitlich vorkommt. Man kann Szenen beobachten, über deren naiver Komik man das Widerwärtige vergißt.

Übrigens laufen auch alle Schmutzprodukte der Städte in die Gewässer hinein, und da diese nicht nur äußerlich, sondern auch innerlich verwendet werden, so vermag man sich zu denken, wie eine Cholera=Epidemie oder ähnliche Krankheiten unter den Eingeborenen aufräumen müssen. Man kann aber nicht leugnen, daß diese allgemein einen sehr gesunden, gut genährten Körper zeigen. Dabei sind die Frauen klein, sehr klein oft, während man unter den Männern recht stattliche Figuren mit entwickelter Musku-

latur erblickt. Letztere bekommen durch den Sarong etwas
Weibisches. Fast alle zeigen aufrechte Haltung.

Von dem in einer Höhe von 263 m gelegenen Buitenzorg geht es über den Sattel zwischen Salak und Gedeh
nach dem 650 m hohen Tal von Soekaboemi („Sehnsucht
der Welt") und von dort durch einen Tunnel in die
Senkung von Tjandjoer (notabene: „oe" wird wie „u"
ausgesprochen). Von hier fuhren wir in einer dreispännigen Karrete auf gut gehaltener Straße in einigen
Stunden nach dem 1074 m überm Meer gelegenen Sindanglaja hinauf.

Man kann sich kaum etwas Sanftschöneres vorstellen,
wie dieses West-Java. Man sieht lauter Ideal-Land-
schaften um sich. Es überkommt einen das Gefühl, in
das man durch gewisse Vorberge des Harzes oder einige
Strecken Thüringens versetzt wird. Höher ging es bei
mir trotz oder wegen des Frembartigen nicht. Ich sagte
schon, es sei ein „Damenland", und ich liebe mehr
Männerländer, wo man einmal ganz aus den Fugen
gerät.

Eigentümlich gehoben, gesenkt, durch Wasserläufe zer-
rissen, gestaltet sich der rote Boden außerordentlich mannigfaltig. Überall steigen die wohlgedämmten Reisfelder
terrassenförmig von den Höhen herab, oder schimmern
aus den Revieren herauf, oder ziehen sich längs des
Weges entlang. Überall rieselt das Wasser über die Lehm-
wälle einer der geschweift gerundeten Terrassen und Ter-
räßchen auf die nächst tiefere. Selbst flache Felder werden
so gestuft abgegraben. Da sehen wir in dem bräunlichen,
lehmigen Wasser den Reis in allen Stadien: junggrüne,
frische Flächen, Felder, in denen zahllose malerische
Menschen bei der Ernte der halb Hafer, halb Gerste

ähnelnden reifen Rispen beschäftigt sind, und wieder
andere, in denen man eben auspflanzt oder die man zur
Saat bereitet. Menschen und graue Büffel wühlen in
dem Lehm herum; auf den Büffelrücken reiten nackte
Jungen, oder Vögel picken auf ihnen in egoistischer Freundschaft. Eine weiße, kiebitzartige Vogelart trifft man hier
überall.

Hohe, kahle Kegelberge sind bis oben hin mit Kulturen bedeckt. Dann sieht man auch wieder dunkelgrünen
Kaffee unter schattenden Waldbäumen, Teefelder mit
ihren zierlich in Reihen gesetzten Stauden, an besonderen
Stellen Indigo und Chinin. Am meisten und am malerisch-
sten aber bestimmt der Bambus die vegetative Eigentüm-
lichkeit der Gegend. In inselartigen Fleckchen liegt er über
Berg und Tal verstreut, mächtig und edel emporsteigend
und in seinem Schatten oft ganze Dörfer versteckend. Dann
treten wohl die breitblättrigen Bananenarten hinzu,
Palmen und stolzgeformte Laubkronen.   Unter weißen
Brücken und Viadukten schäumt gelegentlich ein bräun-
licher Fluß über Felsbrocken zu Tal, selten ohne mensch-
liche Staffage.

Im verstreuten Kranze blauen oder grünen, ferner
oder näher, aus der Ebene die höheren Berge, die zu-
sammenhängend launig gestaltete Zacken wie in Dolo-
mitgebirge bilden, oder einzeln in mächtigen Kegeln auf-
steigen, auf denen hier und da die Dampfsäule den
vulkanischen Charakter verrät.

Öfter verhüllen die weißen Wolken den halben Berg
neidisch; bisweilen tritt der Gipfel über den Wolkenkranz
hinaus, und das wirkt immer imposant. Im allgemeinen
aber versagt das Imponierende, zumal bei völliger Klar-
heit. Jene mächtigen Burschen sind grün bis oben hin,

wir erkennen die Waldbäume auf den Gipfeln und sind
gleichzeitig von diesen am Bergesfuße, in der Luftlinie
noch Meilen und Meilen entfernt; infolgedessen wissen
wir ihre Höhe von 2 bis 3000 m nicht zu schätzen und
haben nirgend die Kolossal=Eindrücke, die uns das euro=
päische Hochgebirge so vielfach gewährt.

Neben den Bahnlinien begleiten uns zuweilen Strecken
von dichtem, dickem, hohem Alang=Alang=Gras, untermischt
mit wilder Banane und allerlei Busch und Gestrüpp.
Häufig blüht eine kleine, rot bis orangenfarbige Hecken=
blume und eine blaue Rispenblüte. Beide sind aber ein=
geführt wie die meisten Blumen Javas. Will man
Blumenreichtum sehen, muß man nicht die Tropen, sondern
die gemäßigten Zonen aufsuchen. Wohl gibt es einige
ganz besonders prächtige Tropenblumen, aber selten wirken
sie typisch. Java ist als der „Garten des Ostens“ be=
zeichnet worden; wenn man an Blumenfülle dabei denkt,
trifft also die Wahrheit dieser Bezeichnung nur im be=
schränkten Sinne zu, eher noch, wenn man es sich als
großen Gemüsegarten, besonders aber als eine Parkland=
schaft vergegenwärtigt. Das Blattgewächs ist das Be=
stimmende — der schöne Baum! Da ist besonders der
aus lauter grauen, kantigen Stämmen und Wurzeln zu=
sammengesetzt erscheinende Waringinbaum, welcher mit
seiner runden, auslabenden Krone allein einen ganzen
Wiesenplan beschatten kann, der uns immer wieder fesselt.

Vögel sah ich viele, darunter herrlich blau und auch
grün gefärbte Arten, die kleinen Reisvögel, Raubvögel,
und unseren Spatz, der in Soerabaya genau so freund=
lich=frech heranhüpfte, wie in einem Berliner Restau=
rationsgarten. Durch den Abendhimmel strebten gelegent=
lich wohl — ein melancholisch=friedliches Bild — Scharen

Ein Alpinienbaum in Java

auf Scharen von fliegenden Hunden, in großer Höhe, mit schwerflatternden Schwingenschlägen von den Stätten ihres Tagesaufenthaltes zu denen der Nacht.

In den Wäldern des Gedeh soll noch ein altes würdiges Rhinozerospaar hausen, friedlich wie Philemon und Baucis. Ich habe es leider nicht gesehen, wie überhaupt nur genau so herkömmliche Tiere wie daheim. Und wenn, wie ich vorhin erzählte, im Preanger, dieser gesitteten Provinz, trotz alledem noch Tiger, Rhinozerosse, wilde Büffel, Riesenschlangen und dergleichen genügend sich aufhalten, so sind sie in den westlichen Distrikten unter sich, und nur der Jägersmann, der sich viele Mühe gibt, in ihre Dickichte einzubringen, gerät mit ihnen in Konflikt. — Am meisten erfreute mich der Anblick von Enten, beinahe so groß wie Gänse, und wie diese in Herden getrieben.

Es ist unglaublich, wie die Landstraßen belebt sind, namentlich in der Nähe größerer Orte; Dorf reiht sich an Dorf, von Bambuszäunen sorglich umfriedigt, vom grünen Bambus beschattet. Die Leute ziehen vom frühsten Morgen daher, wie in Prozessionen, als ob große Kirchweih wäre. Da erblicken wir die Feldarbeiter, Männer und Frauen, die rasch trippelnden Träger, die am hinten und vorn aufgebogenen Bambusstab über der Schulter schwere Lasten transportieren, alles immer zierlich geordnet, seien es Reisbündel, Netze mit Kokosnüssen, Tongeschirr, geflochtene Körbe und Matten oder was immer. Sieht man so eine schattige, wimmelnde Straße hinab, in welcher Sonnenreflexe rote, blaue, grüne, gelbe Gewandungen, die an Festtagen oft aus Seide sind, beleuchten, so genießt man prächtigste Farbeneffekte. Auch die großen Sonnenhüte prangen in bunten Lackanstrichen. Oft, wenngleich

nicht immer, nimmt der Kuli, stets beiseite tretend,
demütig den Hut ab, wenn der weißgekleidete Europäer
in seinem dreispännigen Kabriolett daherrasselt. Der Ge-
sichtsausdruck ist gewöhnlich ernst. In den Dörfern sieht
man, im Gegensatz zu Europa, immer viele Bewohner.
Die Tintahans, die Stätten, wo Lebens= und Erfrischungs=
mittel verkauft werden, sind nicht zu zählen. Unter den
Vordächern reiht sich eine Ladenauslage an die andere
mit Früchten aller Art, Reiskuchen, Kaffee= und Tee=
schankstätten. Es ist ein Irrtum, wenn man glaubt, diese
Tropenbewohner äßen wenig oder nur Reis, ohne Ab=
wechselung; das Gegenteil ist der Fall! Man begreift
nur nicht, wie trotz der vielen Menschen die zahllosen
Läden und Wirtshäuser auf ihre Kosten kommen können.
Fast jedes Dorf hat dazu seine ausgedehnten Markthallen,
in deren Nähe die Fuhrwerke in langen Zügen halten.
Erstaunlich war mir, nebenbei bemerkt, die Gelassenheit
des Geflügels und sonstiger Haustiere, die unserm an=
stürmenden Fuhrwerk immer erst in der letzten Sekunde
auswichen; gelegentlich wurde denn auch irgend ein so
törichtes Jungvieh gerädert.

Auf den Eisenbahnstationen herrschte stets Gewimmel.
Kommst du irgendwo an, stürzen gleich zahllose Kulis
ins Coupé, um das Gepäck fortzuschaffen; energisch muß
man ihre Zahl beschränken. Einen höchst komischen Ein=
druck machen die, einem verkehrt aufgesetzten, schwarz=
sammetenen Damenkapothut ähnelnden Kopfbedeckungen
der indischen Stationsvorsteher. — Ohne Damen kann
man sehr gut zweiter Klasse fahren; der Preisunterschied
zwischen dieser und der ersten ist beträchtlich. Die zweite
Klasse ist meist ganz bequem mit Rohrpolstern und Klapp=
tischchen ausgerüstet. Auf der Staatslinie haben die

Wagen dreifache, beliebig zu benutzende Fenster: Holzjalousie, Gitternetz und Glas. Zwischen den Eingeborenen
der dritten Klasse kann man nicht fahren. In der Regel
fühlt man schon etwas Unwillen über Chinamen in der
zweiten Klasse, besonders wenn sie mit Familie anrücken;
man muß es ihnen aber lassen, daß sie stets in sehr saubere
weiße Kabajas gekleidet sind und sich ruhig benehmen.
Ein ungewöhnlich fetter Reisjüngling rührte mich sogar
einmal tief durch seine Bescheidenheit; er wagte es nicht,
seinen berechtigten Platz einzunehmen, weil meine Hutschachtel dort stand. Das Gegenteil erlebte ich mit einem
jungen Holländer, der mir auf meine höfliche Bitte, das
Drahtgitter gegen die auf mich sausenden Kohlenteilchen
zu schließen, mit einem runden „Nein" antwortete. Leider
haben die Chinesen alle Bahnhofs-Restaurationen in Pacht
und das wenige, was sie anbieten, ist in der Regel teuer
und schlecht. Die eingeborenen Fruchthändler fordern für
ihre Apfelsinen ziemlich das, was man auch in Europa
bezahlen müßte. Nach dem schon Gesagten ist alles, was
man in Läden, namentlich in Apotheken kauft, recht teuer.
Ein Photograph, der seine Photographien für einen horrenden Preis veräußerte, antwortete mir kaltblütig: „Ja,
teuer sind sie, aber wir sitzen auch nicht hier in Indien, um
Fliegen zu fangen." Das ist es eben: jeder Europäer will
in wenigen Jahren reich werden und dann nach Hause
gehen. Vielen gelingt dies auch heute noch.

Nach stundenlanger Fahrt auf der zweirädrigen Karrete, auf der man, sich anklammernd, leidliche Bequemlichkeit aufrecht zu erhalten sucht, erreicht man Sindanglaja. Die drei Pferde haben anstrengend zu ziehen gehabt, denn nun befinden wir uns über tausend Meter
über dem Meere. Rosen blühen im Garten des Etablisse

ments; blaue Winden ranken sich um dunkle Cypressen, deren häufiges Vorkommen der Gegend einen italienischen Zug zuweist. Am herrlichsten aber wirken immer wieder die Waringinbäume, diese schier übermächtig in der Krone auslabenden Riesen.

Sindanglaya liegt wunderhübsch. Das große Bade= etablissement war bisher militärische Rekonvaleszenz= station; jetzt war der Kontrakt mit der Militärverwaltung aufgehoben, und die weitläufigen Baulichkeiten verein= samten. In der Nachbarschaft besuchten wir Tjipannas, die Sommerresidenz des Generalgouverneurs; einfach, aber sehr anmutig zeigt sie sich uns in hübschen Park= anlagen. Es regnete viel, und der Gedeh und der Pano= rango hüllten sich in dicke Nebelgewänder. Dennoch unter= nahmen wir einige lohnende Partien; so nach dem Telega Warna, dem die „Farbe wechselnden" See, einer Art Uklei= oder Hertha=See, nur kleiner. Die ihn umschließen= den Waldwände sind dafür um so höher, bis etwa 1000 Fuß hoch und vermutlich Kraterwände. Reizend war ein Ritt nach dem 1425 m hohen Tjibodas, einer Berggarten= Station des Botanischen Gartens in Buitenzorg. Ganz prächtige Bergszenerien und wundervolle Waldwiesen zeig= ten sich, daneben wohlgepflegte Anlagen mit weidenden Pferden und stimmungsvoll läutendem Hornvieh.

Dann ritten und gingen wir bis etwa 2000 m hoch zu dem Wasserfall von Tjiboreum und einer wasser= gefüllten Höhle in der Nähe. Der 130 m hohe Fall wirkt nicht gewaltig, aber das stäubende Wasser in dem ur= wüchsigen Waldkessel, in den noch zwei kleinere Fälle sich stürzen, bietet ein fein von der Natur herausgearbeitetes Landschaftsbild, das durch eine üppige Vegetation, in der zahlreiche Baumfarren sich zeigen, um so eindrucksvoller wirkt. Der Weg war schlecht, steinig, steil und schlüpfrig. Hier, wie später, erstaunte ich über die Kletterkunst der Pferde. Solange es sich ermöglichen läßt, nehmen sie einen Abhang im Galopp, dann geht es schnaufend über Felstrümmer und Riffe und glatte Lehmhänge stoßweise weiter. Im Abstieg tasten sie sehr vorsichtig. Mit solchen Pferden kann man aber bis zum Gipfel von fast allen javanischen Vulkanen reiten.

Von Sindanglaya fuhren wir zurück und mit der Bahn nach der ansehnlichen, schönen Stadt Bandong. Man ahnt in Europa, Holland ausgenommen, nichts von von einem so zivilisierten, hervorragenden Ort mitten in Java. Die Militärmusik aus dem benachbarten Militärlager von Tjimahi rückte mit uns ein, so daß wir uns einen sehr ehrenvollen Empfang einbilden konnten.

Abends wohnten wir einem Konzert und einer Theatervorstellung von Soldaten im Klubgebäude bei. Die von einem eingeborenen oder Halfcast-Kapellmeister dirigierte Musik verdiente vollste Anerkennung. Die Vorstellung war so vorzüglich, daß man kaum glaubte, lauter Dilettanten vor sich zu haben. Zwei Komiker exzellierten, einer speziell als Primadonna. Von dem Publikum konnte man sagen, abgesehen davon, daß die Hauptschattierung viele Half- oder Viertel-casts zeigte: Ganz wie bei uns!

Von Bandong führte uns die an landschaftlichen Szenerien reiche Bahn aufwärts nach dem in Java sehr beliebten Luftkurort Garoet (sprich: Garut), das ungefähr 2—3000 Fuß über dem Meer liegen mag, und zwar ganz versteckt im Grün, auf einer weiten, im Halbkreis von hohen Vulkanen umgebenen Ebene. Die schönste Stelle der Zweigbahn nach Garoet ist dort, wo der 2000 m hohe Gontoer vor uns aufsteigt. Garoet eignet sich sehr zum längeren Aufenthalt und um von dort aus Partien zu unternehmen; um so besser, als man gut untergebracht ist. Deutsche Landsleute fanden damals und finden vielleicht auch noch heute in dem kleinen Hotel der deutschen Frau Dr. Rupert recht befriedigende Unterkunft. Die Dame sorgte mit mütterlicher Sorgfalt und fast in zu wenig Rücksicht auf ihren eigenen Geldbeutel für ihre Landsleute. Garoet mit seinen Veilchen und Erdbeeren, mit seinen rotblühenden Tulpenbäumen wird mir immer in freundlicher Erinnerung bleiben. Man pflegt von Garoet aus den 2600 m hohen Krater des Papandajan zu besuchen, erst im Wagen, dann zu Roß bis oben hinauf. Der Weg durch tiefe, waldige Schluchten und über waldige Höhen bietet großen landschaftlichen Reiz, an die kletternden kleinen Pferden stellt er aber wieder beträchtliche Anforderungen. Zuletzt wird er immer baumloser und steiniger, bis man schließlich über die Lavatrümmer in den völlig öden, nach der Ebene zu offenen Krater hinaufklimmt. Überall steigen die Dämpfe aus den Lavafeldern auf; in der Mitte, aus den gelben Schwefelablagerungen, mit besonderem Gezisch und Geräusch. Eine hohe, Schwefelwasserstoff- und schweflige Säure ausatmende Wolke zieht von hier bis über die 270 m hohe hintere Kraterwand hinüber.

Vorsichtig kletterte ich zu Fuß weiter, über dampfende und erkaltete Lava, über Schwefelquellen und durch tiefe Risse, zu einem Punkte, der schöne Aussicht über die träumende und mit vielen Wasserläufen blinkende Ebene gewährte, und dann mühsam in einer tiefen, mit bröckelnden Blöcken besäten Ravine wieder abwärts. Und abermals ging es dann hinauf zur ragenden Rückwand auf steilem, niederträchtigstem, geröllbedecktem Pfade, der schließlich sich

in lauter Riffen verlor, in denen man unter niedrig-
buschigem Baumwuchs keuchend bis zum Gipfel klomm.

Zum Gipfel? Nicht sogleich! Oben führte der Weg
immer wieder höher; die erwartete freie Aussicht zeigte
sich nur in beschränktem Maße, dafür eine durch Lava-
Ausbruch und -Dämpfe zerstörte Vegetation, und schließlich war ein mit kriechenden Fallstricken bewachsener Hang
nur im Zickzackklettern zu nehmen. Hier hat im vorigen
Jahrhundert ein Ausbruch stattgefunden, der 40 Dörfer
mit 3000 Menschenleben vernichtete. Oben angelangt, war
es für uns mit der großen Fernsicht nach rückwärts wieder
nichts, wenn auch der eigenartige Pflanzenwuchs und hohe
Bergketten das Auge erfreuten. Dafür machten mir hei-
mische, vom Winde nach rückwärts gebogene Blaubeeren-
sträucher mehr Vergnügen; besonders aber lohnte der Blick
hinab in das graue und gelbe, kochende Centrum, in das
man deutlich die weißen Schwefelrinnsale hinabfließen sah,
während andere wieder abflossen. Soweit die Dampf-
wolke es nicht verdeckte, schaute man über die Öde und
zwischen begrünten Wänden auf die ferne Ebene und auf
den Holzschuppen tief unten, wo unsere Pferde und
Boys warteten, und zu dem man leider wieder hinab
mußte.

Das gab eine schöne Kletterei! Zuweilen sogar etwas
halsbrecherisch, da alles unter den klammernden Händen
riß und unter den tastenden Füßen in den Krater hinab-
rollte. Als ich endlich wieder unten war, warf ich mich
auf den Boden und hatte eine Zeitlang von den Reizen des
Papandajan völlig genug. Es wehte oben, kalt war
es aber garnicht, immer noch 16 Grad R. — Speise und
Trank brachten uns bald wieder auf die Beine; es folgte
ein in der Tat schneidiger Ritt bergab. Auf dem vor-

züglichen Roß packte mich die Lust, den wilden Reiters-
mann zu spielen, wobei ich zuletzt etwas unprogramm-
mäßig vor Anker ging, d. h. kurz vor seinem Gehöft
duckte mein rasender Gaul plötzlich den Kopf und sauste
mit mir ab. Vergebens riß ich die Trense zurück. Mit
einemmale waren wir im Hof und prallten blindlings
gegen einen Baum, der dem Pferd den Hauptstoß versetzte, worauf wir in einem wild gegen uns mit den Vorder-
hufen sich verteidigenden Schimmel-Dreigespann landeten.
Gott weiß, wie die Sache für meine Knochen und für
meinen Geldbeutel hätte enden können, wenn nicht verschiedene Jungen in die verschiedenen Zügel gefallen wären
und meinen geistesgestörten Gaul soweit beruhigt hätten,
daß ich mich ehrenvoll ausschiffen konnte. Merkwürdiger-
weise waren wir beide ohne nennenswerte Havarie davon-
gekommen.

Jetzt schmeckten Portwein und eine große Flasche Er-
langer! Der Wirt und Pferdehalter, ein ehemaliger
holländischer Major, durch und durch Gentleman und
Trunkenbold, stand mit glutroter Nase und verschwomme-
nen, hellblauen Äuglein neben einer mächtigen Flaschen-
batterie und erzählte mir lallend einiges aus seiner be-
wegten Lebensgeschichte.

Einen zweiten, ebenso weiten Ausflug unternahmen
wir nach dem über 1700 m hohen Telega-Bobas, einem
Krater, den ein Schwefelsee ausfüllt. Diese Partie war
durch die bezaubernden Fernsichten eigentlich noch
lohnender als die Papandajan-Erklimmung. Dieses Mal
ritten wir mehr Ziegen als Rosse, auf denen weder unsere
Sättel noch unsere Gliedmaßen sicheren Sitz fanden.
Bei heftigem Schlingern lagen wir beide wiederholt nahe

zum Kentern, wobei mein Gefährte seine langen Beine gut als Seitenschwerter gebrauchen konnte.

Der an vielen Stellen kochende See ist milchweiß, erhält aber durch den Reflex der umliegenden Berge eine grünliche Färbung.

Abwärts ging es von Garoet und weiter mit der Bahn nach Maos in Mittel-Java. Eine plötzliche Änderung der Landschaft umfängt uns hier. Eine Landschaft, phantastisch, fieberatmend. Erst der durchquerende Bahnbau hat sie eröffnet. Alles erscheint wie ein riesiger Sumpf, ein Schlupfwinkel für Wassergeflügel und Reptilien, den wundervolle Berghintergründe umschließen. Man meint die Fieberluft ordentlich zu riechen. Es ist eine verworrene Üppigkeit sondergleichen. Überall blinkt braunes Wasser; aus der niederen Pflanzenverfilzung mit Bambus, Palmen und wilden Bananen ragen die über und über mit Wucherpflanzen bedeckten Kronen der höheren Bäume, zuweilen nur nackte, an der Spitze abgesplitterte Stämme, da die Wipfel unter der Last ihrer Schmarotzer niederbrachen. Abends und morgens brauen die Nebelballen darüber; das sieht dann erst recht abenteuerlich aus. Die roten, gebrochenen Sonnenlichter, die fernen Bergkulissen vollenden die wilde Schönheit der Gegend. Zumal, wenn die Nebelschwaden dazwischen wallen und das Mondlicht bleich herniederströmt, ist es ein großartiges, gespenstisches Stück Erde, so geeignet für Märchen von einem gewaltigen und gewaltsamen indischen Erlkönig wie nur möglich! Jetzt donnert der Zug hindurch, indem er eine kurze Brücke nach der andern überfliegt und eine mächtige Staubwolke hinter sich herwirbelt. Unwillkürlich schließt man nach Möglichkeit die Atmungsorgane, gleichzeitig aus Staub- wie aus Fieberscheu. Daß Leute

hier existieren können, ist kaum zu glauben, doch erblickt
man zeitweilig die Pfahlhütten von Eingeborenen.

Auf der Station Maos müssen die durch Java
Reisenden über Nacht bleiben, da sich der Zug hier auch
über Nacht ausruht. Aus Rücksicht auf jene, namentlich
um ihnen ein gesundes Unterkommen in dieser Fieber-
gegend zu schaffen, hat die Bahnbehörde ein großes Staats-
Spoorbahn-Hotel errichtet, das von einem ziemlich kate-
gorischen Beamten verwaltet ward. Es war ganz leiblich;
man bezahlte für die Nacht fünf Gulden. Das System
ebenerdiger Zellen, die in Wandelhallen münden, machte
hier durch die Ausdehnung einen bedeutenden Eindruck.

In aller Herrgottsfrühe ward die Fahrt bei Nacht
und Nebel fröstelnd fortgesetzt. Wir erreichten Djokjakarta, einen sehr ansehnlichen Ort, Sitz eines Sultans.
Breite Straßen mit Tamarinden-Alleen, Gärten und anmutigen Heimstätten zieren auch diese Stadt; die ge-
schäftigen Chinesengassen fehlen nicht. Der Sultan zieht
sich in seinen Kraton zurück, einen mächtigen, ummauerten
Gebäude- und Landkomplex, innerhalb dessen 15 000 in
irgend einer Beziehung zum Hofe stehende Menschen
hausen. Schönes und Unschönes, Modernes und Altes,
Reinliches und Unreinliches mischt sich hier durcheinander, wie überall im Orient. In der Nähe der
plumpen Tigerkäfige ist es vor Gestank nicht auszuhalten;
Marstall und Remisen sind elend, enthalten aber manche
gute Pferde, isabellfarbene kleine Tiere, und einige schöne
Wagen unter vielem Gerümpel. Der vergoldete, in
Amsterdam gebaute Krönungswagen ist ein wahres Unge-
heuer überladener Pracht.

Außerordentlich lohnend war ein Besuch des einstigen
„Wasserkastells", eines im Kapiteleingang erwähnten,

völlig befestigt gewesenen, großartigen Palastes, in dem
gewaltige, eigenartig ornamentierte Trümmer, halb zerstörte Hallen, unterirdische Gänge, Kanäle, Tore, Treppen
von der alles überwuchernden Flora immer mehr verdeckt
werden.

In Djokjakarta residiert der „König", in dem weiterhin an der Bahn gelegenen Soerakarta, oder Solo, ein
zweiter noch größerer Sultan, der „Kaiser". Beide führen
unter der Vormundschaft der holländischen Residenten eine
Schein-Souveränität. Diese wird ihnen klug gelassen, da
sie so den Europäern das Regiment bedeutend erleichtern.
Hier in Mittel-Java ist nämlich der Mittelpunkt des alten
Königtums von Mataram, das durch die holländisch-ost-
indische Kompagnie gestürzt wurde; hier sitzen die alten,
ihren Sultanen ergebenen und von ihnen abhängigen
Familien, und das durch Jahrhunderte in Demut er-
zogene Volk folgt ihnen noch heute in Gutem und Bösem.
Hierher muß man gehen, will man durch Studieren von
Sitten, Anschauen von Festen u. s. w. ein Bild des vergangenen Java erhalten. Leider waren die zeitweilig ge-
gebenen großen theatralischen Vorstellungen, bei denen auch
die Prinzen persönlich mitwirken, gerade vorüber, als wir
hinkamen. — Der über den ganzen malaiischen Archipel
und so auch in Java längst nach dem Verschwinden der
alten arischen Bewohner verbreitete und jetzt herrschende
Mohammedismus findet in diesen Fürstentümern eine
Hauptstütze. In Konstantinopel weiß man das sehr
wohl zu benutzen. Junge Javaner werden dorthin
gezogen und ihr Kommen wird ihnen hoch angerechnet.
So manche Schwierigkeiten, die dem holländischen General-
gouverneur in Behandlung rückkehrender Mekkapilger
oder sonstwie erwachsen, sollen der die Welt des Propheten

beherrschenden und zentralisierenden Residenz des großen
europäischen Kalifen entstammen. Die Freundschaft am
Goldenen Horn könnte also unter Umständen auch für
deutsche ostasiatische Interessen, wennschon nur indirekt,
einen recht langen Arm haben.

Den Ausflug zu der berühmtesten Ruine Javas, dem
alten Hindu=Tempel von Boro=Boedoer, den Ernst Haeckel
in seinem „Insulinde" wieder genauer beschrieben hat,
ließen wir uns nicht nehmen. — Boro=Boedoer ist
ein auf einem Hügel gelegener Terrassen= und Balu=
straden=Aufbau, von einem kurzen, kuppelartigen Turm
gekrönt. Das graue, begrünte Steingewirr mit seinen
steilen Stufen, seinen Galerien und Türmchen steigt hoch
empor; es wimmelt, als eine steinerne Variation des
Buddha=Mythus, von Buddhas in jeder Form und Ge=
stalt, in den Reliefs, an den Mauern und als Statuen vor
den Mauern, oder innerhalb von Türmchen auf diesen.
Die zum Teil noch gut erhaltenen Reliefs zeigen trotz
der stereotypen Wiederkehr Buddhas in den Szenen aus
seinem Leben einen Figurenreichtum sondergleichen. Viele
Darstellungen beziehen sich auf Fürsten und ihre Ge=
schichte, immer in Verbindung mit dem Mythus, ebenso=
wie die Tierskulpturen: Affen, Büffel, Schlangen u. s. w.

Das Interesse an dem Besuch des zuerst von den Eng=
ländern freier gelegten und konservierten Tempels wird er=
höht durch den Reiz seiner Umgebung. Von der etwa
80 m über die Ebene sich erhebenden Spitze genießt man
einen wundervollen Rundblick; mittelhohes, aber wechselnd
gestaltetes Gebirge im Rücken, unter uns die weite,
grünende Fläche, und da und dort vor uns die Kolossal=
kegel einzelner Vulkane. Ich sah rückwärts die Wolken, wie
eine erstarrte Brandung, geballt an den Höhen liegen und

Tempelruinen in Java

von den Vulkanen nur die klar in den Äther steigenden
Dreiecke der Spitzen — ein imposanter Ring! Welchen
Eindruck mögen in dieser Umgebung einst die feierlichen
Tempelfeste mit einer an den Stufen sich zu Tausenden
drängenden, buntfarbigen Menge gemacht haben!

Von Djokja ging die Reise über Soerakarta, wo
der „Kaiser", und zwar in einem noch bedeutenderen Kraton wohnt, nach Soerabaya. Ost-Java fiel auf durch
wundervolle Zucker-Plantagen mit starkem, über Mannes-
höhe ragendem Rohr. Überall sah man Zuckerfabriken
in Tätigkeit, da es eben Zeit der Kampagne war.

Soerabaya, ganz flach an der Mündung des Kali-
Mas gelegen, hat Batavia im Handel beträchtlich über-
flügelt. Es ist auch eine sehr schöne, ansehnliche Stadt.
Die Schönheit bezieht sich freilich nur auf den Europäerteil; die äußerst geschäftige Unterstadt am kanalisierten
Fluß, wo geschlossene Straßen und viele Brücken das
altniederländische Gepräge verleihen, besitzt nur den Vorzug, durch eigenartiges Treiben zu fesseln. Der Chinese
dominiert wieder.

Die Dock- und Marine-Anlagen sind von größerer
Bedeutung als die von Batavia. Freilich nicht für sehr
große Schiffe; die holländischen Kriegs- und Handels-
dampfer hier draußen überschreiten sämtlich kaum eine
mittlere Größe.

Soerabayas Gesundheitsverhältnisse werden un-
günstig beurteilt; wenn jedoch geraten wird, dort nur
so lange zu verweilen, als es unbedingt notwendig er-
scheine, so ist das stark übertrieben. Man kann es ganz
ruhig als Ausgangspunkt für die Partie in die vielleicht
eigenartigste Gegend Javas benutzen, nämlich in das
Tengger-Gebiet nach Tosari und dem Bromo. Tosari,

faſt 1800 m über dem Meer, iſt die höchſt gelegene
Geſundheitsſtation Javas und wird allen möglichen Lei-
denden, ſpeziell Fieber-Rekonvaleszenten, empfohlen.

Eines ſchönen, d. h. heißen Nachmittags dampften
wir mit der Spoorbahn nach dem niedlichen Städtchen
Paſeroean an der Madoera-Bucht, wo wir in einem Hauſe
mit dem anheimelnden Namen „Marine-Hotel" zufrieden-
ſtellende Aufnahme fanden.

Wir benutzten den Reſt des Tages zu einem meilen-
weiten Ausflug nach einem angeblichen, blauen See. Dieſer
See entpuppte ſich als ein winziges Becken, das allerdings
durch ſein klares Azur und eine ſchöne Baumumgebung
ſowie durch eine von Touriſten gefütterte Affenſchar
eines gewiſſen Reizes nicht entbehrt. Abends be-
ſuchten wir ein javaniſches Theater. Wir ſaßen dort
mitten unter dem mit großen, blanken Augen und
aufgeſperrtem ſchwarzen Betelmunde daſitzenden Volke,
— deſſen ſämtliche Nachkommenſchaft inbegriffen, — da
jenes alle Schranken des Geſetzes durchbrach. Ein mit
einem Ohrfeigengeſicht behafteter Araber, der ſich als
Swell aufſpielte, redete fortwährend laut auf die Weiber
ein, doch die Barrieren zum erſten Platz zu überſteigen.

Das Spiel war teils pantomimiſch, teils beſtand es
in einem faſt unerträglichen Naſal-Solo-Geſang, für euro-
päiſche Ohren nur ein Geplärr. Ein Kampf, bei welchem
alles die Tugend Bedrohende radikal abgemurkſt wurde,
bildete den grotesken Schluß.

Am nächſten Morgen fuhren wir auf der Karrete
hinauf nach Poespo. Auffällig waren die reichen Neu-
ſilberverzierungen der Pferdegeſchirre. In dem hochge-
legenen Poespo hauſte ein deutſcher Wirt. Dieſer Deutſche
beſaß gefährliche Rivalenſchaft in einem dicken Schweizer,

der aussah, als ob er von Oberländer für die „Fliegenden
Blätter" gezeichnet worden wäre. Der Schweizer wohnte
nämlich etwas weiter unterhalb und zwang, im Kom=
plott mit den Kutschern, die ahnungslos den Berg hinauf=
kommenden Fremdlinge, bei ihm abzusteigen. Wir legten
die etwa auf 4 Stunden veranschlagte Partie auf abkürzen=
den Fußpfaden in 2½ Stunden zurück. Unverständiger=
weise, will ich bekennen, denn mit dem Fieberbazillus im
Leibe soll man keine Parforcetouren machen.

Der Weg ist sehr schön und führt in das genannte
Tengger. Es ist ein ganz eigentümlicher Bergdistrikt,
dieses Tengger, und eigenartige Menschen, die auch noch
an ihrer uralten Naturreligion festhalten, bewohnen es.
Vor dem Mohammedanismus haben sie sich in ihre zer=
klüfteten Berge zurückgezogen. Die tief gefaltete, bis oben=
hin grüne Bergwelt erhebt sich immer höher und höher.
Ihre messerscharfen Rücken bilden ein ganzes System von
dachartigen Bergen und Vorsprüngen. In den wasser=
durchrauschten Schluchten steht hoher Wald, oben aber
werden die Hänge immer lichter; alles wurde von den
Bewohnern für ihre dichte Gemüsekultur abgeholzt. Die
Regierung hat später übertriebene Abholzungen untersagt
und die Aufforstung mit Kasuarinen begonnen. Hier und
da ragen diese schönen, dunkelnadligen Koniferen aus den
Schluchten und von den Plateaus. Dann und wann sieht
man auch rotblühende Tulpenbäume, während die sich
hinausschlängelnde, fast immer von schönen Alleebäumen
gesäumte Straße vielfach Schatten bietet. Trotz des Bam=
bus, trotz Baumfarnen und Bananen bekommt die Gegend
immer mehr ein nordisches Gepräge, einen besonders durch
das Gemüse und die Kasuarine bedingten Eindruck. Dazu
weht es oft recht kühl um die Ecken. Nach und nach ent=

decken wir Kohl, Erbsen und Bohnen, Mohrrüben und
Kartoffeln; ja, ich begrüße sogar mit Behagen die schwarz-
weiße Blüte meiner geliebten Saubohne und male mir den
zartesten holsteinischen Schinken dazu im Geiste aus.

Man glaubt kaum, wie jäh diese Gemüsefelder an den
Lehnen hängen. Welche unendliche Mühe muß eine solche
Bebauung machen, wie schwierig die Bewässerung sein!
Der Nachttau hilft wohl kräftig mit. Die Mühe lohnt
aber auch! Ein großer Teil Javas wird von hier aus
mit den köstlichsten vegetabilischen Tafelgenüssen einer ge-
mäßigteren Zone versehen; ein Umstand, der den Fremden die Hotelküche in diesem Lande wesentlich angenehmer
gestaltet, als in vielen anderen heißen Ländern. Hier
scheint ein schätzbarer Wink für die hochgelegene Bergwelt Deutsch-Ostafrikas gegeben zu sein.

Viele Saumrosse begegneten uns, denn hier werden
alle Lasten auf den Rücken der Bergponies transportiert.
Die Männer tragen einen auffallend geformten Kris hinten
im Gürtel. — Die Tenggereser besitzen ihre eigene Götter-
und Geister-Verehrung; leider scheint der Geist der Reinlichkeit nicht mit darunter zu sein.

Die fensterlosen, grauen Dorfhäuser verstreuen sich,
der Bodengestaltung gemäß, in Terrassen-Komplexen
übereinander. Der Rauch zieht aus den Türen ab. Durch
eine solche Dorfstraße geht es zum Hotel hinauf.

Das „Gezondheids-Etablissement" Tosari liegt
wundervoll, aber sonst ziemlich anspruchslos auf schmalem
Riff; in der Nähe ein Hospiz, terrassenförmig gegliedert
fällt dahinter das bräunliche Dorf ab; andere Dörfer
lugen hier und dort von noch größeren Höhen. Ihr
tief unten in der Ebene; so etwa, wie die Häuser des
Charakter ist etwas düsterer, armseliger als der der Dörfer

oberen Wallis sich von denen üppigerer Schweizer Kantone
unterscheiden. Die reichen Spaziergänge hier oben er-
heischen ein fortwährendes und bedeutendes Auf- und
Niedersteigen. Von dem vorspringenden Etablissements-
garten aus, den auch unsere in Europa gepflegten Blumen
und gewaltige Aloegruppen zieren, genoß man in der
Frühe einen Blick über die fernverschwimmende Ebene, die
sich bis ans Meer erstreckt. Wie eine Landkarte breitet
sie sich aus mit ihren Flüssen und ihren buchtenreichen
Küstenlinien. Leider konnte man dieses Schauspiel, das
bei klarer Luft unvergleichlich prachtvoll ist, jetzt im Juni
mehr ahnen, als voll genießen. Schon früh am Morgen
zogen sich Schleier von kalten, fliegenden Nebeln um das
Massiv der seitlichen Berge und über die Breite, und
nachmittags lagen die Wolkenballen schwer wie eine
Schneelawinen-Wälzung um uns. Bei klarer Jahreszeit
reicht die bezaubernde Aussicht bis über die Javasee nach
der Insel Madoera; zweifellos ist sie eine der schönsten
Javas. Die Bergmauer rückwärts versperrt allerdings
den Blick auf den Bromo, aber links zur Seite haben
wir den Ardjoeno und andere Gefährten, die ein impo-
santes Gebirgsbild bieten.

Jede Zelle des Hauses war besetzt; es herrschte ein
ganz vergnügtes Leben. Die Badegäste aus Java und
Sumatra mit Weib und Kind, auch einige Fremde, unter-
hielten sich nach Kräften. Es ward spazieren gelaufen,
Lawn-Tennis gespielt, musiziert, gesungen wie in anderen
Ländern der Welt; nur wurde vielleicht noch mehr ge-
gessen. Ich schrieb damals charakteristischerweise in einem
Briefe: „Mit meinen Magenverhältnissen geht es merk-
würdig besser in den Tropen als zu Hause. Rohe
Gurken (bei der Reistafel) und Bier mit Eis darin

ist etwas, was man hier oft genießt, und ich habe nie die geringste Störung darnach empfunden."

Die schönen Holländerinnen lebten nicht alle programmäßig in Sarong und Nachtjacke, sondern einige erschienen schon zur Reistafel europäisch gekleidet. Später waren sie dann programmäßig sämtlich auf Stunden verschwunden. Mein Gefährte besaß eine sehr hübsche Baritonstimme und sang abends ein paarmal; ein wärmerer Verkehr wollte sich aber trotz dieser Gesangesbeflügelung nicht anspinnen. Die Holländer brauchen Zeit zu so etwas. Sehr wohl schien sich hier oben der „Geneesherr", d. h. der Doktor, zu fühlen; er war ein wohlgenährter, etwas pastorenhaft aussehender, jovialer Jüngling und ein gehöriger Schwerenöter bei den Damen.

In meiner Zelle stand in eine der kleinen Scheiben eingeritzt der Name der Königin von Siam. Für sie waren die nackten Bretterwände mit Teppichen behängt worden, mir hatte der Manager kaum einen Nagel gelassen, um meinen Rasiermesser-Streichriemen daran zu hängen. Dieser nagellose Zustand findet sich ja überhaupt in sehr vielen Hotels; in den Tropen kam häufig Lichtmangel hinzu und das Bestreben der Moskitos, meine Verteidigungslosigkeit beim Rasieren tückisch auszunutzen. Das Rasieren gehörte daher zu einem der schwierigsten Dinge auf meiner Reise.

Ein Ritt nach dem Bromo bereitete uns hohen Genuß. In der Dunkelheit des Morgens, der Mond stand noch kaltlächelnd am Himmel, trabten wir auf mutigen Rossen bergan. Die aufgehende Sonne breitete eine verschwenderische, nur allzubald sich verschleiernde Fülle von Reizen über die ferne, tiefe, von Flüssen durchzogene Ebene, bis nach Soerabaya und an die Meeresbuchten mit den davorliegenden Inseln.

An den Zäunen blühten die großen, weißen Kelche der „Ketjoeboeng", die von eingeborenen Müttern wohl unruhigen Kindern unter das Kopfkissen gelegt werden, damit der betäubende Duft sie einschläfere. Ich benutzte sie zuweilen als anmutige Basen für gesammelte Feld- und Waldblumensträuße. — Seltsam erscheint das hohe Vorkommen der Baumfarne. Prächtige Exemplare dieser herrlichen Pflanze zeigen sich noch weit oberhalb des 6000 Fuß hohen Tosari; dann werden sie schmächtiger.

Vor dem Moengal-Paß stieg plötzlich seitwärts über das kleine Gesindel der Riese Smeroe empor, der ein gewaltiges Morgen-Pfeifchen rauchte. Mit seinen 3671 m schmeichelt er sich, das höchste der vulkanischen Häupter Javas zu sein. Vom Moengal-Paß aus bietet sich ein überraschendes Schauspiel: Wir sehen tief unten zu unseren Füßen einen gelbgrauen, nebelumwallten See mit vielen Inseln, der sich um eine hohe gebirgige Küste jenseit herumzieht. Das ist aber Täuschung! Was wir erblicken, ist nur ein riesiger, sandgefüllter Krater; die Inseln bestehen aus Gras- und Buschflecken. Innerhalb dieses Kraters, des Zentralpunktes eines einzigen vulkanischen Bergindividuums, nämlich des gesamten Tengger, erheben sich andere Krater, die bei einer gewaltigen Eruption des alten Zentralkraters entstanden. Damals brach dieser im Osten und Westen, und dann bedeckte sich sein Boden mit Sand. Es ist der berühmte „Zandsee". Zu jenen neuen Bildungen gehören der mit seinen reliefartigen Rippen und Einschnitten wie durch seine Form einem großen Napfkuchen oder Pudding gleichende Batok, der Bromo und der Widodaren.

Wir stiegen, die Pferde am Zügel führend, den gewaltig steilen und zerrissenen, lehmigen und steinigen Pfad zum Sandsee hinab. Mit erschöpften Knieen langten wir unten an, schwangen uns in den Sattel und trabten in die glühende, schweigsame Öde hinaus zum fernen jenseitigen Gestade. Es gibt verwilderte Pferde hier und wilde Hunde, welche die gefallenen Pferde verzehren. Wir sahen nichts davon, nicht einmal bleichende Knochen. Sonst aber war es der vollkommene Wüstenritt. Wenn der wie mit Moos übergrünte Pudding-Batok umrundet ist, befinden wir uns vor dem Bromo. Ein geronnenes Lavameer, eine grau erstarrte Wogentürmung ist noch zu überwinden; der schmale Pfad schlängelt sich über diese Hügel hoch hinauf. Sicher betreten ihn die Pferde. Bis zu der untersten Sprosse einer schräg-treppenartig im Sande oder Lavastaub zum Kraterrand hinanführenden Leiterreihe gelangen wir im Sattel und erklimmen dann auf den Sprossen den Rand zu Fuß.

Von einer Höhe von etwa 2600 m fällt unser Blick 200 m tiefer in den Boden eines jäh abschüssigen, grau und gelblich gefärbten Trichters, aus dem es wallt und siedet und zischt. Die Dämpfe steigen hoch empor über den Kraterrand, doch grollt und brummt der Riese heute leider nicht. Noch liegt die Tiefe im Schatten, und durch das Dunkel glüht und leuchtet das unterirdische Feuer aus den Öffnungen des unheimlichen Herdes. In der Jugend lernte man es so ohne rechte Vorstellung: Das Erdinnere ist eine feurig-flüssige Masse. Hier heißt es: quod erat demonstrandum. Ein richtiges Bild von den Dingen bekommt man erst, wenn man sie mit eigenen Augen schaut. Freilich mag es auch nur Phantasie sein, daß dies Kraterfeuer mit dem ebenfalls angezweifelten feurigen Kern des Erdballs in direkter Verbindung steht.

Wir begingen im Drange des „Wie es wohl drüben aussehen mag?" den Leichtsinn, in glühender Sonnenhitze, um den Kraterrand herum und auf das nächste Riff des Widobaren zu klimmen. Gefährlich ist es gerade nicht, obwohl man nur auf schmalem Grat geht, springt oder kriecht, wo kaum Platz für den Fuß ist, der Sand rutscht, oder gar starre, glatte Lavafelder wie steile Kirchendächer abfallen. Man braucht nur aufzupassen und einigermaßen schwindelfrei zu sein. Das Tollste waren die Sonne und der fliegende Staub.

Meine Ahnung täuschte mich nicht. Oben gab es nur Blicke über den Sandsee und einen kleineren Sandsee auf der anderen Seite; die erhoffte Rundschau bis zum Indischen Ozean war versperrt. Wir hätten noch weiter steigen müssen, hatten jedoch an den verschiedenen hundert Metern, die wir erzwungen, völlig genug. Nur der Smeroe lohnte die Näherung. In jeder Linie klar, stieg sein Kegel vor uns auf; im Zwischenraum von etwa zehn Minuten stieß er schweres, schwarzgraues Gewölk aus, das, vom Kraterrand sich lösend, wie der Rauch aus einem Fabrikschornstein seitwärts in die klare Luft zog.

Mitten im Sandsee, unter glühender Sonne, aber durch ein auf Pfählen ruhendes Blätterdach beschattet und vom Wind fast zu stark gekühlt, verzehrten wir unser Frühstück. Abermals kreuzten wir dann den Sandsee und erklommen unter dem Brausen der den Abhang sich hinaufziehenden, gleich dem Ozean rauschenden Kasuarinenwaldung, dieses Mal im Sattel, die Höhe des Moengals. Die Kletterei der Pferde übertraf hierbei alles, was wir bisher gesehen hatten. Man muß sie ruhig gewähren lassen.

Mein Pferd zum Ausruhen zu bewegen, blieb gänzlich
erfolglos, es war wie von einem rasenden Ehrgeiz besessen.
Keuchend arbeitete es sich ruckweise rastlos aufwärts, und
erst auf der Höhe stand es von selbst, schweißtriefend,
schaumbedeckt, mit fliegenden Flanken. Später brachte es
einmal meinen Kopf in Gefahr. Es lag nämlich ein Baumstamm über den Weg, unter dem man gebückt gerade
darunterweg reiten konnte. Schon auf dem Hinweg hatte
das Pferd vor dieser Passage Kapriolen gemacht; ich
wollte daher jetzt ganz langsam darunter passieren und
zog die Zügel an. Statt aber zu stehen, sprang der Gaul
herum und dann im Galopp gegen den Baum; ich fand
eben noch Zeit, mich im Sattel zu bücken, als wir unter
dem Stamm wegsausten. Ich glaube, daß nicht die Breite
einer Hand Spielraum gewesen war.

Nach Soerabaya zurückgekehrt, bekam ich einen der
größten Schnupfen meines Lebens; bei 15 Grad C.
und Regen hatte ich oben oft tüchtig gefroren. Mein
Gefährte wurde sogar fieberkrank. Ferner bekamen wir
nicht den erwarteten Dampferanschluß nach Singapore. Mit
Fahrplänen und deren Innehaltung nimmt man es in
Holländisch-Indien nicht so genau wie im systematischen
Deutschland. Wir fuhren also noch einmal die zweitägige
Strecke per Bahn nach Batavia zurück und von dort mit
dem direkt nach Singapore verkehrenden königlich holländischen Postdampfer. Die Dampfer dieser Linie sind
nicht groß und recht teuer, aber in jeder Beziehung ausgezeichnet. Die manchmal für den guten Geschmack zu
reichliche Pracht deutscher Dampfer fehlte, wofür die
wunderhübschen Delfter Porzellanschildereien, die den
schmalen Salon zierten, um so wohltuender wirkten. Der
Raum, den der Salon zu wünschen übrig ließ, kam den

sauberen Kabinen zu statten. Die Verpflegung befriedigte durchaus. Die Rettungsboote befanden sich wirklich jederzeit fertig zum In=See=lassen; nachts brannten tabellose Laternen darin. — Nur mit einer Sache, welche von den täglichen Gepflogenheiten des Menschen unzertrennlich ist, konnte ich mich in Holländisch=Indien, weder zu Wasser noch zu Lande, einverstanden erklären. Die Schicklichkeit verbietet es, diesen Punkt hier zu erörtern; wer aber jemals dort im Osten war, wird meinen Schmerz zu würdigen wissen.

Abermals sah ich dann Singapore, das mir besser gefiel als das erste Mal. Der Blick vom Balkon des Singapore=Klubs auf die belebte Reede ist außerordentlich fesselnd. Wenn man ihn nach gutem Tiffin, bei Zigarre und Kaffee genießt, fühlt man sich als ein glücklicher Mensch. Namentlich dem mit seemännischen Dingen Vertrauten bietet sich immer allerlei zu beobachten, und ist man zufällig Deutscher, so freut man sich über das viele Schwarzweißrot an den Gaffeln.

Zur Besichtigung einer, vielleicht der größten Zinnschmelze der Erde, wozu mich der deutsche Eigentümer eingeladen, kam ich leider nicht mehr. Auf dem zinnreichen Malacca ist, was noch immer in Europa nicht allgemein bekannt sein dürfte, ein höchst blühender englischer Kolonialstaat entstanden, der von Jahr zu Jahr an Bedeutung wächst.

VI. Über Siam und Französisch-Indien nach China zurück.

Auf der „Patani" nach Bangkok. — Die Menam-Bank. — Der Menam und erste Eindrücke in Bangkok. — Gesundheitsverhältnisse. — Eingeborene. — Gondelfahrt auf dem Menam. — Der königliche Palast und seine Tempel. — Die heiligen Elefanten. — Leichenvertilgung. — Der deutsche Ministerresident. — Die liebenswürdigen Dänen. — Besuch der Marine-Etablissements. — Ein Feuer in Bangkok. — Priester- und Weiberwirtschaft. — Deutscher Import. — Eine Audienz beim Prinzen Damrong. — Eine breitägige Kanal- und Flußfahrt. — Polizeistationen im Inneren. — Auf den Spuren von wilden Elefanten und Krokodiljagd. — Der Deutsche Klub. — Siamesische Postboten und siamesische Katzen. — Vielsprachigkeit einer deutschen Familie. — Die Bahn nach Korat und der Urwald. — Abfahrt nach Indo-China. — Ein französischer Tropendampfer. — Annamitisches Volk in Chantaboon. — Die Mekong-Barre. — Auf dem Saigonfluß. — Bild der Stadt Saigon.

Zu meiner Weiterreise nach Bangkok benutzte ich die „Patani“, einen der zum erstenmal unter deutscher Flagge fahrenden Dampfer der bisherigen sogenannten englischen „Blauen Schornsteindampfer“ (der vom Norddeutschen Lloyd und Genossen in so geschickter Weise aufgekauften Linie der East Indian Ocean Steam Ship Company), während mein Gefährte, den auch noch Dysenterie schwer befallen hatte, im Hospital generale in Singapore zurückblieb. Er hat dort sechs Wochen unter der guten Pflege französischer Schwestern liegen müssen.

Die fünftägige Reise auf der kleinen „Patani“ durch den Golf von Siam bot manchen Naturgenuß. Wir hatten nach Passieren vieler Inseln bei bedeckter Luft und starker Dünung einige recht stimmungsvolle Tage und Nächte. Ich sehe noch die spiegelnde, metallische See vor mir, mit dem Schatten des ziehenden Rauches darüber, und blendende, runde Sonnenreflexe auf dem Wasser. Hellgrün ließen wir das Kielwasser hinter uns, an den Seiten weißbrodelnd; dann brach das dunklere Wasser darüber her, indem es krabbelnde kleine Wellen bildete. Es zischte und rauschte; hoch spritzten die Tropfen der aus dem Wasser kommenden Schraube. — Abends hielt wieder der

Mondschein lange an Deck wach. Das tiefschwarze Rauch-
gewölk, die befreiten schwarzen Arbeitsgeister, flogen über
See zurück. — Das weiße Kielwasser quoll durcheinander.
Ich schaute von der Brücke auf das durch das Düster
laufende Schiff hinab, wie es das flüssige Element beiseite schleuderte. Am Himmel stand nun aufrecht das
Bild des Großen Bären, das jenseit des Äquators auf
dem Rücken lag. Der Mond schwebte im sich schiebenden
Gewölk, ringsherum ein leicht orangefarbener Nebelring,
oben weiße und unten, an der Schattenseite, finstere
Wolken.

Bei 30 Grad C. wurde es in der luftigen Kabine
nicht zu warm. — Am 20. Juli kam uns ein Lotsen-
kutter mit einem deutschen Lotsen entgegen, den wir an
Bord nahmen. Große Reisschunken von europäischem Gepräge und eine weiße siamesische Dampf-Yacht begegneten
uns. Wir hielten auf die niedere Küste zu.

Bekanntlich hat der Menam vor seiner Mündung
eine mächtige Schlammbank gebildet, die nur Schiffen bis
zu etwa 15 Fuß bei Hochwasser die Passage gestattet. Wir
berührten bei zehn Fuß Wasser den Grund. Die fremden
Reisschiffe müssen daher in einem Hafen außerhalb der
Barre leichtern und bekommen Bangkok niemals zu sehen.
Die Leichter sind die Dschunken mit europäisch ge-
schnittenem Rumpf; sie werden am Menam gebaut und
segeln gut.

Es war eine famose Fahrt! Wir zogen erst einen
gelben, weißgesäumten Streif durch das grüne, dann einen
dunklen durch das gelbe Wasser. Die hochlaufenden Grund-
wellen stürzten brausend und schäumend mit. Der Farben-
kontrast zwischen dem gelben Wasser auf der Bank und
dem hellgrünen, dann tiefdunkelgrünen Saume nach See

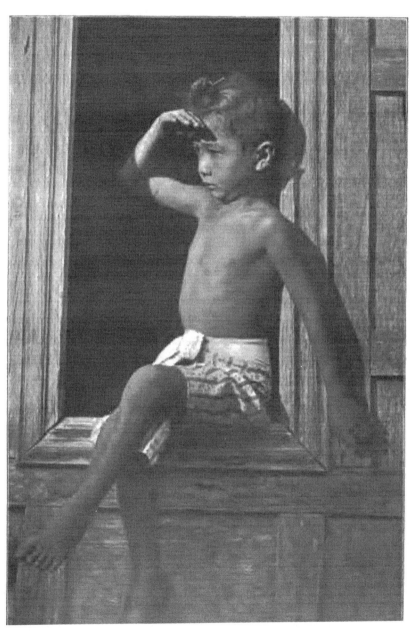

zu dahinter war unbeschreiblich reizvoll. Einsam ragt über die gelbe Flut die rotgestrichene, hohe Feuerbake, das Barrenfeuer, dessen Licht uns die langweilige Nacht zuvor, als wir vor der Barre ankern mußten, tröstend geschienen hatte.

In weitem Bogen steuert man · in die Menam-Mündung, an deren Westende die rote Flagge mit dem weißen Elefanten über Rasenwällen eines ganz modern aussehenden Forts weht. Die Fahrt den stark gewundenen lehmigen Menam bis nach Bangkok hinauf währt mehrere Stunden; sie enthüllt dem Neuling eine Fülle beobachtenswerter Dinge. Der Fluß hat eine wechselnde Breite, im Durchschnitt vielleicht die des Rheins bei Mainz. Die Ufer sind flach; immergrüne Mangroven, Kokos- und Areka-Palmen säumen sie, dazwischen Sagopalme und Banane, gelegentlich Zuckerrohr und Bambus. Überall unter dem Grün lugen die braunen Pfahlbauten der Eingeborenen hervor, deren Boote mit stehend rudernden oder auch paddelnden braunen Leuten den Fluß kreuzen. Dann und wann schraubt sich ein großer Dampfer vorüber stromab. Durchblicke öffnen sich auf die weiten Reisfelder, hier Paddy-Felder genannt, die im Gegensatz zu West-Java nur in einer Horizontal-Ebene sich erstrecken. Im Schlamm sieht man die grauen Büffel waten, auf deren breitem Rücken wohl ein Junge reitet oder aufrecht steht.

Bei dem Orte Paknam kamen barfüßige, braune Zollwächter in weißbesetzten blauen Uniformen an Bord. Von Paknam führt die erste Bahn Siams nach Bangkok. Hier entschloß unser englischer Kapitän sich endlich zur Heißung der deutschen Flagge.

Die erste Pagode zeigte sich, deren weißer, geringelter Spitzturm charakteristisch aus einer baumbeschatteten Insel

herausragte. Viele folgten später. Abermals fanden wir
eine kleine Befestigung.

In der Ferne rechts seitwärts, nicht voraus, erblickt
man jetzt die Türme und Rauchwolken Bangkoks.

Nun schlossen sich die Pfahlbauten und die auf schwim=
menden, pontonartigen Booten ruhenden Häuser, deren
Inneres sich frei dem Flusse zu öffnet, dichter; die
massiveren Schuppen und Häuser europäischer Faktoreien,
Reis= und Sägemühlen mischten sich auf beiden Flußufern
ein, ohne daß das Grün ganz aufhörte; Tempeldächer
und Türme ragten näher und ferner. Dann öffnete sich
eine Windung; der Fluß scheint sich zu verbreitern, man
bemerkt große Dampfer und viele andere Fahrzeuge vor
Anker oder an den Quais — wir sind vor dem Verkehrs=
zentrum Bangkoks angelangt! Namentlich die ver=
schiedenen Schornsteine der Mühlen verleihen den trüge=
rischen Schein, als ob wir eine bedeutende Industriestadt
vor uns hätten. Das ist nicht der Fall. Siam exportiert
hauptsächlich nur zwei Dinge: Reis und Teakholz, ersteren
aus dem großen südlichen Flachland, letzteres aus den
Gebirgen im Norden.

Wir ankerten im Strome.

Ein übler Geruch, angeblich von den Reismühlen
kommend, zog über den abends kalt=nebligen Menam.
Die Moskitos stachen. Die mir gemachte Schilderung von
dem frechen Pack am Hafen von Bangkok ließ einen Land=
gang im Dunkel in die unbekannte Stadt auch nicht rät=
lich erscheinen. So blieb ich an Bord, bis wir uns am
nächsten Tage an den Quai gelegt hatten. Ich sah jetzt,
daß der durch Lager, Gärten und Zäune führende Auf=
gang zur Hauptstraße abends gar nicht so leicht zu finden
gewesen wäre. Zudem hatte ich erhebliche Zollschwierig=

keiten durchzumachen; vor allem wurde mein Wehr und Waffen, einschließlich der Südseespeere, mit Beschlag belegt. Nach konsularischem Ausweis durfte ich mir mein Rüstzeug später vom Customhouse wieder zurückholen.

Ich muß gestehen, daß mir die siamesische Residenz zunächst etwas „auf die Nerven fiel".

Das „Hotel Oriental", das einzige für anständige Europäer zur Zeit benutzbare, entsprach sehr wenig den gestellten Anforderungen. Ursprünglich ein elegantes und gutes Haus, befand es sich jetzt im gelbschneiderischen Besitz eines farbigen Advokaten, baulich und auch sonst im Zustande völliger Verwahrlosung.

Das Hauptleben der großen Stadt spielt sich auf dem Flusse und in einigen der Seitenkanäle ab, sonst zieht sich eigentlich nur e i n e größere Landverkehrsader und zwar am linken Ufer entlang, der New=Road. Von diesem führen die tiefen Grundstücke zum Ufer, in denen sich die großen hellgestrichenen Geschäftshäuser, Konsulate und amtlichen Gebäude, alle für sich abgegrenzt, wenn oft auch nur durch Bretterzäune, niedergelassen haben. Vom Fluß aus sieht das Bild mit den malerischen Baumgruppen, Gärtchen und bunten Flaggen dazwischen sehr hübsch aus. Vom New=Road aus gewahrt man meist nur alte Zäune, zwischen denen hier und da sich eine schmale, von grauen Planken begleitete Einfahrt zeigt; dann schmutzige breite Gräben, unordentliche Vegetation und Sumpf. Ja, Sumpf und Schmutz überall, wohin man blickt und riecht! In endloser Reihe ziehen sich die Häuser an beiden Seiten hin, vereinzelt oder in dichter Folge, elende Hütten, Markthallen, Chinesenläden und Handwerksstätten, charakteristischerweise auch viele Wagenschuppen. Fast alle Gebäude sind niedrig, schmutzigbraun, auch wohl einmal weiß, rot

18*

oder blau, häufig mit roten chinesischen Zetteln beklebt.
Unter den etwa 300 000 Einwohnern besteht reichlich die
Hälfte aus Chinesen. Es kribbelt und wimmelt von halb-
nackten Menschen und nackten Kindern, braunen, braun-
gelben, citronengelben. Jede Beschäftigung wird an der
Straße betrieben. Unter den Pfählen der Häuser starrt es
von Schmutz und Morast, wo Schweine und Geflügel
wühlen und überall häßliche, vor den Menschen sehr furcht-
same Hunde herumlungern.

Die in Bangkok lebenden Europäer bestreiten, daß
es ein ungesunder Ort sei. Die Cholera scheint zwar niemals vollständig zu erlöschen. Ich selbst begann an ge-
störter Verdauung zu leiden, wogegen mir ein dänischer
Offizier „Chlorodyne", ein amerikanisches Mittel, gab
mit der Anweisung, es nütze immer, aber nur, wenn es
sofort im Anfangsstadium eingenommen würde. Auch ich
glaubte, den Erfolg zu merken. Einer der angesehensten
Deutschen, der verdiente Erbauer und Generaldirektor der
siamesischen Staatsbahnen, der preußische Baurat Karl
Bethge starb im April des folgenden Jahres an Cholera,
nachdem seine Gemahlin einige Tage vorher nach nur
dreistündigem Leiden derselben Krankheit zum Opfer gefallen war.

Die siamesischen Männer und Frauen sind in der
Tracht oft kaum voneinander zu unterscheiden. Gemeinsam ist ihnen das sarong-ähnliche Stück Zeug, das rockartig
um den Unterkörper liegt und von vorn nach hinten
zwischen den Beinen durchgeholt und hinten befestigt wird.
Gemeinsam ist ihnen das starre, schwarze, abgeschnittene
Haar. Die Weiber umwickeln die Brust meist mit einem
weißen Tuch. Mit nackten Beinen gehen alle. Da fortwährend Mischung mit Chinesen stattfand, so entstand ein

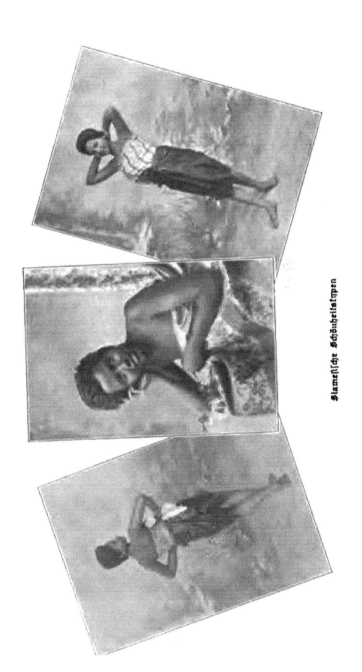

Siamesische Schönheitstypen

hellerer Mischtypus, der sich von dem dunkleren im Inlande erheblich unterscheidet.

Der Siamese der besseren Klasse trägt zu dem farbigen Hosenrock Kniestrümpfe und niedere Schuhe, ein weißes Jacket, und, nach europäischer Sitte, Hut und Stock; die Damen sind ähnlich gekleidet, bedecken den Kopf aber nicht und lieben Schärpen über der Brust, rote, blaue oder orangefarbene.

Die Straßen zeigten sich ungepflastert und staubig, dabei teilweise elektrisch beleuchtet, und eine elektrische Bahn, deren Wagen stets vollgepfropft sind, vermittelt den Verkehr in der Hauptstraße. Der Europäer kann sie kaum benutzen; die schmutzigen Rickschas stehen ihm ebensowenig zu Gebote. Er muß immer ein- oder zweispänniges Fuhrwerk mieten, und zwar erhält er es erst auf Bestellung aus einer der vielen Fuhrwerkhaltereien. Das ist langweilig und auf die Dauer recht kostspielig. Bei den kolossalen Entfernungen und der Hitze braucht man immer Fuhrwerk, und weilt man abends in Gesellschaft oder im Klub, so läßt man es unter Umständen viele Stunden auf sich warten. Die Stadt ist zum Teil von einer imposanten Mauer umgeben. Ich sage die Stadt, obgleich der größte Teil mehr Land ist. Von der Vogelperspektive aus erblickt man einen grünen Wald, etwa wie den Berliner Tiergarten, aus dem hier und da höhere Dächer und die Firste und Türme von Tempeln, den „Wats", namentlich aber die Baulichkeiten des Königlichen Palastes hinausragen.

Die zu beiden Seiten des Menam in Doppelreihen verankerten Bootshäuser sind äußerst amüsant. Die reinen Badeanstalten, um die jung und alt, wie Wasserratten, herumschwimmt, und in welchem Wasser! Es nimmt natür-

lich) wieder alle Auswürfe auf. Die Behausungen, auch)
die der Chinesen, sind aber ganz reinlich und die schwim=
menden Läden für Eingeborenen=Bedürfnisse gut ausge=
stattet.

Einmal machte ich eine Gondelfahrt über den Menam
und in einige von dessen Seitenkanälen. Der Bootskuli
verstand mich nicht, als ich ihn auf drohend am Himmel
stehendes Gewölk aufmerksam machte, sondern gondelte
mich schweigend unentwegt weiter. Ich ließ ihn lange ge=
währen, denn der Anblick der von dichter Vegetation um=
wucherten Kanäle, aus der die sonderbarsten Bauten phan=
tastisch herausragten, fesselte mich zu sehr. Man konnte
sagen: märchenhaft, aber dreckig; halb Venedig, halb
Spreewald, mit tropischer Eigenart. Schließlich brach das
Unwetter los, und wir hatten unter prasselndem Regen
den breiten Menam zu kreuzen. Der Anblick des gelb=
lich=roten und dann wieder schwarzen, von Blitzen durch=
zuckten Himmels hinter den bizarren Tempelzinnen und
Spitzen wirkte bei schmetterndem Donnerrollen mit un=
beschreiblicher Großartigkeit. Wir suchten Zuflucht im
schwimmenden Hause einer Chinesenfamilie, die mich aufs
biederste aufnahm. Ich brachte es nicht übers Herz, den
angebotenen heißen Thee abzuschlagen. Später ward mir
warnend gesagt, daß ich ihn nicht hätte annehmen sollen,
da alles und jedes mit Menamwasser gewaschen und gekocht
wird. Ein zutulicher, intelligenter Junge kam mit seinem
englischen Lesebuche zu mir und las mir daraus vor.
Auch die weiblichen Wesen benahmen sich freundlich, nicht
so stumpf=ablehnend, wie es meist in China der Fall ist.
Im allgemeinen muß man sonst der Bangkokbevölkerung
große Vorsicht entgegenbringen. Der beste Teil der Polizei

besteht aus baumlangen britischen Indiern, die jeden vor-
überfahrenden Europäer militärisch grüßen.

Schlangen kamen auch in der Stadt vor. Eines
Abends kroch mir eine auf der Hotelstraße dicht vor meinen
Füßen vorüber. An den Zimmerwänden und Decken klebt
häufig der Gecko, eine Eidechsenart von respektabler Größe,
der als trefflicher Moskiten- und Fliegenfänger Hausrecht
genießt.

In der Palastnähe sieht es ganz manierlich aus;
die Häuser sind besser und stattlicher, die Straßen breiter
und sorglich gepflegt; große Rasenplätze erstrecken sich weithin, die erwünschten Spielgrund für allerlei Sport abgeben.

Der weißummauerte Palast umfaßt einen gewaltigen
Häuserkomplex in verschiedenen Höfen. Der Gesamtanblick
von draußen ist ein ganz seltsamer, der sich wohl auf
der Erde kaum wiederholen dürfte. Dies verursachen die
Königlichen Tempelgebäude. Schildern läßt sich das Bild
kaum. Man gewahrt ein Gewirr, von hohen, an den
Firsten abgestuften Dächern aus bunten glasierten Ziegeln,
mit eigentümlichen Giebelverzierungen, die der Stange
eines Hirschgeweihs ähneln, — dazwischen ganz vergoldete
oder weiß geringelte Spitztürme, gerade und spitz wie
Antilopenhörner; dann bunte Porzellantürme, an eine
Reihe von Obelisken erinnernd, aber gerundet und mit
einem baumartigen Emblem gekrönt. Sie sind so fein
in gedämpften Farben rosa, blau, gelb, grün abgetönt,
daß deren Zusammenklang wirklich eine große künst-
lerische Stimmung hervorbringt.

Hinter dieser durch Form und Farbe so fremdartigen
Gebäudewelt sah ich ebenfalls eine gewaltige, hellum-

randete, dunkelschwarze Gewitterwolke stehen, von der sich
alles abhob; ich werde den Anblick nie vergessen.

Auch wenn man in diesen Höfen umherwandert, hat
man genug zu bewundern. Der eigentliche Palast ist ge-
schicktes europäisches Werk, italienische Renaissance mit
siamesischer Dachkrönung. Aber gerade diese Halbheit ver-
hindert den tieferen Eindruck. Die verschiedenen Neben-
gebäude sind mehr oder weniger reizlos. Der Reiz be-
ginnt erst in den Tempelhöfen, und zwar auch nicht bei
den glänzend renovierten Bauten, sondern bei den noch
in ihrer Ursprünglichkeit erhaltenen. Zum Renovieren ver-
braucht man eine enorme Menge von Vergoldung und
leichter, bunter Glasmosaik. Die ältere Mosaik erscheint
mir viel edler, namentlich sind die Tore und Türme aus
Porzellan von bezaubernder Schönheit. Eine Fülle von
Blumen, Schildchen oder Tellerchen bedeckt sie, deren Wert
ein enormer sein mag. Die Kunst dieser teilweise uralten
Porzellanarbeiten ist verloren gegangen; ebensowenig vermag man noch den Zement, der alles zusammenhält, her-
zustellen. Dazwischen sieht man groteske Figuren, Götter
oder Helden darstellend, und wunderliche Tiernachbil-
dungen; noch geschmackloser muten uns häßliche Nachbildungen europäisch kostümierter Figuren an. Für höchst
beachtenswert halte ich die mehrfach vorkommenden Türen
mit Perlmuttereinlage.

Was wir im Innern erblicken, hinterläßt trotz
prachtvoller Einzelheiten in Mosaik, Marmor u. s. w.
keinen künstlerischen Eindruck; es ist zu viel Firlefanz
dabei, z. B. in den bunten Altären, zwischen allem Fremdartigen europäische ordinäre Skulpturen, die absolut mit
einer Kirche nichts zu tun haben. Die vielen Wandgemälde,
namentlich die Fresken in langen Wandelgängen mögen

Interesse besitzen, wenn man sich mit siamesischer Mythologie und Geschichte vertraut gemacht hat; dem Laien zeigen sie die bekannte kindliche Perspektive der Asiaten und eine Wiederholung von Kämpfen, namentlich gegen abenteuerliche, vielleicht in Verbindung mit dem indischen Hanuman-Mythus stehende Affenvölker.

Die heiligen Elefanten habe ich mir auch angesehen; bekanntlich sind sie nicht weiß, sondern bräunlich-hellgrau, nur die Ohren sind heller gerändert. Sie führen ein Leben ganz wie andere gefangene Vierfüßler. Ihre Nahrung mag, vom Elefantenstandpunkte aus betrachtet, fürstlicher sein, auch präsentiert ihnen der König gelegentlich einige Leckerbissen auf goldenem Teller, sind es doch dem Volksglauben nach seine Ahnen, die in den guten Tieren hausen. Im übrigen haben sie es entschieden schlechter als ihre profanen Kameraden im Berliner Zoologischen Garten. Nicht nur ist ihre Behausung schlechthin als Stall zu bezeichnen, sondern sie sind mit einem Fuße dicht und fest an einen Pfahl angebunden. Selbst der ehrgeizigste Dickhäuter müßte da für seine Heiligkeit danken.

Während meiner Anwesenheit wurde ein neuer weißer Elefant mit fürstlichen Ehren vom Bahnhofe abgeholt. Die eigentliche Abholung, bei der die gezähmten Elefanten die Aufgabe haben, den Einzug des neuen Kollegen zu verherrlichen, zugleich zu sichern, habe ich leider durch Schicksalstücke versäumt; ich kam erst später in die Umgebung des Palastes. Auch dann war es noch ein farbenprächtiges Bild, die Mitglieder des Festzuges und das geputzte Volk, nebst dem Militär, sich auf den grünen Rasenflächen lagern und vergnügen zu sehen. Die Scharen von kahlgeschorenen Priestern in ihren langen, gelben Gewändern, häufig etwas unheimliche Gesellen, stachen am

meisten vor. Dazu spielte die Musik, und in den haltenden
Equipagen saß eine Fülle prächtig kostümierter einheimi=
scher Damen.

Am nächsten Tage erhielt die neue Heiligkeit vom
Könige ihren Namen; das war aber ein innerer Palast=
vorgang. Im übrigen hat Siam seine Elefanten=Glanz=
epoche hinter sich. Die großartige Menge dieser Tiere und
ihre Kämpfe soll man heute nicht mehr sehen. Noch etwas
anderes Charakteristisches sieht man nicht mehr oder nur
ausnahmsweise: Das Verspeisen menschlicher Leichname
durch Geier und Hunde. Es findet noch in einem abge=
legeneren Wat statt; aber die Siamesen zeigen es nicht
gern, und nur die Ärmsten erleiden diese Vertilgung; besser
situierte Leute werden von Anfang an verbrannt und nicht
erst benagt. An Infektionskrankheiten Verstorbene beerdigt
man, wie mir gesagt wurde. Ich habe die stillen Höfe jenes
Wats betreten, und sie waren unheimlich genug: ein
verwildertes Terrain mit vielen Bäumen und Gestrüpp;
primitive Buddha=Tempel und Priesterwohnungen liegen
darin verstreut, dann hohe, rote Ziegelgebäude, die den
Ruinen mittelalterlicher Burgen gleichen. Sie sind fast
völlig von der Vegetation überwuchert. Man sieht die
Verbrennungsöfen, Knochen und leere Särge. Und oben
in den Baumspitzen und den Ruinen sitzen die auf Fraß
lauernden Geier, oder der dunkle Schatten ihrer gewal=
tigen Schwingen, auf denen sie die Luft durchstreichen,
gleitet über das struppige Gras.

Vermöge der von Vornehmtuerei freien, wirklichen
Unterstützung, die mir der Kaiserlich deutsche Minister=
resident, Herr v. S., angedeihen ließ, und der Liebens=
würdigkeit des siamesischen Admirals de Richelieu und
seines Bruders, des Kapitäns zur See de Richelieu, ge=

lang es mir, manches in Augenschein zu nehmen, so auch
die Königliche Yacht und das Marine-Arsenal. Genannte
Herren sind Dänen —, wie die meisten der wenigen europäischen Offiziere der Flotte und teilweise der Armee
Dänen oder doch Skandinavier sind. Ausnahmslos erwiesen sie mir die größte Freundlichkeit.

Selbstverständlich können die paar kleinen, un-
modernen Schiffe der Marine wenig in der Defensive, geschweige denn in der Offensive leisten, so daß die Franzosen
seinerzeit leichtes Spiel gehabt haben. Die Armierung
mit gezogenen Armstrong- und einer Reihe schnellfeuernder
Geschütze ist nicht schlecht, und alles Material wird an
Bord wie an Land tadellos gehalten. Das größte Schiff
war zur Zeit der als Yacht dienende, über 2000 Tonnen
haltende Zweischraubendampfer „Maka Chakrkri", auf dem
der König seine Europareise gemacht hat. Er ist mit
12 Geschützen armiert. Die einfache, doch hübsche und prak-
tische innere Einrichtung paßt sich den Anforderungen der
orientalischen Hofhaltung an. Es waren Kabinen für beide
Königinnen und im Zwischendeck noch für eine größere
Zahl von Nebenfrauen vorhanden.

Die Schulzimmer der Marine-Zöglinge am Lande
sind nach europäischem Muster gehalten. Die Anforderungen an die Schüler stehen nicht mit den unserigen auf
gleicher Stufe, zumal noch viel vorhergehender Ele-
mentarunterricht nötig ist. Auch das Speisen nach europäischer Art wird ihnen angewöhnt, während die älteren
Offiziere, die dies nicht verstehen, schon dadurch von ihren
europäischen Kameraden geschieden sind.

Zum Arsenal gehört ein etwa 300 Fuß langes
Trockendock. Als Schulschiff diente eine ehemalige, hübsche
Kauffahrtei-Bark. Außer Dienst tragen die Matrosen auch

an Bord ihre Native-Tracht, was einem Europäer sehr
seltsam vorkommt. Im ganzen machen die Leute
einen guten Eindruck; sie werden leidlich bezahlt,
aber ohne weiteres herangeholt, wenn der Dienst Mann-
schaftseinstellung erfordert. Da die Siamesen keine See-
fahrer sind, rekrutiert man aus Familien der Landbevöl-
kerung. Mit Booten wissen die meisten umzugehen, ist
es doch nicht lange her, daß Bangkok überhaupt keine
Straßen besaß und der ganze Verkehr sich auf dem Wasser
abwickelte. Die Kenntnisse werden freilich über die Native-
Manier nicht hinausgehen. Man rudert genau so wie
der venetianische Gondoliere, hat auch, von den gewöhnlichen offenen Sampans abgesehen, richtige Gondeln, die
zuweilen sehr prächtig geschnitzt und ausgestattet sind.

Einen weniger günstigen Eindruck macht, trotz allgemeiner Wehrpflicht, die Armee; diese müßte mehr europäische Offiziere besitzen. Einzelne jüngere siamesische Offiziere suchen nicht ohne Erfolg europäischen Schneid zu
imitieren; auch unter den Kadetten sieht man recht gut
aussehende Jungen. Im ganzen aber zeigt der Offizier
noch ein kümmerliches Äußere.

Ich hatte Gelegenheit, einem großen Feuer beizuwohnen, zu dem sämtliche verfügbare Mannschaften der
Armee und Marine alarmiert worden waren. Der König
war persönlich herbeigeeilt. An einheitlicher Leitung schien
es zu fehlen. Die Offiziere mit gezogenem Säbel, die
Mannschaften mit übergehängtem Gewehr, liefen ziemlich
gegenstandslos im Laufschritt herum. Es galt, das Aus-
wärtige Amt, das gleichzeitig Palais des die auswärtigen
Geschäfte führenden Prinzen ist, zu retten. Einige Leute
arbeiteten mit großer Bravour. Die minimalen Wasser-
quantitäten, die aus an langen Stangen befindlichen Ge-

fäßen ausgegossen wurden, halfen aber sehr wenig; die
Hauptsache bewirkten eine günstige Winddrehung und ein
anhaltender Platzregen. Von Spritzen sah ich nur kleine,
von Menschen gezogene Exemplare. Das dichtgebrängte
Volk, Chinesen und Siamesen, ließ sich nirgends einen
Exzeß zu schulden kommen, wie ihn der Mob mancher
europäischen Stadt bei solchen Anlässen zu veranstalten
liebt. Im übrigen hätte man den Bangkokern raten mögen,
sich ihre Feuerwehr nach Berliner Muster gründlich re-
organisieren zu lassen.

Es wird ja alles mögliche in Siam nach europäischem
Muster umgemodelt. Über den Erfolg streitet man. Einige
sprechen den die Tätigkeit nicht liebenden, leichtgemuten
und fatalistisch denkenden Siamesen jeden Zukunftserfolg
ab und sagen, daß nur Annexion durch eine europäische
Macht Wandel schaffen und die großen Reichtümer des
Landes erschließen könne. Andere empfinden hoffnungsvoller. Der König denkt wohlwollend und modern; desgleichen der Prinz Damrong, Bruder des Königs und
Minister des Innern; vielleicht, außer dem mit europäischen Verhältnissen persönlich bekannt gewordenen Kron-
prinzen, noch dieser oder jener Prinz. Sonst ist aber das
Prinzen- und höhere Adelsheer einschließlich der Priester-
und Weiberwirtschaft ein großer Hemmschuh für alles
Tüchtige. Man engagiert leistungsfähige Europäer, über-
läßt die Oberleitung doch infolge von Zwang und Miß-
trauen einheimischen Händen, die dann oft wieder Unkraut
zwischen den Weizen säen. Einen weiteren Schaden richten
Europäer selbst an, welche Regierungsaufträge nur in
dem Sinne ausführen, daß sie ihre Wolle schleunigst
scheren. Das Schlimmste für Siam ist wohl die äußere

politische Lage. Frankreich bleibt ein gefährlicher Nachbar, und England übt ebenfalls seinen sanften Nachdruck aus.

In geschäftlicher Beziehung haben die Deutschen große Fortschritte gemacht; die Behauptung, sie hätten die nicht ungern gesehenen Engländer schon ins Hintertreffen gedrängt, ist eine Übertreibung. Der deutsche Ankauf der erwähnten, früher englischen Küstenlinie zwischen Singapore und Bangkok sowie deren Erweiterung, und der Ankauf der allein mit Hongkong verbindenden Linie der Scottish Steamship Co. (beide Linien zusammen 22 Dampfer) haben sich allerdings — obschon die augenblickliche Konjunktur sich dem Frachtgeschäfte im allgemeinen nicht günstig gestaltete — als eine starke Förderung des deutschen Handels erwiesen. Ein holländisches Blatt, der „Nieuwe Rotterdamsche Courant" schrieb seinerzeit: „Wie großartig die Vorteile sind, die der deutschen Industrie allein durch die Lieferungen für die neuen Dampferlinien in Ostasien erwachsen müssen, springt sofort ins Auge, wenn man das Netz neuer Dampfschiffahrtsverbindungen betrachtet, das die Deutschen in diesem Teile der Erde in den letzten zwei Jahren geschaffen haben. Von Penang an findet man in allen Häfen, die am Wege von Europa nach China und Japan liegen, deutsche Küstenschiffahrtslinien, die als die Ausläufer der Hauptlinie zu betrachten sind. Jetzt kann man z. B. von Tientsin längs der chinesischen Küste, den Yangtsekiang stromauf- und abwärts, dann in südlicher Richtung nach Hongkong, Bangkok, Singapore, Sumatra, Java, Neuguinea u. s. w. überallhin mit Küsten- und Flußdampfern unter deutscher Flagge reisen, und man darf dabei nicht vergessen, daß die meisten dieser Verbindungen erst in den letzten zwei Jahren zustande gekommen sind." Wir importieren zur

Zeit besonders billige Waren und zwar Baumwollen- und Metallwaren, dann auch Maschinen.

Ich hatte eine Audienz beim Prinzen Damrong. Er bot mir schmackhaften Tee und sehr gute Zigaretten an. Wir verplauderten ein halbes Stündchen, in welchem er mir auf englisch für die Ehre dankte, die ich ausgezeichneter Mann Siam mit meinem Besuch erwiese, worauf ich in Gegenleistung für diese Höflichkeit mich verpflichtete, zur Hebung der guten Beziehungen zwischen Deutschland und Siam das Meinige beitragen zu wollen.

Doch Scherz beiseite! Ich erfuhr manches Schätzenswerte, und muß bezeugen, daß der Prinz den sympathischen Eindruck eines sehr klugen und wohlwollenden Mannes machte. Das Gleiche kann ich von dem Generaldirektor der Post sagen, der seine Studien auf deutschen Hochschulen absolvierte. Eisenbahn-, Post- und Telegraphenwesen unterstehen deutschem Einfluß. Die deutsche Organisation und Leitung macht sich darin aufs erfreulichste fühlbar.

Der Deutsch-Österreicher Müller hat sich um das Kanal- und Bewässerungswesen Verdienste erworben. Letzteres ist für ein so stark reisbauendes Land eine Lebensfrage. Herr Müller baute unter anderem den Klong (Kanal) Rangsit bei Bangkok, der mit Schleusen versehen und circa 80 Kilometer lang ist. Schon damals hatten sich längs dieses Kanals 80 000 Menschen neu angesiedelt.

In einer dreitägigen Steamlaunchfahrt, zu der mich der Chef der Gendarmerie, Oberstleutnant Schau, ebenfalls ein Däne und einer der angenehmsten Menschen, denen ich je auf Reisen begegnet bin, eingeladen hatte, fand ich sowohl Gelegenheit, einen Teil dieses Kanalsystems zu sehen, wie überhaupt etwas Einblick in das Innere des Landes zu erhalten. Die Gendarmerie, die mit Erfolg zur Ausrottung des Räuberunwesens organisiert wurde, besitzt über das Land verteilte Stationen, von denen ich ebenfalls mehrere besuchte. Das vorhin von der Armee Gesagte gilt nicht für die Gendarmerie; was sich hier an Mannschafts-, namentlich aber an Unteroffiziersmaterial zeigte, lieferte den Beweis, daß in den Adern der Siamesen auch wirklich Soldatenblut fließen kann. Der dänische Offizier hat es — wenn nötig, allerdings auch in schlagfertiger Weise — verstanden, „Zug" in die Leute zu bringen, wie wir ihn nicht besser für unsere eigenen eingeborenen Schutz- und Polizeitruppen wünschen können.

Wir durchschifften den Klong Rangsit und einen Teil des Nakojannajok-Flusses und des in diesen mündenden Flusses Bachim. Auf diesen fuhr ein ziemlich großer, nicht sehr reinlicher und dicht besetzter Postdampfer an uns vorbei. Wir sahen manches hübsche, unter Bambus gelegene Dorf und viele Reisfelder.

Zweimal versuchten wir von den Stationen aus, auf anstrengenden Ritten über Reisfelder und durch reiterhohes Gras weiter landein zu kommen. Wir trachteten, durch Moräste, in denen unsere Pferde fast bis zum Bauche einsanken, und durch Flüsse hindurch, — wobei ich einmal mit dem Pferde bis zu meiner Brust in ein Wasserloch geriet, aus dessen Strömung es nicht ohne Anstrengung wieder herausschwimmen mußte, — nach dem Dschungel zu gelangen, in dem sich wilde Elefanten aufhielten. Spuren, vor denen die Pferde scheuen, trafen wir wohl, aber keine Elefanten in der Nähe. Nur ganz in der Ferne zeigten sich ihrer zwei. Geschossen dürfen die Tiere, die in Verkennung moderner Verkehrseinrichtungen sämtliche Telegraphenpfähle krumm und schief scheuern, nicht werden, wenn man sich nicht in Notwehr befindet. So hatte vor kurzem ein von einem Elefanten verfolgter Polizeisoldat das seltene Glück gehabt, den wütenden Koloß mit einem einzigen Kopfschuß zu töten.

Gelegentlich feuerten wir im Vorüberdampfen mit Revolvern nach den hinter malerischem Schilf an den Klong=Böschungen liegenden Krokodilen und erschreckten sie natürlich nur; doch in einem Klong schoß ich ein großes, etwa 9 bis 10 Fuß langes Krokodil mit einem Mannlicher= Karabiner an. Es machte nach dem Schuß, indem es den rotschimmernden Rachen aufriß, einen solchen Sprung senkrecht in die Luft, daß die Schwanzspitze vom Erdboden frei war, und verschwand dann von dem Flußufer, an dem es gelegen, im Wasser. Dieser höchste Triumph meiner Jagden auf „wilde Tiere" erfüllte mich mit einem bedeutenden Weidmannsstolz.

Im übrigen wurden wir selbst zur Jagdbeute; nämlich der Moskitos, die mich beinahe auffraßen. Zumal, wenn wir nachts an irgend einem Klongufer, unter Baum= schutz, in Windstille festmachten, war es zum Rasendwerden. Der herüberzitternde Klang von buddhistischen Kirchen= gongs tröstete einen dabei nicht im mindesten. Das Mos= kitonetz versagte völlig, überall drangen die Bestien hin= durch. Bei wütendem Umsichschlagen verbrachte man so die qualvollsten Stunden, bis der Morgen das Weiterdampfen gestattete.

Schließlich möchte ich noch den Sammelpunkt der Deutschen Bangkoks, den „Deutschen Klub" erwähnen, der eine für Fremdlinge tückische Kegelbahn und einen sehr gemütlichen Stammtisch besaß. Traulich wie Schwarz= wälder Uhren ließen dort die Geckos an den Wänden von Zeit zu Zeit am Abend ihren schnarrenden Einleitungs=

ruf ertönen, dem das helle, an den Uhr-Kuckucksschrei
gemahnende „Gecko!" „Gecko!" „Gecko!" folgte. Mit
Vergnügen erinnere ich mich zumal eines „Gänseessens".
Manchen hervorragenden Deutschen lernte ich dort kennen,
so den preußischen Baurat G., den späteren siamesischen
Generaleisenbahndirektor, so Herrn C., den stets hilfsbereiten deutschen Organisator des Postwesens. Eine nicht-
deutsche Bangkoker Postgeschichte wurde mir, gut verbürgt,
erzählt. Bekanntlich sind die siamesischen Katzen, die sich
leider in Europa niemals recht akklimatisieren, die ent-
zückendsten ihrer Gattung und vielbegehrt. Sie haben die
seelenvollsten blauen Augen, ein Fell von wunderbarer
Seidenweichheit und einen Schwanz, der am Ende einge-
knickt ist. Dieser winklige Knick bestätigt die Echtheit der
Rasse. Dabei unterscheiden sie sich auch im Charakter
von ihren in solchem Punkte nicht so sehr berühmten europäischen Kratzschwestern; er ähnelt dem der Hunde, die
dem Menschen zugetan, ihm gern auf Schritt und Tritt
zu folgen lieben. Nun stehen in Bangkok als Nachsteller
der kostbaren Tiere in besonders schlechtem Ruf — die
Briefträger! Wie andere seinesgleichen findet der siamesische Postbote ungehindert Eintritt in alle Häuser, also
auch dort, wo Katzen sind; desgleichen verfügt er über
eine Tasche, die geräumig genug ist, um die lebendige
Beute darin verschwinden zu lassen. So wurde nun eines
Tages wieder ein Briefträger von einer Frau beschuldigt,
auf diesem nicht mehr ungewöhnlich erscheinenden Wege
ihren Liebling eskamotiert zu haben. Der Bote schwört
Stein und Bein auf seine Unschuld. Die Katzeneigen-
tümerin besteht auf Haussuchung bei ihm, die dann auch
vorgenommen wird. Schon scheint sie resultatlos zu verlaufen, da ertönt plötzlich bei Annäherung der Frau aus

Briefträger in Bangkok

einem versteckten Schränkchen ein klägliches „Miau!" —
Der Briefträger ist durch die kluge Katze schmählich entlarvt
und die Wahrheit der Volksstimme gegen die sonst ganz
braven Beamten hat abermals Bestätigung gefunden!

Die Wohnungen unserer Landsleute liegen meist sehr
hübsch in Gärten; auch der Klub, das einen speziell deutschen Charakter tragende Werk eines österreichischen, seit
vielen Jahren in Bangkok lebenden Architekten, liegt frei
und angenehm. — Als Kuriosum fand ich in einer der
deutschen Familien eine eigentümliche Vielsprachigkeit.
Die Eltern sprachen deutsch, von den zehn Kindern die
größeren Knaben französisch, die älteren Mädchen englisch
und die Babies siamesisch.

Mit einem der Herren, die die das Innere er-
schließende Korat-Bahn bauten, hatte ich eine dreitägige
Fahrt bis zum Ende des Bahnbaues in den gebirgigen Urwald verabredet. Diese heute vollendete Bahn führt
250 Kilometer nordöstlich. Von ihr aus sollten auch Seiten-
bahnen gebaut werden. Sie stellt eine sehr achtungswerte
Leistung deutscher Eisenbahntechnik dar. Zur Zeit meiner
Anwesenheit spielte sich gerade ein Kampf hinter den
Kulissen ab, um die deutsche Bahn unter englischen Einfluß
zu bringen; damit scheinen aber die Engländer, unter
denen ich übrigens in Bangkok persönlich Leute von besten
Formen fand, die auch gern den deutschen Klub besuchen,
gescheitert zu sein.

Die Deutschen trotzen den Gefahren des höchst ver-
rufenen Waldklimas, in das die reisenden Siamesen sich
um keinen Preis begeben. Mit Vorsicht soll es auch nicht
so schlimm und die Fülle der Naturgenüsse groß sein. Im
Innern gibt es noch viele Tiger. Die eingeborenen Jäger
erlegen sie ziemlich gefahrlos von Zweigfestungen in den

Baumwipfeln aus, in denen sie Tag und Nacht bei jedem
Wetter lauern, was die Europäer nicht aushalten können.
Da bei dieser Jagd mächtige, mit Blei und dergleichen
geladene Donnerbüchsen benutzt werden, so erhält man
selten gut erhaltene Felle. Leider wurde aus meiner Ur-
waldexpedition nichts mehr, da ich mir vorgenommen,
Indo-China einen Besuch abzustatten, um auch eine französische Kolonie kennen zu lernen. Beides konnte ich der
Dampfertermine wegen nicht vereinigen und so verzichtete
ich nach langem Kampf auf das Gebirge. Ich verließ am
3. August, in dem Bewußtsein, eines der zweifellos sehens-
wertesten Länder des Ostens flüchtig kennen gelernt zu
haben, Siam. Was aus dem von Frankreich — welches das
wertvolle Königreich gern seinem hinterindischen Kolonial-
reich angliedern möchte — bedrückten Lande werden wird,
läßt sich schwer sagen. Die Franzosen haben sich über geschlossene Verträge schon einfach hinweggesetzt. Natürlich
zerren die Engländer das Land nach der anderen Seite.
Auch verlautet von amerikanischen Beeinflussungsversuchen
in dritter Richtung. Wir Deutschen wünschen, das Königreich Siam ungeschmälert erhalten, aber vernünftig re-
formiert zu sehen. Ob letzteres durch die neuerdings sich
zeigende Hinneigung Siams zu Japan erreicht wird,
dürfte bezweifelt werden.

Welchen Gegensatz bot zu Siam das französische
Saigon, das ich gleich danach besuchte! (Der wissenschaft-
liche Franzose spricht etwa Sägon, nicht Seigon, wie es
sonst allgemein üblich ist.)

Hier ein alter, in unserem Sinne noch halbbarbari-
scher Staat, der aber die Rettung seiner Abhängigkeit
darin sucht, sich ernsthaft zu europäisieren, wenn ihm

auch die japanische Energie fehlt, dort eine rücksichtslos nach den Grundsätzen ihrer europäischen Beherrscher verwaltete Kolonie. Hier eine durch Willkür zusammengewürfelte Hauptstadt voll stärkster Kontraste, ein Schmutznest, aber ein interessantes Schmutznest, dort eine vollkommen französische Stadt, die genau so aufgebaut ward, wie sie ursprünglich geplant wurde. Daneben freilich auch einheimische Schmutzreste.

Die Ähnlichkeit findet sich in der Bodengestaltung, dem flachen, sumpfigen Reisland, und in den breiten, gelben, deltareichen Flüssen, die Meilen aufwärts zu den Städten führen: dem Menam und dem großen Mekong, dem Nil Hinterindiens, der etwa die vierfache Länge der Elbe besitzt und fern von den Schneebergen Tibets gespeist wird.

Ein Handel zwischen Bangkok und Saigon existiert nicht; beide gravitieren nach Singapore und Hongkong. Mit Bangkoks Handel kann sich der Saigons nicht messen; doch es stimmt nicht, wenn behauptet wird, die Franzosen hätten nur eine Militärkolonie zu schaffen verstanden. Der Handel ist da und wird auch trotz französischer Schablone und Zollsperren wachsen, denn Indochina ist ein reiches Land. Neuerdings verlautet, der französische Schwerpunkt Indochinas solle von Saigon nach dem nördlich gelegenen Hanoi verlegt werden. Trotzdem würde Saigon ein wichtiger Platz bleiben.

Alle 14 Tage ging ein kleiner subventionierter Dampfer von Bangkok nach Saigon und umgekehrt. Diese Gelegenheit benutzte ich. Der Dampfer ließ an Reinlichkeit und Stabilität manches zu wünschen übrig, zeichnete sich aber durch gute Küche und liebenswürdige Offiziere aus. Nachts schlief man an Deck, hatte also die grab-

kammerartigen Kabinen nicht zu fürchten. Der Kapitän besaß ein geräumiges Haus auf der Brücke, wo er noch ab-
gesonderter von allen übrigen Sterblichen hauste, als
irgend ein Kriegsschiffskommandant. Nur zuweilen begrüßte er uns freundlich mit einem wohlwollenden Lächeln,
als wollte er sagen: „Ah, mon bon enfant, was kann
ich für Sie tun?" — Ein langer, magerer Herr mit langem
Gesicht und spitzem Bart, und ein ganz unterirdischer, im
gelben Khaki-Anzuge mit größerem Bart und riesigem
Sonnenhut, sprachen unaufhörlich Tag und Nacht von
Politik, solange sie nicht seekrank waren. Ein dritter
eremitenbärtiger Passagier erschien von dieser Krankheit
in erschreckendem Maße behaftet; er wälzte sich einfach
an Deck und verunstaltete sein liebes, biederes Gesicht
dabei mit einer bösen Stirnschramme. Der gute Mann
war Missionar, sicherlich einer der schmutzigsten und gut-
herzigsten Vertreter seines Standes! Unter seinem Talar
schwankten die Enden von einem Paar ehemals weißen,
breiten und zu kurzen Hosen. Die Strippen der strumpf-
los angezogenen, plumpen Stiefeletten hingen hinten
immer traurig herunter, wie ein paar vergessene
Boots-Wielings. Daß er sich während der viertägigen
Reise nicht badete, weiß ich bestimmt, ich glaube aber auch
nicht, daß er sich in dieser Zeit gewaschen hat.

Die Abendfahrt über die Menam-Barre wurde durch
ein grüngolden-silbernes Meerleuchten verschönt, wie ich
es so großartig bisher nicht sah. Dabei blitzte der Himmel
im Wetterleuchten, und die Blickfeuer schlugen ihre kleinen
Feueraugen auf.

Wir liefen Chantaboon an, wo sich bewaldete Höhen-
züge der Küste nähern, und wo das französische Kanonen-
boot ankerte, dem wir vorher als scheel angesehenen Gast

vor Bangkok begegnet waren. Ich sah die Mannschaften
an Bord lobenswerterweise nie ohne Sonnenhelm arbeiten. Das eigentlich siamesische Chantaboon ist den Franzosen nur als Faustpfand für Erfüllung gewisser Friedens-
artikel nach Beendigung des siamesisch-französischen Feld-
zuges übergeben worden. Wie aber der Augenschein der
französischen Bauten lehrt, denken jene gar nicht daran, das
Pfand wieder an Siam zurückgeben, falls nicht der aller-
neueste, in Frankreich selbst energisch bekämpfte Vertrag
noch zustande kommt.

Wir bekamen französische Native-Soldaten, Annamiten, nebst ihren Weibern und Kindern an Bord, dazu
sonstiges Volk, Chinesen, Annamiten und Araber. Das
gab ein reges Vordecksleben, das wir von dem ebenfalls
vorn gelegenen Salon mit allen Organen genießen konnten.
Harmlos und ganz familiär behandelt, saß unter dieser
Gesellschaft ein langer Chinese mit schlechtem Blick; er
wurde, die Hände in Eisen, nach Saigon zur Aburteilung
transportiert, da er Frau und Kind ermordet hatte,
— in einem Anfall von Verrücktheit, wie entschuldigend, gesagt wurde. Er sah mich immer mit Augen an, in denen
ich deutlich las: Es würde mir zu einem ganz besonderen
Vergnügen gereichen, auch Sie, mein Herr, abzumurksen.

Die Soldaten trugen zu ihrer gelben Khaki-Uniform
vorn ein rotes Schürzchen oder Schärpchen und eine
wunderliche Kopfbedeckung, einen rot eingefaßten, kleinen
Bambusteller, wie ein Roulettebrettchen anzusehen, der
in der Mitte mit zwei lang herabhängenden, roten Bän-
dern unterhalb der in ein schwarzes Tuch geschlagenen
Frisur befestigt wurde.

Männer und Frauen benutzen ziemlich ähnliche Kleidung und gleiche Frisuren; sie leisten sich gegenseitig den

Liebesdienst, letztere zu kämmen und zu flechten. Dabei kommen auch falsche Zöpfe zum Vorschein. Offenbar sind sie häufig zärtliche Gatten und Eltern. Das erstere begreift man nicht immer. Der rote Betelsaft spritzte aus den schwarzen Mündern überall hin; die Seekranken und die nackten Kinder gaben sich gar keine Mühe, sich gewisser Verpflichtungen an anderen Stellen zu entledigen, als wo sie gerade lagen.

Vor der Mekong-Mündung, am Kap St. Jacques, ist die gleichnamige Gesundheitsstation gegründet worden. — Hübsche grüne Berge, saubere rotgedeckte Häuser erfreuen das Auge. Man sieht gut angelegte Wege, ein Breakwater, Signalstation, Sanatorium, Gouverneur-Palast u. s. w. Vor allem aber soll Kap St. Jacques stark befestigt sein. Eine Eisenbahn verbindet es mit Saigon.

Die Mekong-Barre ist an der Wasserfärbung kenntlich, doch spielt sie nicht ganz die störende Rolle der Menam-Barre. Saigon liegt nicht eigentlich am Mekong, sondern 60 Kilometer landein, oberhalb des Deltas, das der Saigonfluß und der Fluß Don Nai zusammen bilden, und zwar an ersterem. Dieses Delta ist aber wiederum der östliche Teil der gewaltigen Mekong-Mündung. Der Saigonfluß windet sich noch schärfer als der Menam; dicht vor Saigon macht er einmal einen fast spitzen Winkel. Die Flußfahrt läßt sich an Interesse mit der Mekong-Fahrt gar nicht vergleichen. Nichts ist in den ersten Stunden zu sehen, als Mangroven und ähnliches Gelichter. Ein paar elende Sampans, ein paar elende Pfahlbauhütten im Sumpf, ein Messageriedampfer rauscht stromab — der einzige Wechsel!